KB005443

세상은 묘지 위에 세워져 있다

(국내편)

세상은 묘지 위에 세워져 있다

(국내편)

이희인 지음

한국 근현대 문제적 인물들을
찾아 떠난 역사 기행

전봉준과 정약용에서——김수영과 노무현까지

무덤 앞에서
삶의 의미를 배우다

앞선 유럽 묘지 기행서의 제목을 이 책에 다시 새겨보았다. "세상은 묘지 위에 세워져 있다." 과거의 상흔과 폐허를 묻고 덮어버린 위에 세운 오늘날 문명의 휘황찬란한 허상을 그보다 적절하게 표현한 말이 있을까 싶어서다. 몇 달 전 이태원의 고급 주택가 지하에 수많은 유골이 발견되었다는 신문 기사를 읽었는데, 그 일대가 오래전 거대한 묘지가 있던 자리임을 암시하며 기사를 마무리하고 있었다. 멀리 거슬러 갈 필요도 없이 6·25 한국전쟁 때만 해도 서울 곳곳이 폭격과 포탄이 난무한 전쟁터였고 사람들이 마지막 숨을 몰아쉰 자리였을 것이다. 끊이지 않는 전쟁과 폭력, 고난으로 얼룩진 우리 땅 어디에도 장밋빛 삶의 환희로 다 가릴 수 없는 스산한 죽음과 묘지의 기억들이 스며 있다.

묘지들의 문화사는 한편으론 산업화를 근간으로 하는 근대사

혹은 도시 개발사를 반영하기도 한다. 서울의 경우 20세기 초까지만 해도 사대문 안쪽인 '성저십리城底十里'에 묘지를 쓰지 못하게 해 그 경계 밖에만 무덤을 조성할 수밖에 없었다. 결국 '선산'이라는 개념에 따라 선조와 후손이 한데 묻힌 마을 뒷산 가족묘를 조성하는 것이 일반적이었다. 그러던 것이 일제가 조선을 통치하면서 근대식 공동묘지의 역사가 시작된다. 조선총독부(경성부)가 위생과 행정상의 이유로 1913년 9월 1일 자로 허가한 서울의 공동묘지는 이태원, 여의도, 미아리 등 19개소에 이르렀고, 20년이 지난 1933년경이 되면 이태원, 수철리(금호동), 신사리(은평구), 홍제내리, 미아리의 5개소가 대만원을 이룰 정도였다고 한다.* 인구 밀집으로 차츰 서울 중심부가 확대되고 도시 개발이 급속도로 진행되면서 죽은 자들의 마을인 공동묘지가 산 자들의 택지로 바뀌게 되었다. 그렇게 망우리를 비롯해 파주, 용인 같은 곳에 대규모의 공동묘지들이 형성되었다. 지금은 금싸라기 땅이 되어버린 서울 도심의 많은 곳이 묘지였던 셈이다.

세상은 묘지 위에 세워져 있다. 이는 마치 삶이 죽음 위에 마련된다는 말로 들리기도 할 것이다. 조상의 살과 뼈가 썩은 흙에서 자라난 작물을 먹으며 산 사람이 삶을 연명하고, 그 역시 한 줌 흙으로 화해 후손들을 살찌우는 거대한 순환 속에 우리는 살아왔다. 세계가 하나의 거대한 공장과 시장이 되어버린 오늘날에

---

* 김영식, 〈김영식 작가의 망우리 이야기 29. "차라리 죽으러 망우리 가요"─공동묘지의 역사〉,《중랑신문》, 2022.04.26. 참조.

는 그런 순환도 더 이상 건강하게 작동하지 않는 것 같다.

죽은 사람을 묻거나 장사를 지내는 풍습은 호모 사피엔스 이전, 네안데르탈인 때부터 자연스럽게 습득하게 된 것이라고 한다. 장례의 역사를 탐구한 어느 저술에는 인류가 묘지를 만들고 발전시켜온 역사를 그 필요성과 그 기능에 따라 몇 가지로 요약해 설명했다. 인류 초기 무덤은 단순히 시체를 감추기 위한 것이었으나 차츰 신앙과 정치, 사상과 철학이 자리 잡으면서 그 필요성과 기능이 자연스럽게 변화했다. 즉 "지하에 저승이 있다는 신앙에 따라, 사자死者를 두려워해 관계를 끊내려고, 움집 생활의 유풍에서, 단순히 위생적인 면에서, 이곳에 주검을 묻어두었다는 표지를 남겨두어 알아보기 쉽도록"* 하기 위해 묘지를 조성한 것이다. 여기에 더해 시체를 보존해 훗날에 대비하고자 하는 신앙적 필요성(이집트의 미라와 피라미드, 부활 사상에 근거한 기독교식 매장 등)과 죽은 자에 대한 기념 또는 권력의 과시(중국 시황릉, 경주의 왕릉, 이집트 피라미드 등), 마지막으로 죽은 자의 영험한 힘을 빌려 후손들이 복을 얻고자 하는 염원 등을 무덤의 추가된 기능으로 설명하고 있다. 위생의 이유 외에 공포 해소, 과시, 복을 비는 심리적 기능은 로봇과 인공지능의 시대라는 오늘날에도 변함없이 이어지고 있는 것들이다. 혐오와 기피의 장소지만, 무덤은 삶의 영역에 늘 필요한 제도로 자리해왔던 것이다.

---

* 　박태호,《장례의 역사》, 서해문집, 2006., pp.17-18.

이 책은 앞선 책 《세상은 묘지 위에 세워져 있다》의 국내편이면서 한편으론 조금 다른 성격을 가진 묘지 기행서다. 앞선 책은 근대 이래 세계사의 중심 자리를 꿰찬 서양 문화의 뿌리를 좇는 학문, 예술 기행에 가까운 것이었다. 책을 낸 뒤 유럽에 국한하느라 그 책에서 배제된 원고들이 일부 남게 되었다. 신문에 연재하며 우리 근대사의 유명인들 묘지를 찾아다녀 쓴 원고들이 몇 꼭지 더 있었는데 그것도 적지 않은 분량이었다. 그 남은 원고들을 기본으로 우리 땅과 우리의 기억과 마음에 묻은 옛사람들의 묘택을 찾아 기행을 넓혀보고자 했다. 해외여행이 불가능해진 팬데믹 시기와 이 기행의 시기가 겹쳤다. 기행과 집필을 진행하면서 이 책이 앞선 책과 확연히 다른 성격의 것이 될 수밖에 없으리란 생각이 일찌감치 들었다. 서구와의 만남과 식민 경험, 전쟁과 분단, 산업화와 민주화로 이어지는 격랑의 근현대사 속에 첨예하게 대립한 가치들이 명멸해온 이야기를 담을 수밖에 없을 것 같았다. 그 시간들을 살다가 한 기基 묘지로 남은 여러 인물을 다룬 책이기에 '근현대 인물사'의 성격을 띨 수밖에 없겠다고 말이다.

널리 알려진 묘지들을 중심으로 답사를 시작하며 새롭게 발견해 알게 된 묘지도 상당수가 되었다. 필자가 시간과 발품을 들여 애써 찾아 나선 후미진 곳의 묘지 외에도, 가까운 곳에 있어 저절로 답사가 이루어진 묘지들도 책에 들어왔다. 어떤 꼭지는 두세 사람만 집중적으로 다룬 반면, 다른 꼭지에서는 10여 명의 고인을 한꺼번에 다루고 있어 다소 산만해 보일 수도 있을 것이

오랫동안 그것이 무덤인지도 모른 채 언덕이나 동산으로
여겨진 곳들이 있다고 했다. 시간의 힘은 융성했던 왕국도, 빼어난 영웅호걸도,
무덤에 대한 기억도 모두 지워가며 역사와 삶의 무상함을 말해준다.
경주에 가면 노동리 고분군의 봉황대 앞에 오래 앉아 있다 오곤 했다.

다. 주제와 장소성을 함께 염두에 두어야만 하는 묘지 기행의 어쩔 수 없는 특징으로 보아주셨으면 한다.

정신없이 쓰다 보니 책의 초고가 1500매를 훌쩍 넘는 방대한 양의 원고가 되었다. 눈물을 머금고 원고를 줄이는 작업을 했다. 그렇게 1000매 정도의 원고로 최종 정리되었다. 결국 꼭 다루고 언급해야 마땅할 중요한 묘지들이 원고에 실리지 못하게 됐다. 수도 없이 답사했던 제주 4·3 관련 묘지, 국립 5·18민주묘지, 그 역시 일종의 묘지이기도 했던 서대문형무소를 다룬 원고 등을 덜어내거나 줄여야 했다. 그 묘지들에 관해서는 이 책 말고도 많은 책들이 다루었다는 점, 필자가 다른 책보다 새로운 정보나 깊은 감상을 전달하기 어렵겠다는 점을 들어 마음을 다잡았다. 또 장황하게 서술했던 많은 꼭지를 '짧은 글'이란 항목으로 요약해 정리했다.

답사와 기행을 진행하며 여러 훌륭한 책과 자료들을 살펴보았지만 저자가 역사를 깊이 전공한 사람이 아닌 까닭에 곳곳에 착오와 오해가 있지 않을까 조심스럽다. 그런 부분들은 저자의 부족함에서 비롯된 것이다. 책의 범위를 조선 후기부터 동시대에 이르는 기간으로 정한 점, 또 정치인부터 사상가, 예술가, 문인을 망라한 점도 무리한 일로 보일 것이다. 기행의 성격을 띤 원고이기에 초보적인 연구서나 자료가 되기에도 턱없이 부족할 것이다.

아울러 책에 언급한 다양한 인물들에 대한 판관判官의 역할이 책의 목표도, 지향도 아님을 밝혀두고 싶다. 격랑이라고 할 시대를 살다 간 사람들의 일부 행적만을 들어 친일파, 빨갱이, 애국지사, 매국노의 딱지를 붙이는 일은 손쉬운 판정이기 쉽다. 훌륭하다고 우러러보는 사람일지라도 성격적 결함이나 오점은 있었을 테고, 평생을 일관되게 흐트러짐 없이 살아가는 일은 누구에게나 어려웠을 것이다. 삶에 변화를 불러일으킨 시대적인 상황 논리 또한 가볍게 판단할 문제가 아닐 터다. 충분한 거리감이 형성된 시간들은 온전히 역사의 대상이 될 수 있겠으나, 과거의 인물, 세상에 없는 망자들에 대한 판단은 오늘 여기 함께 살아가는 사람들에 대한 판단보다 어렵고 준엄해야겠다는 생각을 했다. 그러나 밝혀지고 알려진 사실관계 속에서 시시비비의 판단을 회피하는 것 또한 올바른 서술은 아니다. 이 원고들은 그 팽팽한 긴장감 위에서 써내려갔다. 한 기 한 기 무덤 안에 잠든 이들을 섣불리 판단하기보다 그들의 삶을 이해해보고자 노력했다. 독자들도 그렇게 읽어주셨으면 한다.

언제 인문학이 각광과 주목을 받은 적이 있을까만은 작금 우리 학문, 우리 문화계는 그 어느 때보다 인문학의 위기와 폄하, 패배감이 만연해 보인다. 언젠가 우리나라 최고의 국립대학 총장을 지낸 바 있는 국무총리가 국회에서 열린 대정부질문에서, "731부대가 무엇인지 아느냐"는 질문에 "항일독립군 부대가 아니냐"는 어처구니없는 대답을 한 적이 있다. 이 장면이 그토록 오래 기억에 남는 것은, 우리가 선진국 대열에 진입하고 세계에 한류 열풍이 불고 있다는 집단적 자부심에 도취해 정작 중요한 가치들이 폄하되고 있다는 위기의식 때문이다. 인문학, 그중에서 역사에 대한 폄하와 홀대, 왜곡은 선거 정국의 주요 후보자들의 발언에도 그 모습을 여실히 드러낸 바 있다. 역사에 대한 교육과 공감이 텔레비전 드라마나 유튜브, SNS 등에 점점 더 과도하게 의존하는 것 같아 우려스럽기도 하다. 결코 용서받지 못할 것만 같던 독재자의 아들이 SNS의 이미지 정치를 통해 그 나라 최고 수반이 되었다는 이웃 나라 기사 역시 우리 시대의 역사 인식이 형성되고 소비되는 과정을 여실히 보여주는 사례 같아 씁쓸하다. 경쟁과 효율, 눈앞의 이익에만 가치를 두는 세태 어디에도 인문학, 역사학이 오롯하게 설 자리는 비좁아 보인다. 그 씁쓸한 풍경들을 떠올리며 이 책을 썼다.

원고를 완성하고 교정을 보는 가운데에도, 늘 우리 곁에 있을 것만 같던 유명인들의 부음이 속속 전해져 왔다. 이어령, 한승헌, 이외수, 강수연, 김지하 같은 분들이 올 상반기에 세상을 떠났다. 그렇게 세상이 조금씩 더 씁쓸해져가고 있다. 그렇더라도, "죽음은 삶의 최고의 발명품"이라는, 죽음을 앞두고 했던 스티브 잡스의 말을 떠올린다. 태어나는 그 순간부터 우리는 죽음을 향해 가고 있으며, 죽음은 삶을 살아가는 가장 훌륭한 푯대이자 교사가 될 것이다. 그러한 생각을 타인들과 공유하는 한 방편으로, 앞선 유럽 묘지 기행과 함께 이 책을 세상에 내놓는다. 이 지구별 위를 치열하게 살다가 떠난 유명인들의 삶과 죽음에서 우리가 배울 것이 분명 있을 것이다. 편안히 잠든 자신의 무덤을 건들지 말라던 셰익스피어의 묘비명처럼, 세월과 망각 속에 잠든 분들의 안식을 방해한 것은 아닌지 모르겠다. 산 자가 망자에게서 삶의 지혜를 구하고자 한 것이니, 망자들도 널리 이해해주시리라 믿는다.

　책의 출판을 허락해주신 바다출판사와, 원고를 꼼꼼히 읽고 조언과 격려를 아끼지 않은 편집진에 무한한 감사를 전한다.

이희인

차례

1부

근대로의 꿈과 좌절

만난 적 없는 사람들을
그리워할 수 있을까?

정약용, 정약전, 정약종

시간 여행이 가능하다면

미국 소설가 커트 보니것Kurt Vonnegut의 소설 《제5 도살장》에는 타임머신을 타고 2000년 전으로 거슬러 올라가 골고다 언덕의 십자가에 못 박힌 예수 그리스도를 만나고자 하는 시간여행자의 이야기가 나온다. 예수가 정말로 십자가에서 죽었는지, 아직 숨이 붙어 있을 때 십자가에서 내려졌는지 확인하고 싶었던 그는, 시간여행을 떠날 수 있게 되자 이를 확인하기 위해 청진기를 챙긴다.

그 엉뚱한 사람처럼 시간여행이 가능하다면, 나는 200년 전으로 시간을 돌려 꼭 세 명의 선비를 만나고 싶다. 연암燕巖 박지원朴趾源(1737-1805)과 다산茶山 정약용丁若鏞(1762-1836), 그리고 추사秋史 김정희金正喜(1786-1856)가 그들이다. 연암이 백탑파白塔派 의 친구들인 이덕무李德懋(1741-1793), 박제가朴齊家(1750-1805), 유득공柳得恭(1748-1807), 이서구李書九(1754-1825) 등을 만나 연경 여행의 무용담을 나누는 술자리에 끼어 그들의 말을 훔쳐 듣고 싶고, 다산과 그 형제들이 천주교 강론을 듣기 위해 물안개 낀 새벽 강에 배를 띄워 천진암으로 향하던 풍경을 보고 싶다. 제주 유배 길에 초의 선사草衣禪師(1786-1866)를 만나고자 들른 해남 대흥사에서 '무량수각無量壽閣' 네 글자 현판을 쓰는 추사의 모습도 훔쳐보고 싶다. 생각만 해도 가슴이 짜릿해지는 경험들이 아닌가.

타임머신 같은 게 발명되지 않았기에 나는 세월의 때가 켜켜이 묻은 유적을 찾거나 그들이 남긴 책과 작품 앞에 서거나, 끝내는 그들이 잠들어 있는 묘지를 찾아간다. 연암의 묘는 북한 땅에 있어 찾아갈 수 없지만, 다산과 추사의 묘는 멀지 않은 곳에 있다. 삶과 앎에 답을 찾지 못할 때 문득 찾아가 한참 있다가 오면 딱 좋을 곳에 그들이 잠들어 있다.

경기도 광주 천진암에서

천주교 성지인 경기도 광주의 천진암으로 향하며 나는 한 묘지에 묻힌 반 고흐 형제들의 무덤을 생각했다. 정약용의 무덤은 남한강을 사이에 두고 팔당 마재의 고향 언덕에 있지만, 그의 손위 형들인 정약전丁若銓(1758-1816)과 정약종丁若鍾(1760-1801)의 무덤은 천진암에 나란히 있을 거라 생각했다. 천진암으로 향하며 우리 역사에서 가장 용감했던, 또 가장 비극적이었던 형제를 떠올렸다. 이복 맏형인 정약현丁若鉉(1751-1821)을 비롯해 둘째 정약전, 셋째 정약종, 그리고 막내가 정약용이다. 정약용에 대해서는 차고 넘칠 정도로 많은 것이 알려져 있지만, 그 형제들에 대해선 상대적으로 알려진 바가 적다.

형제들의 생애 전반기는 거듭되는 약진과 약진만이 있었다. 영조英祖(재위 1724-1776)의 신임을 얻은 부친 정재원丁載遠(1730-1792)의 뒤를 이어 정약용 역시 정조正祖(재위 1776-1800)의 무한한 신뢰를 얻었다. 노론이 득세한 가운데, 남인 계열의 정씨 형제는 풍운의 꿈을 펼치며 승승장구하는 듯 보였다. 조선인 최초로 북경에서 천주교 세례를 받은 매형 이승훈李承薰(1756-1801)과, 독학으로 천주교를 공부해 입교한 정약현의 처남 이벽李檗(1754-1785)이 형제들과 혈연으로 연결되면서, 호기심으로 접하게 된 서학, 즉 천주교는 이들에게 새로운 세상을 약속하는 듯 보였을 것이다. 이벽과 이승훈, 그리고 성호星湖 이익李瀷(1579-1624)의 제자로 양명학과 천주교를 섭렵한 녹암鹿庵 권철신權哲身(1736-1801)이 이끄는 광주 천진암 주어사의 강학회에 참가하면서, 형제는 천주교에 깊이 빠져들게 된다.

거침없이 승승장구하던 형제의 후반생은 1800년 정조의 사망과 더불어 피비린내 나는 비극으로 뒤바뀌었다. 그 본질에서 노론 벽파와 남인 시파 간의 쟁투라 할 수 있는 신유년(1801) 천주교 박해에서 정씨 집안은 멸문지화滅門之禍를 당했다. 제사를 지내지 않아 천륜을 무시한다고 알려진 천주교인들은, 24년간 정조로부터 당한 수모를 갚을 노론의 희생양으로 지목되었다. 노론 벽파가 제거하고자 하는 남인의 핵심 인물군에 이가환李家煥(1742-

광주 천진암 천주교 성인 5위 묘역의 정약종 무덤. 이 땅에 자생적으로 천주교를
싹 틔운 이벽, 이승훈, 권철신, 권일신 성인들의 무덤과 나란히 누워 있다.

1801), 이승훈과 함께 정씨 형제들이 걸려든 것이다.

천진암 강학회에 참가한 사람들이 줄줄이 끌려와 고문을 당하고 형장의 이슬로 사라졌다. 이승훈, 권철신 모두 능지처참을 당했다. 정씨 형제 중 신앙심이 가장 돈독했던 정약종은 끝까지 배교하지 않고 순교의 길을 택하여 그 몸이 두 조각이 났다. 정약종만큼 깊이 빠지지 않고 어느 정도 거리를 둔 정약전과 정약용은 고문으로 망가진 육신을 간신히 수습할 수 있었지만 곧 먼 남쪽으로 유배를 떠나게 되었다. 숭례문 부근 석우촌에서 가족들과 생이별을 한 정약전과 정약용은 충주 가금의 가흥에 도착해 부친 정재원의 무덤에서 한바탕 대성통곡을 했다. 정약용은 경상도의 장기현에, 정약전은 전라도 신지도로 유배되었다.

그 사이 큰형 정약현의 사위 황사영黃嗣永(1775-1801)이 쓴 백서가 발각되면서 형제는 다시 국청의 고문장으로 소환되었고, 그 결과 다시는 돌아올 수 없을 더 멀고 험한 유배 길을 떠나게 됐다. 정씨 형제로부터 천주교를 접한 황사영은 신유박해를 피해 제천의 배론성지에 숨어 지내며 흰 저고리에 깨알 같은 글씨로 북경의 주교를 통해 교황청에 보내는 서한을 썼다. 교황청(과 서양)이 조선을 무력으로 쳐들어와 모진 탄압으로부터 교인들을 해방시켜주기 바란다는 내용의 백서는 지금도 매국 행위냐 아니냐를 놓고 크게 의견이 갈린다. 황사영의 백서가 발각되면서 정씨 집안은 돌이킬 수 없는 희대의 역적 가문이 돼버렸다. 황사영의 몸도 여섯 조각이 났다.

황사영의 머리는 대나무 삼각대에 매달려 효수되었다. 머리가
잘린 사체들은 모래밭에 흩어졌다. 아침에 거지 아이들이 형장
으로 몰려 왔다. 거지 아이들이 토막 난 사체에 줄을 매서 마을
로 끌고 나갔다. 목이 잘린 사체는 살았을 때 누구였던지 알 수
없었다. 거지 아이들은 민가의 대문에 사체를 들이밀며 밥을 구
걸했다. 집주인들이 질겁해서 밥을 내다주었다.

— 김훈, 《흑산》, 379쪽

전남 나주쯤에서 마지막 인사를 나눈 정약전과 정약용은 각
각 절해고도인 흑산도와 강진의 유배지로 떠나며 이별을 고했다.
긴 유배 동안 서로 편지와 사람을 오가며 형제의 정을 나누었지
만 끝내 만나지는 못했다. 18년 뒤 정약용이 해배되어 고향에 돌
아왔다. 정약전도 곧 해배되었으나 흑산도 옆 우이도에서 병에
걸려 사망하고 만다. 형제 중 온전하게 집으로 돌아온 정약용은
더는 벼슬에 나아가지 않고 저술에만 몰두했다. 그것이 어마어마
한 분량의 전집, 즉 집의 당호인 '여유당與猶堂'을 빌려 붙인 《여
유당전서與猶堂全書》로 남게 되었다. 오래전 팔당의 마재에 살았다
는, 정재원의 총기 넘치는 네 아들의 이야기다.

신안 흑산도에서

한동안 전남 신안의 흑산도를 자주 찾았다. 처음 흑산도로 나를 떠민 것은 두 권의 책이었다. 소설가 김훈이 쓴 《흑산》과 이태원이라는 고등학교 생물 선생님이 쓴 《현산어보를 찾아서》라는 다섯 권 분량의 아름다운 책이었다. 정약용에 대해선 제법 안다고 생각했던 내게 그의 형 정약전과 그가 쓴 조선 최초의 물고기 사전인 《자산어보玆山魚譜》(1814)의 존재는 생각하지 못했던 신세계를 보여주었다. 그 책의 1974년 최초 번역본까지 사서 보았다.

흑산도는 제주, 거제, 강화, 진도와 더불어 대대로 유배지로 유명한 섬이었다. 정약전이 머물렀던 섬 끄트머리 사리마을에는 고려시대부터 이 섬에 유배된 이들을 기록해둔 유배문화공원이 조성돼 있어 천천히 거닐어볼 만하다. 유배자 명단 가운데 정약전과 함께 낯익은 이름이 보인다. 을사늑약 당시 항일 의병운동을 펼쳤던 면암勉菴 최익현崔益鉉(1833-1907)이다. 18세기 말 천주교를 받아들인 죄로 유배된 정약전과 달리 개화기 때 사람인 최익현은 단발령을 거부하는가 하면 "서학(천주교)이 퍼지면 부모 자식과 남녀의 분별이 없어져 금수의 나라가 될 것"이라 하며 밀려드는 서구 사상을 거부한 옹골찬 유학자였다. 유배문화공원에 기록된 많은 유배인 중엔 실제로 끔찍한 범죄를 저지른 이들도 있고 죄목이 '해괴한 짓'이라고 표시된 사람도 있지만, 정쟁에 휩싸여 몰락한 정치범도 더러 보였다.

정약전이 절도안치의 유배형을 받아 지냈던 흑산도 끝 사리마을 앞바다 풍경.
칠형제섬이 천연의 방파제가 되어 거친 파도를 막아주던 이곳이
《자산어보》를 낳은 바다인 셈이다.

칠형제섬이 천연 방파제 역할을 하는 사리마을은, 섬 반대편의 큰 항구인 진리, 예리보다 소박한 포구의 풍경을 간직하고 있다. 사리는 그 지형상 항구를 갖추기 어렵고 파도조차 거세 마을 사람들의 작은 고깃배만 오가는 자그만 포구다. 그 바다를 앞에 두고 절도안치라는 종신형에 처해진 정약전은 유배 생활 틈틈이 섬의 생태와 바다 생물에 관심을 갖게 되었다. 《송정사의松政私議》라는 책을 써서 소나무를 베는 것을 금지하는 조정의 정책이 백성들에게 어떤 고통을 주는지 밝힌 정약전은 유배지에서도 학문을 게을리하지 않는 한편, 섬의 어부, 민초와 어울리며 흑산도의 자연을 즐기고 관찰했다. 유배지에서도 학문에만 몰두해 《목민심서牧民心書》(1818) 등 무수한 저작을 차곡차곡 쌓아간 동생 정약용과 다소 대비되는 모습이다. 형제는 인편을 통해 서신을 왕래하고 서로의 근황과 관심사, 학문적인 교류를 이어나갔다.

흑산의 긴 유배 생활을 통해 마침내 탄생한 책이 《자산어보》다. 성리학으로 학문을 시작했고 서학(천주교)이라는 새로운 학문을 접한 정약전은 왜 하필 '상놈'들이나 관심을 가질 물고기에 몰두하게 되었을까? 잠수도 할 수 없고 살아 있는 물고기를 깊이 관찰할 수도 없었을 선비가 어떻게 이런 실용적인 책을 썼을까? 물론 소설 《흑산》이나 영화 〈자산어보〉에서처럼 창대라는, 실제 《자산어보》 서문에 언급된 섬사람에게 많은 도움을 받았을 것이다. 무엇보다 정약전은 책상머리에 앉아 관념을 풀어내는 데 머무르지 않았다. 그는 서양 근대 과학기술을 견인해낸 '관찰자

observer'의 자세를 취했다. 또한 서구 근대의 지식 혁명을 추동해 낸 지식의 분류와 체계화 방법을 이 책에 적용했다. 지식을 무질 서하게 나열하거나 풀어가는 것이 아닌, 찾기 쉽고 활용하기 쉽 도록 지식들 간에 질서를 부여한 것이 '분류'의 기술인 바, 이것 이 《백과전서》 같은 책들을 가능하게 한 근대 지식 혁명의 핵심 이었다. 《자산어보》에도 일종의 분류법이라고 할 것이 적용되었 다. 자신이 관찰한 흑산의 바다 생물들을 인류鱗類, 무인류無鱗類, 개류介類, 잡류雜類 등 4개 류類로 분류하고, 그 하위에 총 55항목 의 생물을 나열했다. 관찰과 분류. 조선의 선비 정약전은 어느새 이러한 근대적인 학문의 태도와 방법을 내면화하여 뜻밖의 저작 을 탄생시킨 것이다.

《자산어보》가 그림이나 기호도 없이 철저히 문자로만 서술 된 어류 사전이라는 점도 눈여겨볼 만하다. 여기에는 사연이 있 다. 정약전은 애초에 바다 생물의 모습을 그림으로 설명하는 어 류 도감인 《해족도설海族圖說》이란 책을 기획하고 있었다. 그러나 "글로 쓰는 것이 그림을 그려 색칠하는 것보다 나을 것입니다"라 는 동생 정약용의 권유를 받아들여 결국 그림이 빠진 《자산어보》 로 결실을 맺게 된다. 문자에 비해 그림을 폄하하는 조선 선비들 의 보수적인 태도를 엿볼 수 있는 대목이다. 서양 서적의 사실적 인 도판들에 크게 영향을 받은 일본이 《물류품즐物類品騭》(1763)이 나 《해체신서解體新書》(1774) 같은 책에 시각적인 방법을 동원한 것 과는 상당히 다른 길이었다. 이를 두고 일본 난학蘭學이 지닌 시각적 근대화와 대조적으로, 조선의 실학實學이 여전히 '중화 성리학의 틀 안에서 유럽의 기술과학을 '말씀[經]'의 언어로 해석하는' 청각 중심의 한계를 보였다고 해석하는 학자도 있다.*

영화 〈자산어보〉에서 정약전의 입을 빌려 자주 반복되는 말이 "주자는 참 힘이 세구나!"다. 송나라의 유학자 주자朱子가 집대성해 주자학朱子學으로도 불린 성리학性理學이 조선 사회를 얼마나 단단히 옭아매고 있는지를 표현한 말이다. 새로운 지식인들의 눈에 비친 조선은 성리학이라는 거대한 감옥에 갇힌 사회였을 것이다. 고답적인 성리학의 도그마를 벗어나 새로운 세상을 꿈꾼 정약전은 그렇게 흑산의 민초들과 어울려 삶과 자연이 녹아 있는 세상살이에 관심을 가졌다. 그러나 끝내 고향인 마재로 돌아오지 못한 채 흑산도의 이웃 섬인 우이도에서 생을 마감한다.

다시 남양주 팔당과 광주 천진암에서

흑산도에서 서울로 돌아와 곧바로 정씨 형제들의 생가가 있는 팔당의 마재를 찾아갔다. 절해고도에 유배됐던 한 선비가 십수 년 꿈에만 그리다 끝내 돌아오지 못한 길을 200년 뒤의 사람이 별 어려움도 없이 이틀 만에 넘나든 것이다. 해마다 실학축제

---

* 이종찬, 《난학의 세계사》(알마, 2014), 262-265쪽.

를 열 만큼 다산 정약용과 동의어가 된 마재의 다산유적지는 풍광 좋고 마음이 편안해져 자주 찾는 곳이다. 마음이 답답할 때 찾아와 깊고 넓은 강을 바라보거나, 다산생태공원에 지핀 연잎과 연꽃을 보기도 한다. 그러다 여유가 있으면, 여유당 뒤편 언덕에 있는 정약용의 묘 앞에 서기도 한다.

정씨 형제들이 살던 당시엔 인근에 팔당댐이 없었을 테니 물길은 지금보다 훨씬 낮고 좁았을 것이다. '열수洌水'라 불린 너른 한강 물줄기를 따라 마재 나루터를 출발한 조각배는 천천히 흐르고 흘러 한양의 마포에 닿았을 것이다. 거기서 도보나 말을 타고 임금이 있는 궁궐로 들어서는 정약용과 그 형제들을 생각해본다.

유배지인 강진에서 불후의 명저들인《목민심서》,《흠흠신서欽欽新書》(1819),《경세유표經世遺表》(1817)를 저술한 정약용은 해배되어 마재로 돌아온 뒤 고향 집 여유당에서 18년을 더 살다가 1836년 집 뒤 언덕에 묻혔다. 쌓아두면 어른 키를 훌쩍 넘기는 높이가 된다던 저작들은 그 집 당호를 따서《여유당전서與猶堂全書》가 되었다. 백성들의 삶을 윤택게 했으며 지속발전의 가치를 추구한 삶과 업적이 인정되어 2012년 (헤르만 헤세, 장 자크 루소 등이 선정된 바 있는) 유네스코 세계기념인물이 된 정약용. 그는 아름다운 팔당호를 바라보는 고향 집 언덕에 고요히 잠들어 있다. 형제 중 마재에 돌아와 잠든 이는 정약용뿐이다.

가혹하고 힘든 시간이었겠으나 정약전과 정약용 형제에게 유배지의 시간은 그들로 하여금 창조적인 후반생을 살게 한 시공간이 되었다. 그들의 신체는 묶어두고 옭아맬 수 있었지만 근대를 향한 열망과 정신마저 감금할 수 없었던 것이다.

다산의 《목민심서》는 한때 베트남 혁명의 지도자인 호치민이 생전에 침대 곁에 놓고 애독했다거나 관 속에 부장품으로 넣었다는 얘기도 전해졌다. 그러나 이것이 최근에 근거 없는 이야기로 결론이 나는 것 같다. 얼마나 많은 역사의 지식들이 이런 얼토당토않은 과정을 거쳐 왜곡, 유포되었을까? 이런 해프닝을 통해 우리가 다산에 대해 얼마나 큰 자부심을 갖는지 확인할 수는 있었지만 말이다.

당연히 흑산도 옆 우이도에 있을 것으로 알았던 정약전의 묘가 경기도 광주의 천진암 성지에 있다는 사실을 뒤늦게 알고 몹시 흥분했다. 설레는 마음으로 천진암을 찾아갔다. 정문에서 산 쪽으로 2킬로미터가량 더 올라간 천주교 성인 5위 묘역까지는 길도 완만하고 숲도 좋았다. 때 묻지 않은 숲에 성인들이 천주교를 공부하고 집회한 강학회 터도 남아 있었다. 그런데 안내 표지판에도 정약전의 묘지에 대한 정보가 없더니 성인 5위 묘역에도 그의 묘가 없었다. 이벽, 이승훈, 권철신, 권일신權日身(1742-1791) 외에 정약종의 묘지만이 그곳에 있었다. 살벌했던 성리학 근본주의 세상에서 사람의 평등과 사랑을 믿었던 사람들. 그 대가는 혹독했지만 이렇게 성인으로 시성되어 함께 잠들어 있다. 그들의 삶을 떠올리며 묘지 아래 차고 맑은 빙천수로 목을 축인 뒤 묘지를 내려왔다. 안내소에 들러 정약전의 묘에 대해 물으니 같은 산 자락의 성인 5위 가족묘지에 모신 것 같다는 대답만 들었을 뿐 정확한 정보를 얻진 못했다. 곧 문 닫을 시간이 되어 다음을 기약할 수밖에 없었다.

한 번도 만난 적 없지만 나는 그 선비들이 그립다. 야만의 시대에 모진 핍박을 받은 사람들, 그 핍박을 이겨내고 위대한 정신적 창조물로 승화시킨 형제들. 한 번도 본 적 없는 사람들을 그리워할 수 있을까? 그런데, 정약전의 묘지는 어디에 있는 것일까?*

---

* 　그 뒤 찾아간 광주 천진암의 성인 5위 가족묘지에서 정약전의 묘지를 찾아 확인했다.

중세 질서로부터의 탈출

이익, 홍대용, 박지원

20세기를 통틀어 인문학의 가장 뜨거웠던 화두 중 하나는 '근대 modern'에 관한 질문이었다. 근대의 출발을 어디로 설정할 것이며, '근대성modernity'의 성격을 어떻게 규정할 것인가 하는 문제들이다. 김현과 김윤식이 쓴 《한국문학사》는 우리 근대의 기원을 설정하는 논의들을 소개하며 한 극단에 임진왜란을, 반대편 극단에 해방 후를 근대의 시작으로 보는 견해들을 언급한다. 그런가 하면 《한국철학사》를 쓴 전호근은 '평등'과 '자주'라는 근대적 가치를 동시에 획득한 동학을 온전한 근대적 사유의 출발로 규정한다. 대체로 19세기 후반 개화기 무렵을 우리 근대의 출발점으로 꼽는 의견들이 다수를 점하고 있다.

성리학 중심의 중세 질서로부터 일탈하는 출발점으로 성호 이익과 담헌湛軒 홍대용洪大容(1731-1783), 연암 박지원 등을 주목할 수 있을 것이다. 박지원이야 널리 읽히는 작가가 되었지만, 이익이나 홍대용은 그 삶과 업적에도 불구하고 충분히 조명받지 못한 느낌이다. 이익은 홍대용, 박지원 등에 영향을 미쳐 북학파, 개화파로 이어지는 계보의 처음에 놓이기도 하거니와, 그의 제자 권철신을 통해 정약용 형제 등 서학(천주교)으로 이어지는 계보에도 앞에 놓인다. 그를 가리켜 전호근은 "조선 시대 백과전서파"의 대표 인물이라 표현했다. 드니 디드로Denis Diderot(1731-1784), 장 르 롱 달랑베르Jean Le Rond d'Alembert(1717-1783), 볼테르Voltaire(1694-1778) 등이 참여해 프랑스혁명의 밑거름이 된《백과전서Encyclopédie》(1751-1772 추정)와 비슷한 시기에 조선의 선비 이익은《성호사설星湖僿說》을 썼고, 그 책에 백과사전적 지식을 망라했다. 물론 그 체계의 엄밀함이나 도판이 아닌 글 위주라는 점에서 둘은 다르다. 이익 자신도 자신의 책을 "성호 옹이 이 책을 쓴 것은 (중략) 아무 의도도 없다. (중략) 손 가는 대로 기록하다 보니 어느 사이에 큰 더미를 이루었다" 할 정도로 집필에 적극적인 근대의 의도가 깃든 것은 아니었다.[*]

이익의 묘지는 그의 호를 딴 경기도 안산의 성호공원에 있다. 안산은 단원檀園 김홍도金弘道(1745-?)의 스승인 화가 강세황姜世晃(1713-1791)이 활동한 곳이고, 김홍도 역시 안산에서 강세황에게 그림을 배웠다. 이익이 태어나고 성장해 활동한 곳 역시 안산이다.

---

[*]   강명관,《책벌레들, 조선을 만들다》(푸른역사, 2007), 195쪽.

이익을 조선의 디드로라고 한다면 홍대용을 조선의 코페르니쿠스라 불러도 될까? 2001년 한국 과학자들이 1.8미터 망원경을 이용해 처음 발견한 소행성에 붙인 이름이 '홍대용'이었다. 처음 발견한 별에 한국 인명이 헌정된 것은 최무선, 장영실, 허준 등에 이어 여섯 번째인데 홍대용의 선각자적 업적을 생각하면 늦은 감이 없지 않다. 1731년 출생해 1783년 작고한 홍대용은 흔히 북학파北學派라 불린 지식 집단의 우두머리였다. 박지원이 여섯 살 위 친구인 홍대용의 죽음을 슬퍼하며 쓴 '홍덕보 묘지명'*은 홍대용의 인품과 위대함을 충분히 보여주고 있다.

노론 명문가 출신인 홍대용은 영조 치세 중인 1765년, 숙부 홍억洪億의 자제군관 자격으로 연경燕京(현재의 베이징) 사행 길에 동행하게 된다. 거기서 여섯 달을 지내며 천주당에 가 서양 선교사를 만나고 한족 선비들과 교류하는 등 다양한 경험을 쌓는다. 홍대용의 여행은 "중국 지식인을 개인적으로 만난 최초의 경우"로 "18세기 후반 이후 조선의 학문과 예술, 문학에 거대한 파란을 일으킨" 사건으로 평가받는다.** 호기심 많고 탐구욕이 강했던 홍대용의 경험은 이후 북학파로, 또 개화기 지식인들로 이어지는 지적 궤적을 남겼다. 그의 여행에 자극받아 1778년 이덕무, 박제가가 함께 연경에 갔고, 1780년에는 박지원도 연경으로 향했다.

홍대용은 연경에서의 경험을 바탕으로 많은 책을 저술했다. 기

---

* '덕보德保'는 홍대용의 다른 이름(자字)이다.
** 강명관, 《책벌레들, 조선을 만들다》(푸른역사, 2007), 208–214쪽.

하학 이론서인 《주해수용籌解需用》을 비롯해 연경 기행문인 《을병연행록乙丙燕行錄》, 새로운 세계관을 망라한 《의산문답醫山問答》(1766) 등이 그것이다. "2600쪽에 이르는 우리나라 최장편의 한글 일기"인 《을병연행록》은 박지원의 《열하일기熱河日記》를 가능케 한 저작이다. 홍대용과 박지원의 기행문은 노가재老稼齋 김창업金昌業의 《노가재연행일기老稼齋燕行日記》와 함께 조선 후기에 가장 많이 읽힌 3대 연행록으로도 꼽힌다.***

연경 여행을 통해 서양의 수학, 기하학, 의학, 지전설(지동설) 등을 체득한 홍대용이 이를 망라해 쓴 책이 《의산문답》이다. '의산'은 현재 신의주 국경에서 멀지 않은 중국 랴오닝성(요령성) 의무려산醫巫閭山을 가리키는 것으로, 홍대용은 실제로 이 산을 방문했다. 사서오경과 제자백가를 터득했으나 공허한 전통 세계관에 갇힌 허자虛子의 물음에 서양 과학지식을 섭렵한 실옹實翁이 답하는 대화체로 쓴 《의산문답》은 독특한 형식의 철학 서적이다. 특히 책에 펼쳐진 '무한우주론'은 성리학에 갇힌 조선 사회에서 피어난 홍대용 사상의 백미로 일컬어진다.

천안시 수신면에 위치한 홍대용의 묘지. 경부고속도로에서 진천 쪽으로 향하는 693번 도로를 따라가다 도로를 벗어난 한적한 마을 야산에서 그의 아담한 묘지를 만났다. 그 묘비에 연암의 '홍덕보 묘지명'이 새겨져 있을까 살펴보았지만 다른 묘비명이 새겨져 있었다.

*** 손성욱, 《사신을 따라 청나라에 가다》(푸른역사, 2020), 23쪽.

가까운 곳에 있는 홍대용과학관과 함께 둘러보면 좋을 것이다.

영정조 시대를 함께 살았던 홍대용과 박지원은 북학파의 좌장들이라는 점에서나, 연경을 여행하며 서양과 청나라 문물에 매우 개방적이었다는 점, 이를 통해 중화(한족) 중심주의를 넘어섰다는 점, 후대에 남을 특별한 기행문을 남겼다는 점에서 공통적이다.

홍대용의 연경 여행에 고무된 조선 최고의 문장가 박지원은 1780년 사촌 형인 박명원朴明源(1725-1790)을 따라 꿈에 그리던 연경 사행단에 참가하게 되었다. 이 예측불허, 곡절 많은 여행담은《열하일기》라는 명저를 남겼다. 책에는 유쾌하고 정감 넘치는 에피소드들과 함께, 낯선 이국의 풍물과 학문을 대하는 저자의 더할 수 없는 호기심과 집요한 탐구욕이 가득하다. 연암의 모습에서도 서구의 근대를 가능케 했던 '관찰자'의 모습을 발견할 수 있다.

연암 박지원의 묘지는 휴전선 너머 개성 땅에 있는 것으로 확인된다. 지도로 보면 서울에서 매우 가까운 거리에 있다. 북한 땅을 자유롭게 왕래할 수 있는 날이 온다면 가장 먼저 찾고 싶은 장소 중 하나가 박지원의 묘지 앞이다.

02

글씨 속으로,
그림 속으로 들어간 사람들

김정희, 김홍도

한겨울 지나 봄이 오듯

겨우내 찾아가려고 벼르다 못 본 전시를 봄이 되어 찾아가봤다. 추사 김정희의 걸작 〈세한도歲寒圖〉 진품을 볼 수 있는 전시였다. 작품의 소장자였던 손창근이 2020년 국립중앙박물관에 작품을 무상 기증하면서 이를 기념한 전시가 열린 것이다. 때마침 코로나-19로 힘든 시간(세한歲寒, 한겨울)을 보내고 있는 사람들을 위로한다는 의도로 기획된 전시였다. 그래서 타이틀이 '한겨울 지나 봄 오듯'이었다.

전시는 추사가 제주 유배 기간에 〈세한도〉를 그리게 된 경위를 재현하고, 작품을 선물 받은 제자 이상적李尙迪(1804-1865)으로부터 그 뒤 여러 소장자의 손에 작품이 넘어가게 된 경위, 결국 마지막 소장자인 손창근이 작품을 나라에 기증하게 된 과정을 감동적인 이야기로 엮고 있었다. 〈세한도〉의 진품을 전시한 유리 진열관 앞에 섰다. 길이만 15미터 가까이 되는 긴 두루마리가 펼쳐졌다. 그중에서 추사의 글씨와 그림으로 된 부분은 1미터가 채 되지 않았는데, 그 아래로 이 작품을 감상한 사람들(중국 지식인 16

명과 조선의 오세창, 정인보 등)의 감상평(댓글)이 다양하고 유려한 서체의 글씨들로 이어 붙어 있었다.

〈세한도〉는 추사의 제주도 유배 생활 5년쯤 되는 1844년에 창작되었다. 환갑에 가까운 노인이 된 추사는 육지의 친지나 벗들로부터 잊힌 사람이 되었을 테고, 누구도 그에게 편지나 생필품을 보내주지 않는 쓸쓸한 시간을 보내고 있었을 것이다. 그 무렵 추사에게 귀중한 서책들이 배달된다. 중국을 오가는 역관譯官이었던 제자 이상적이 스승 추사를 잊지 않고 연경에서 입수한 책들을 모아 보낸 것이다. 추사가 느낀 감격과 고마움이 어떠했을까. 그 마음을 표하고자 그린 그림이 조선 최고의 문인화로 불리는 〈세한도〉다. 먹을 충분히 묻히지도 않은 갈라진 붓으로는 집 주변 나무들을 그리고, 잘 모인 붓으로는 그림 주변에 글자들을 반듯하게 써나간 그림은 언뜻 그다지 잘 구성된 작품 같지가 않다. 원근법이나 입체감이 전혀 느껴지지 않는 구도 하며 지붕의 각도와 생김새가 온전한 형상이 아니다. 그러나 고등학교 시절 교과서에서 이 작품을 처음 봤을 때부터 묘한 감동을 느꼈다. 추사가 늘 강조했다는 '문자향文字香'과 '서권기書卷氣'란 게 이런 것일까?

〈세한도〉라는 제목은《논어論語》자한子罕 편의 한 구절, "날씨가 추워진 뒤에야 소나무와 잣나무가 늦게 시든 것을 안다歲寒然後知松柏之後彫也"에서 인용한 것이다. 추사가 곤경에 처해 있을 때, 그를 기억하고 책을 보내준 이상적만이 푸른 소나무와 잣나무처럼 시들지 않고 오래 빛나는 사람임을 칭찬한 것이다.

　그림을 선물 받은 이상적이 세상을 떠난 뒤 〈세한도〉는 그의 제자 김병선金秉善과 그 아들 김준학金準學을 거쳐 당대 세도가였던 민영휘閔泳徽에게 넘어갔고, 이것이 1930년대 경성제국대학 교수였던 후지츠카 지카시藤塚鄰의 손에 들어갔다. 한국 사람들보다 추사를 더 흠모하고 그 진면목을 일찌감치 알아보았던 후지츠카는 일제 말기 〈세한도〉를 가지고 일본으로 돌아갔다. 작품이 영구히 일본에 남게 될 위기에 처한 것이다. 그러나 역시 〈세한도〉의 위대함을 간파했던 서예가 소전素田 손재형孫在馨(1902-1981)이 폭격이 퍼붓던 태평양 전쟁기 도쿄로 건너가 100일 동안 지극정성으로 후지츠카를 설득하고 감복시킨 끝에 아무 대가 없이 작품을 넘겨받게 된다. 1960년대 초 손재형이 국회의원에 출마해 재산을 탕진하면서 〈세한도〉는 미술품 소장가인 개성 출신 상인 손세기孫世基(1903-1983)의 손에 넘어갔고, 손세기의 아들 손창근이 2020년 기증하면서 국가의 것이 되었다.

　작가가 남긴 작품 한 편 한 편이 유서이자 유언장이라는 글을 어디선가 읽은 적이 있다. 생전에 구축한 작품들이 예술가들의 묘지, 유택에 다름 아니라는 말이다. 〈세한도〉를 볼 때마다 어쩐지 그 허술하게 그려진 집에서 밭은기침을 하는 노옹이 천천히 문을 열고 나오는 풍경을 상상하게 된다. 제주 유배에 몸도 마음도 노쇠해진 한 선비의 모습이.

나 혼자만의 추사 로드

모든 작품이 작가의 유서이자 묘지라는 말이 성립된다면, 추사 김정희의 경우는 충남 예산에 있는 그의 실제 묘택만이 아니라 우리 땅 곳곳에 그가 남긴 비문과 편액, 주련의 글씨들이 모두 그의 묘지가 될 것이다. 그 글씨들을 찾아다니는 것만으로도 훌륭한 명작 순례이자 묘지 기행이 될 수 있다. 그 길을 '추사 로드'라고 명명하면 어떨까.

추사 로드는 김정희가 태어난 생가와 그가 잠든 묘지가 함께 있는 충남 예산 신암면의 추사고택에서 시작하는 게 적당하다. 예산 신암면의 좁은 2차선 시골길이 갑자기 넓어지며 추사고택과 묘지, 기념관이 자리한 너른 부지에 닿는다. 추사의 증조부로, 영조의 사위였던 김한신金漢藎이 1700년 세운 고택이 1910년 화재로 소실되자 고증을 거쳐 조선조 양반집의 건축미를 엿볼 수 있도록 복원한 집이다. 꽃피는 사오월에 가면 고택과 조화를 이루는 목련과 진달래, 복사꽃 속에서 추사의 글씨를 만날 수 있다. 더욱 즐거운 것은 한옥 나무기둥마다 붙어 있는 주련柱聯, 즉 기둥에 세로로 써 붙인 시구나 문구들이다. 추사가 남긴 다양한 서체의 작품들이 기둥에 새겨져 있고, 글의 의미를 풀이해주고 있어 풍성한 볼거리를 제공해준다.

고택 옆에는 추사의 생애와 작품 세계를 일목요연하게 보여주는 기념관이 마련돼 있다. 기념관을 둘러볼 때, 또 추사의 전기를 읽을 때마다 마음을 쿡쿡 찌르는 것은 "나는 칠십 평생에 벼루 열 개를 밑창 냈고, 붓 일천 자루를 몽당붓으로 만들었다"는 말이다. "가슴속에 오천 권 문자가 있어야만 비로소 글을 쓸 수 있다"던 말은 어떠한가. 그러나 추사가 남긴 글 중 가장 탁월한 것은 이태준李泰俊(1904-?)이 《문장강화》서두에 인용한 "사란유법불가무법역불가寫蘭有法不可無法亦不可"란 글이다. "난초를 그림에 법이 있어도 안 되고 법이 없어도 또한 안 된다." 기존의 통념과 관습을 깨고 넘어서는 것이 예술이 추구하는 본령이지만 그것을 위해 끊임없는 습작과 사생의 노력이 필요함을 말하고 있다.

기념관과 고택 사이 완만한 언덕에 추사의 묘가 있다. "완당선생경주김공휘정희묘阮堂先生慶州金公諱正喜墓"라 새겨진 석비가 버티고 선 묘지는 주변의 부드러운 산세와 조화를 이루어 안온하고 평화스럽다. 묘지는 원래 노년에 거주했던 경기도 과천에 있었으나, 1937년 첫 부인 한산 이씨 묘에 추사와 둘째 부인 예안 이씨를 이장해 3위를 합장하면서 새로 조성한 것이다. 영조의 둘째 딸이자 추사의 증조모인 화순옹주和順翁主(1720-1758)의 묘와, 추사가 25세에 연경에서 가져와 심었다는 하얀 소나무[白松]까지 느긋하게 관람하다 보면 돌아가야 할 시간을 잊을지도 모른다.

추사 로드의 중요한 답사지인 해남 대흥사로 향하기 전에 잠시 들를 곳이 있다. 전북 고창의 선운사 초입 부도전에 있는 한 비문이다. 〈백파비문白坡碑文〉으로 알려진 이 비문은 추사가 생을 마감하기 몇 해 전인 1855년에 쓴 글씨로, 추사체의 완숙기를 대표하는 작품이다. 당대 유명했던 승려 백파白坡(1767-1852)의 부도에 세울 비문을 그 제자들이 찾아와 의뢰했고, 추사 역시 과거에 크게 논쟁을 벌였던 백파에 대한 존경심을 갖고 썼다고 한다. 비음碑陰, 즉 비의 후면에 빼곡 적힌 글씨를 보면 자유분방한 듯 질서가 잡힌 행서가 유려하게 흐르고 있다. 추사체의 백미라고 일컬어지는 이유를 짐작할 만하다.

전남 해남의 대흥사. 이 사찰은 동리 밖에서부터 절까지 향하는 아홉 개 다리를 천천히 산책하는 길도 좋고, 절의 중심인 대웅전이 가장 낮고 구석진 곳에 자리 잡은 가람의 배치가 독특해 좋아하는 절집이다. 성보박물관에 편안한 자세로 앉은 관음보살상이나, 사찰 뒤로 펼쳐진 대둔산 자락도 마음을 편안하게 해준다. 무엇보다도 대웅전 마당에 있는 두 개 편액 글씨에 마음이 설렌다. 추사보다 한 세기 앞선 사람인 원교圓嶠 이광사李匡師(1705-1777)가 쓴 〈대웅보전大雄寶殿〉이란 글씨와 좌측 건물 처마에 붙은 〈무량수각無量壽閣〉이라는 획이 굵고 기름진 추사의 글씨가 그것이다. 제주 귀향길에 절친한 사이인 초의선사를 만나기 위해 대흥사에 들른 추사는 원교가 쓴 〈대웅보전〉 글씨를 못 마땅해하며 현판을 떼고 자신이 직접 쓴 〈무량수각〉을 그 자리에 걸도록 했다. 그러나 9년의 귀양살이를 마치고 올라오는 길에 다시 대흥사에 들른 추사는 원교의 현판을 원래 자리에 갖다 놓고 〈무량수각〉을 내렸다고 했다. 그 9년의 세월, 한 예술가의 마음에 일었던 것은 무엇이었을까? "다산은 귀양살이를 통해 현실을 발견"했고 추사는 "귀양살이에서 자아를 재발견했다"*던 유홍준의 말을 떠올리면, 그 선비들에겐 시련과 고통의 시간이 자신을 드높이는 위대한 승화의 시간이 되었던 모양이다. 다산보다 스물네 살 어렸던 추사의 문집에 다산에게 가르침을 구하는 정중한 편지가 실려 있는 것으로 보아 학문적으로도 다산을 흠모했음을 짐작할 수 있다. 강진 다산초당에서 만날 수 있는 추사의 글씨 〈보정산방寶丁山房〉도 "정약용을 보배롭게 모시는 산속의 방"이라는 의미다.**

이제 바다 건너 제주로 향한다. 제주도 서귀포시 대정읍은 추사가 위리안치의 유배형을 감당한 곳이다. 모슬포항과 멀지 않은 곳에 조성된 추사기념관 건물은 〈세한도〉를 모티브로 해 건축가 승효상이 설계했다. 전시관 주변에 추사가 머물렀던 척박한 제주의 환경과 초가집을 복원한 모형이 있다. 9년의 짧지 않은 유배 생활이 그에게 어떤 것이었는지, 거기서 〈세한도〉를 그린 마음은 어떠했는지, 대정의 기념관 안팎을 거닐며 떠올려도 좋을 것이다.

추사 로드의 마지막 발걸음은 다시 서울로 향한다. 추사가 걸어온 인생의 길을 따라 그가 별세하기 사흘 전에 썼다는 마지막 작품을 보기 위해 강남 코엑스 맞은편 봉은사에서 여정을 마무리한다. 추사의 칠십 평생 글씨 중 가장 빼어난 글씨들로 제주 유배에 이어 함경도 북청으로 다시 유배를 다녀온 뒤 과천에서 지내며 쓴 말년의 작품들을 꼽는데, 〈명선茗禪〉과 〈대팽두부大烹豆腐〉,

* 　유홍준, 《김정희》(학고재, 2006), 189쪽.
** 　유홍준, 《나의 문화유산답사기 1》(창작과비평, 1994), 48쪽.

그리고 봉은사 경판전을 위해 병든 몸을 이끌고 쓴 〈판전板殿〉 등
이 그것이다. 특히 "71세 과천 늙은이가 병중에 쓰다"라는 글이
병기된 〈판전〉은 보는 사람의 심미안을 자극하고 시험한다. 〈세
한도〉가 그러했던 것처럼 획이 고르지 않아 보이는 〈판전〉은 천
하명필이 쓴 글씨라고는 상상이 가지 않는다. 그럼에도 쉽게 설
명할 수 없는 깊은 매력이 있다.

추사 말년의 작품 중 개인적으로 가장 좋아하는 글과 글씨는
〈대팽두부〉의 열네 글자다. "대팽두부과강채, 고희부처아녀손大烹
豆腐瓜薑菜, 高會夫妻兒女孫." 칠십 평생을 살고 보니 자식과 손자까지
삼대가 마주한 모임에서, 두부 오이 생강 나물과 먹는 밥상이 가
장 행복하다는 글. 대가의 글 치고 너무 소박한 전언인가? 그런
데 또, 이보다 훌륭한 유언도 없을 것만 같다.

추사가 떠난 자리에 수많은 후배 서예가들이 나타났다. 추사
의 제자 오경석吳慶錫의 아들이자 독립운동가이기도 했던 위창葦
滄 오세창吳世昌을 비롯해 검여劍如 유희강柳熙綱, 소전 손재형, 강암
剛菴 송성용宋成鏞, 일중一中 김충현金忠顯, 여초如初 김응현金膺顯, 송
천松泉 정하건鄭夏建, 소헌紹軒 정도준鄭道準, 쇠귀 신영복 등이 서예
계에 이름을 남겼다. 그러나 추사가 닦은 길이 워낙 크고 높은 탓
일까, 그 빈자리가 쉽게 채워지지 않는다.

단원 김홍도의 묘지는 어디 있는가?

〈세한도〉관련 전시 '한겨울 지나 봄 오듯'에서 한겨울을 의미하는 '세한' 섹션을 관람한 뒤 전시 동선을 따라가니, 추사보다 앞선 사람인 단원 김홍도와 관련된 봄의 풍속화 세 점을 미디어아트 식으로 꾸민 '평안平安' 섹션으로 접어든다. 이 전시가 또한 아주 볼만하였다. 김홍도와 관련된 작품으로 추정되는〈평안감사향연도平安監司饗宴圖〉연작 세 작품은 새봄에 평안도 감사가 평양에 부임하는 풍경을 그린 그림들로, 평양의 유명한 장소인 부벽루, 연광정, 밤의 대동강을 배경으로 하고 있다. 그러나 안내문 어디에도 그 그림들의 작가를 김홍도로 못 박지 않고 '전傳 김홍도'라는 모호한 표현을 쓰고 있었다. 김홍도가 그렸거나 아니면 김홍도 주변의 화원들이 그린 것으로 추정된다는 뜻이다.

〈평안감사향연도平安監司饗宴圖〉는 긴 변이 1.5미터가량 되는 그리 크다 할 수 없는 세 폭의 연작품인데, 각각의 그림 속에는 거의 세는 것이 불가능할 만큼 많은 사람이 그려져 있다.〈연광정연회도練光亭宴會圖〉에 434명,〈부벽루연회도浮碧樓宴會圖〉에 701명의 인물이 그려져 있고〈월야선유도月夜船遊圖〉에도 그만큼의 인물이 묘사되고 있다. 평안 감사 취임일에 평양 곳곳에서 만날 수 있는 술 취한 노인, 싸우는 아이들, 춤추는 기생, 그 잔치와 무관하게 맞은편 능라도에서 봄날 쟁기질에 바쁜 농민들의 모습이 그림 안에 빼곡하다. 민중적이면서 근대적인 시선의 그림을 탄생하게 한

영정조 어간의 분위기, 시대정신 같은 것을 느낄 수 있었다.

1745년생인 단원은 신비의 화가다. 우리 미술사상 최고의 천재 화가로 꼽히는 단원은 혜원蕙園 신윤복申潤福(1758-?), 오원吾園 장승업張承業(1843-1897)과 함께 삼원三園으로도 불린다. 스승 강세황과 함께 그렸다고 전해지는 〈송하맹호도松下猛虎圖〉와, 유명한 〈씨름〉, 〈서당〉 등이 포함된 25점의 〈풍속도화첩風俗圖畵帖〉, 거기다 정조의 어진, 수원 용주사의 〈삼세여래후불탱화三世如來後佛幀畵〉에 이르기까지 전혀 다른 장르의 그림들을 하나같이 탁월하게 그려냈다. 어떻게 한 사람이 이처럼 전혀 다른 화풍의 그림을 능숙하게 그려낼 수 있었을까? 정조가 정약용만큼 김홍도를 아낀 이유가 무엇인지 짐작된다.

애석하게도 단원의 말년과 죽음에 대해선 알려진 것이 거의 없다. 추사의 흔적이 이렇듯 여러 곳에 남아 있고, 신윤복이 경기 양주 장흥면 고령 신씨 묘역에 안장돼 있는 것이 확인되는 반면, 1800년대 초 사망한 것으로 알려진 단원은 죽음과 관련한 어떠한 기록이나 흔적도 남기지 못했다. 때문에 그와 관련한 다양한 소문과 신화 같은 이야기들이 만들어져 전해진다. 단원이 1794년 일본에 갑자기 나타나 10개월 동안 200여 점 그림을 남기고 홀연 사라진 천재 우키요에 화가 도슈사이 샤라쿠東洲斎写楽였다는 주장도 그런 예다.* 단원의 최후는 현재까지도 알려진 것이 없다.

* 나무위키, '김홍도' 항목.

어쩌면 단원 역시도 자신의 그림 속으로 들어간 화가는 아니었을까? 〈씨름〉이나 〈대장간〉 같은 풍속화 어딘가에 그가 슬쩍 숨어 있는 것은 아닐까?

03

사람이 곧 하늘이다, 라는 어마어마한 말

최제우, 최시형

동학이라는 혁명운동의 탄생

도올 김용옥이 시나리오를 쓰고 임권택 감독이 메가폰을 잡은 영화 〈개벽〉(1991)은 동학의 2대 교주 해월海月 최시형崔時亨 (1827-1898)의 일대기를 중심으로 진행된다. 영화에는 개화기의 혼란상과 당대의 풍속, 전투 장면 등에서 세심한 고증의 흔적이 엿보인다. 영화 첫 장면에 동학이 탄생하고 성장하게 된 배경에 대해 다음과 같은 설명을 하고 있다.

> 400년을 이어 내려오던 조선왕조는 19세기에 이르러 외적의 세도가 등장하면서 정치의 기강이 무너지고 국정은 문란해갔다. 한편, 아편전쟁에서 중국이 서구 열강에 굴복하자 중국 중심의 세계질서의 무기력함이 폭로되고 중국을 종주국으로 여겨왔던 조선 민중은 절망감과 동시에 새로운 질서를 기대하게 되었다. 수탈과 학정에 시달리던 민중은 새 세상을 갈구하면서 새로운 인간에 대한 깨우침을 서서히 이루어갔는데, 그 흐름의 하나는 "동학東學"이라는 종교운동으로 나타났다.　　　─ 영화 〈개벽〉에서

    역사의 물줄기를 바꾼 거대한 민중혁명에는 여러 요소가 고르게 작용하기 마련이다. 변화를 끌어낼 수밖에 없는 축적된 환경이 필요하고, 그것을 뚫고 나갈 주도적인 세력이 준비돼야 하며, 그 세력을 묶어줄 광범위한 공감대가 필요하다. 무엇보다 그 운동의 동기와 명분, 비전을 제시할 철학이 필수적이다. 동학은 우리 역사에서는 드물게 이런 요소를 모두 갖춘 거대한 혁명운동이었다. 그 운동의 지도자였던 두 사람, 창시자 수운水雲 최제우崔濟愚(1824-1864)와 2대 교주 해월 최시형이 함께 하나하나 토대를 쌓고 이 변혁 운동을 끌고갔다. 최제우가 동학의 사상적 기초를 다졌다면 최시형은 목숨을 건 포교를 통해 동학을 조직화하고 완성해냈다. 서자 출신인 3대 교주 손병희孫秉熙(1861-1922)에 이르러 동학은 일제강점기 독립운동에서도 주도적인 역할을 담당하며 매우 중요한 민족 종교로 자리 잡게 된다.

    동학의 창시자 최제우는 초상화로만 남아 전해지고 그의 뒤를 이은 해월 최시형은 사형 직전의 사진만을 남겼다. 이 차이는 작지가 않다. 한 사람은 여전히 봉건사회의 끄트머리에 머문 인물로, 다른 한 사람은 우리와 멀지 않은 근대인으로 느껴진다. 그러나 최제우와 최시형 사이에는 곧고 바르며 넓고 탄탄한 길이 이어진다. 수운이 다진 철학이 깊고 넓다 해도 해월 같은 후계자가 없었다면 동학이 그처럼 성장할 수 있었을까? 반대로 해월의 실천력이 아무리 뛰어났다 해도 단단한 사상적 밑받침이 없었다면 사람들의 마음을 움직일 수 있었을까?

경주에서 만난 최제우, 교조 혹은 탁월한 철학자

최제우와 최시형 모두 경주 사람이다. 최제우가 몰락 양반가의 자제로 태어난 반면, 조실부모하여 불운한 성장기를 보낸 최시형의 유년에 대해선 알려진 바가 별로 없다. 고향이 같지만 최시형이 동학에 들기 전까지는 특별한 친분 관계는 없었다.

최시형의 묘지는 경기도 여주에 있지만, 최제우의 묘는 고향인 경주 현곡면의 구미산 동쪽 능선에 자리하고 있다. 신라의 왕릉과 보문단지, 남산, 토함산 등으로부터 제법 떨어진 외곽, 영천 쪽으로 향하는 925번 지방도로에서 현곡면과 구미산을 만날 수 있다. 구미산 인근에는 최제우가 태어난 가정리 마을과 함께, 그가 36세에 큰 깨달음(대각大覺)을 이룬 용담정 자리가 있다. 현재는 천도교 수도원이 들어서 있다. 이 일대를 '천도교 용담성지'라 부른다. 수도원이 있는 용담정에서 2킬로미터쯤 더 올라가면 "수운 대신사 태묘"라 적힌 입간판이 나오고 그 안내판 사이로 난 가파른 산길을 올라가면 산중에 갑자기 평평한 곳이 나타나면서 최제우의 묘지와 만나게 된다. 태묘泰墓라 불리는 최제우의 묘지는 크고 둥근 돔형의 봉분 주위를 화강암 묘석이 두르고 있으며 묘 앞에는 문인상과 함께 고인의 공적비가 우뚝 서 있다. 묘지를 등지고 산 아래를 굽어보면 편안하고 부드러운 맞은편 산 능선이 단아한 곡선을 그리며 펼쳐진다.

재가녀의 자식으로 차별을 받으며 불우한 유년 시절을 보낸 최제우는 이른 나이에 어머니와 아버지를 여의고 떠돌이 장사치로 유랑생활을 하는 한편 서당에서 글을 가르치기도 했다. 1856년 뜻한 바가 있어 천성산에 들어 구도 생활을 시작했고, 1859년 이곳 구미산 용담정에서 수련에 힘쓰다가 1860년 4월 5일 종교적 체험으로 득도를 하게 된다.

1961년 최제우가 포교를 시작하자 그 교세가 나날이 확장되었다. 신분 차별에 반대하는 평등사상과 외세를 배격하는 자주사상에 많은 사람이 공감하였고, 그에게 가르침을 받기 위해 모여들었다. 곧 관헌의 주목이 뒤따랐고 탄압의 그림자가 조여오기 시작했다. 1863년 교인이 3000여 명에 다다랐을 때, 최제우는 마치 자신에게 닥칠 운명을 예감하기라도 한 듯 제자 최시형에게 '해월海月'이라는 호를 내린 뒤 그를 후계자, 즉 제2대 교주로 삼았다. 곧 경주에서 체포된 최제우는 1864년 4월 15일 대구의 관덕당 뜰에서 참형에 처해진다. 득도해 포교를 시작한 지 3년도 안 되는 기간에 최제우는 조선을 뒤흔든 탄탄한 종교를 창시했다.

동학에 그토록 많은 사람이 모여든 이유에는 조선 사회가 억눌러온 신분 차별에 대한 반감과 평등에 대한 열망이 있었다. 평등의 이념을 먼저 일깨운 것은 서양에서 전래된 종교인 서학, 즉 천주교였다. 그러나 천주교는 필연적으로 제국주의의 침략과 외세의 개입을 동반할 수밖에 없는 한계를 지녔다. 서학과 차별화를 꾀하며 등장한 동학이 입각한 곳이 여기다. 동학이 추구한 평등과 자주라는 가치에 근거해 전호근은 동학을 한국 철학사상

'최초의 근대 사상'이라 규정한다.[*]

동학의 교리를 접하며 놀라는 것은 150년 전에 우리에게 이토록 높은 수준의 평등사상이 가능했던가 하는 점이다. 교조 최제우가 모든 사람이 자신 안에 저마다의 천주(한울님)를 모시고 있다는 의미로 '시천주侍天主'라 하며 처음 제시한 평등사상은, 2대 교주 최시형이 사람이 곧 하늘이라는 '인시천人是天'의 사상으로, 3대 교주 손병희가 '인내천人乃天'의 사상으로 심화, 발전시킨다. 하늘을 우러르는 '경천敬天'은 고유한 겨레의 사상을 이어받은 것인데, 최제우는 여기에 유, 불, 선과 도참사상, 후천개벽 같은 민중사상 등을 융합해 동학을 체계화했다. 토착, 민중 신앙은 물론 중국에서 전파된 유불선, 당시 전래된 천주교 교리까지 훤히 꿰뚫었던 대사상가가 최제우였다.

《창작과 비평》2021년 가을호의 특별 대담에서 도올 김용옥과 백낙청 교수는 동학, 그중에서도 최제우가 대각을 이뤄 체계화한 사상을 검토하며 그 사상이 이뤄낸 성과를 논한 바 있다. 최제우는 철저하리만치 서양 사상과 대결했으며, 그렇게 정립한 동학은 서양이 풀지 못한 많은 철학적 문제를 탁월하게 해결했다는 데 의견을 모았다. 지구 반대편 서구 유럽에서 다양한 근대 사상과 저항운동이 폭발하던 무렵 한반도에서 일어난 동학의 물결은 얼마나 급진적인 민중운동이었던가. 그러한 급진적인 사상이 어

[*]　전호근,《한국철학사》(메멘토, 2018), 659쪽, 677쪽.

떻게 성리학에 꽁꽁 결박돼 있던 조선의 민중들에게 마른 들판에 불길 번지듯이 번져나갈 수 있었던가.

경기 여주에서 만난 최시형, 도망자 혹은 위대한 포교자

영화 〈개벽〉에서 매우 인상 깊었던 장면은 영화의 마지막 부분, 교주 최시형의 처형 장면이다. 지금까지 남아 전해지는 최시형의 유일한 사진이 촬영되는 상황을 재현한 장면으로 보이는데, 어찌나 심한 고문을 당했는지 최시형이 제대로 앉지도 못하고 자꾸만 옆으로 비스듬히 쓰러져 누군가 뒤에서 그를 붙잡아 세워서야 사진을 찍을 수 있었다. 그 옆에는 "동학수괴 최시형"이라는 글자가 놓여 있다. 다음 장면에서 커다란 고목에 교수형을 당한 최시형의 모습이 담장 너머 사람들에게 보이며 영화는 끝을 맺는다.

최제우가 사유의 인물이었다면, 최시형은 포교와 도피로 대표되는 행동의 인물이었다. 1863년 35세에 최제우로부터 도통을 물려받은 최시형의 삶은 도망과 수난의 연속이었다. 1894년 동학농민전쟁이 진압당한 뒤 원주의 동학교도 원진여의 집에 숨어 지내다가 현상금에 눈이 먼 송경인宋敬仁의 밀고로 1898년 관헌에 붙잡혀 교수형에 처해진 최시형. 그렇게 30년 이상을 도망자로 살며 동학을 19세기 후반 최고의 종교운동, 민족운동으로 끌어올린 것이 그의 탁월한 업적이었다.

최시형의 도망자 이미지는 영화 〈개벽〉에 반복해 등장한다. 동학 집회에 관군이 기습해 쳐들어오면 집 뒷문과 뒷산으로 도망쳐 체포를 면하는 최시형의 모습은 아슬아슬하기만 하다. 그렇게 보따리 하나 짊어지고 태백산으로, 소백산으로, 평해, 울진, 단양, 영월, 인제 등 전국 각지로 도망 다녔다고 해서 그를 '최보따리 선생'이라고 부르기도 한다. 그러나 최시형을 도망자, 포교자로만 보기엔 한없이 부족하다. 그는 최제우의 사상을 심화하고 체계화시킨 사유의 거장이기도 했다. 그가 벌인 교조(최제우) 신원운동과, 최제우가 미처 정리하지 못한 채 남겨둔 기록들을 간행한 업적이 없었다면, 동학은 조선 사회를 뒤흔들 만큼 큰 사상 운동으로 성장하지 못했을 것이다. 1880년 강원도 인제에서 한문으로 간행한 《동경대전東經大全》과 1881년 충북 단양에서 한글로 간행한 《용담유사龍潭遺詞》로 동학은 탄탄한 경전을 가진 종교로 우뚝 서게 된다. 이러한 까닭에 최시형의 업적을 더욱 높이 사는 이들도 있다.

해월의 사상은 최제우에서 비롯되긴 했으되 보다 진일보한 것이었다. 양반과 상놈의 차별은 물론, 적자와 서자의 차별, 남과 여의 차별, 어른과 아이의 차별, 사람과 동물의 차별까지를 아우른다. 단순한 평등사상을 넘어 오늘날 인간과 자연의 공존을 모색하는 첨단의 생태사상, 또 가장 진보적이라 할 만한 동물권의 아이디어에까지 도달한 것이다. 때문에 그의 사상은 많은 후배 지식인들에게 영향을 미쳤다. 최시형 다음으로 동학 교주가 된 손병희의 사위 소파小波 방정환方定煥(1899-1931)은 '어린이'란 말을 만들고 '어린이날'을 제정했다. 최시형이 은거하다 붙잡힌 강원도 원주는 한때 민주주의의 성지로 일컬어졌는데 '원주의 예수'로 불린 무위당無爲堂 장일순張壹淳(1928-1994)이 기념비까지 세우며 다양한 기림사업을 펼친 사람이 최시형이었다. 최시형의 사상은 오늘날 더욱 강조되고 있는 생활민주주의로까지 확장된다.

여주시 금사면 주륵리 산 138. 해월 최시형의 묘지 주소다. 알려지지 않은 꽤 좋은 계곡과 풍광을 품고 있는 산이다. 최제우의 묘지가 있는 경주 구미산 일대가 천도교 성지가 되었듯이, 이 계곡도 천도교 성지로 조성돼 있다. 묘지로 올라가는 숲이 깊고 푸르렀지만 편안히 산책할 수 있을 만큼 잘 닦인 산길이었다. 사방이 탁 트인 해월의 묘지 앞에 섰을 때, 최제우의 묘 앞에서도 느꼈던 웅혼함이 가슴 가득 밀려 왔다. 해월의 묘지 아래에는 그의 부인으로 3대 교주 손병희의 여동생이었던 손소사의 묘가 있고, 산길을 내려오면 해월의 아들로 역시 독립운동에 헌신해 각각 건국훈장을 받은 최동희, 최동호의 묘지도 만날 수 있다.

1898년 일흔이 넘은 노인 최시형이 원주에서 붙잡혀 서울로 압송된 뒤에 그를 심판한 사람이 조병갑이란 인물이다. 들어본 이름이 아닌가. 1894년 동학농민전쟁의 기폭제가 된 탐관오리의 대표적인 인물로 고부 군수였던 그 조병갑趙秉甲이다. 동학농민전쟁 1차 봉기가 농민군의 승리로 끝나자 관직에서 쫓겨나 귀양에 처해진 조병갑이 어느새 다시 중앙 관직에 복귀해 다른 사람도 아닌 동학 교주 최시형을 심판한 것이다. 조선 후기의 부패상을 이보다 적나라하게 보여주는 장면이 또 있을까 싶다.

종로에서

종로3가 우리나라 최초의 상설 영화관인 단성사가 있던 곳 부근에 최시형이 재판을 받고 처형당한 좌포도청 터가 있다. 옛 단성사 자리 한 귀퉁이에 '최시형 순교터'라는 표지석이 자리하고 있다. 처형당한 그의 머리가 사흘 동안 길거리에 내걸렸으며 제자들이 수습한 그의 시신은 '시구문屍軀門(한양의 시신들이 성 밖으로 나가던 문)'으로 불리던 광희문 밖 공동묘지에 매장되었다. 나중에 제자들에 의해 그 주검이 송파로 옮겨지고, 얼마 뒤 여주 원적산 천덕봉 밑 지금의 자리에 이장돼 오늘에 이르고 있다.[*]

묘지 순례를 하며 동학의 창시자 수운 최제우와, 그의 사상과 조직을 부흥시킨 해월 최시형, 동학의 접주였으나 농민들의 자발적인 봉기를 지휘하며 썩어빠진 조선을 뒤집어엎으려 했던 전봉준全琫準(1855-1895), 김개남金開南(1853-1895), 손화중係華仲(1861-1895) 등 혁명가들, 그리고 3대 교주 손병희, 손병희의 사위였던 소파 방정환 등을 만날 수 있었다. 더불어, 동학농민전쟁에서 역

---

[*]   한국철학사상연구회, 《길 위의 우리 철학》(메멘토, 2018), 30쪽.

사의 장구한 흐름과 민중의 힘을 감지하여 장대한 서사시로 그려 낸 시인 신동엽申東曄(1930-1969)까지 말이다.

역사학자 백승종은 동학이 가능했던 18-19세기의 특별한 배경으로 평민 지식인들의 성장을 꼽는다. 조선 후기 들어 가난해진 양반이 많아진 반면 양반층 가운데서도 특정한 세력만이 관직을 독점하는 현상이 강화되면서 벼슬에서 멀어진 양반들이 많아졌다. 여기에 누구라도 배우고 싶으면 가르쳐야 한다는 성리학의 교리가 역설적으로 평민 지식인들을 성장시켰다는 것이다. 양반이 사회·경제적으로는 힘이 약해진 반면, 평민들이 선비가 되고자 하는 열망을 품게 된 분위기 속에서 최제우, 최시형, 전봉준, 김개남, 손화중, 손병희 같은 평민 지식인들이 등장했다.[*]

어떻게 성리학의 도그마에 꼭꼭 갇혀 있던 조선 사회에 이토록 급진적인 평등사상이 가능했을까? 신으로부터 왕으로, 귀족으로, 부르주아로, 평민으로, 여성으로, 아이로, 인간과 함께 사는 동물로, 무기물로, 또 지구라는 환경으로. '타자other'들 속에서 '주체subject'를 발견해온 서구 철학의 지난한 과정을 상당 부분 뛰어넘으며 동학은 가장 이상적이며 진보적인 평등사상을 체계화해왔다. 사람이 곧 하늘이다, 라는 말. 오늘날에도 새롭게 다가오는 큰 담론이 아닐 수 없다.

---

[*]   백승종,《동학에서 미래를 배운다》(들녘, 2019).

04

빈 무덤들

김옥균, 전봉준

빈무덤의 주인은 누구인가?

아무도 잠들어 있지 않은 채 텅 빈 봉분만 쌓아올려 만든 빈무덤과 누군가의 육신을 품고 있으나 그가 누구인지 알 수 없는 이름 없는 무덤이 있다고 하자. 몸을 갖지 못한 무덤과 이름을 찾지 못한 무덤. 어떤 무덤이 더 슬프고 억울한 무덤일까?

우리 땅 여기저기 흩어져 있는 유명인들 묘지를 찾아다니다 보면 깜짝 놀랄 때가 종종 있다. '설마 그 사람 묘지가 남아 있을까?' 싶었던 사람의 묘지와 마주할 때다. 여기 소개할 김옥균金玉均(1851-1894)과 전봉준의 묘지가 그런 무덤들이었다. 당시 지배층 입장에서 보면 능지처참에 삼족을 멸해도 모자랄 대역죄인들이 아니던가. 그 묘지들에 대한 소문을 듣고 찾아가 보니 묘지들은 역시나 주인이 없는 빈 무덤이라고 했다.

김옥균이 암살당하고 전봉준, 김개남, 손화중 등 동학 지도자가 처형된 1894-1895년 어간은 조선의 운명이 풍전등화와도 같던 격변기였다. 명성황후明成皇后(1851-1895)가 시해당한 을미사변乙未事變이 있었고, 일본으로 하여금 제국의 자신감을 갖게 한 청일전쟁이 발발했다. 또 무슨 일이 있었던가.

종로에서 만난 김옥균과 전봉준

인사동 맞은편, 조계사 옆의 우정국에 서면 늘 아스라한 환청이 들리는 듯싶다. 1884년 깊은 가을밤, 축성되자마자 불에 타버린 건물에서 터져 나오는 함성과 소동이 떠들썩하다. 우정총국 개국 축하연에 초대된 민영익閔泳翊(1860-1914)을 비롯한 당대 세도가들은 화재를 피해 우정국 밖으로 나오다가 한 무리 급진개화파들의 칼에 급습당한다. 곧 젊은 혁명가들은 왕과 왕비를 피신시킨 뒤 새로운 세상의 시작을 알리는 혁명을 선포한다. 이른바, 갑신정변甲申政變이다.

곧 정변을 진압하기 위해 청나라 군대가 투입되고 거기에 압도당한 일본은 개화파들과의 약속을 저버리고 물러섬으로써 불꽃과도 같았던 거사를 사흘만의 해프닝으로 만들어버렸다. 거사가 실패하자 김옥균을 비롯한 갑신정변의 주역들은 황급히 창덕궁을 빠져나와 달아났고, 곧 제물포에 머물던 일본 국적선 치토세마루에 올라타 일본으로 도주한다.

조계사에서 북촌 방향으로 올라가 감고당길과 재동길을 따라가면 옛 경기고등학교 터에 자리 잡은 정독도서관에 닿는다. 오던 길 주변으로 정변의 주역이었던 홍영식洪英植(1855-1884), 박규

수朴珪壽(1807-1877), 서광범徐光範(1859-1897) 등의 집이 모여 있었다고 한다. 정독도서관에 가면 예전 경기고등학교 운동장 자리였을 잔디밭에서 '김옥균의 옛 집터'라는 표지석을 만날 수 있다. 도서관에서 버스로 두어 정거장 거리에는 정변 당시 왕과 왕비가 머물렀던 창덕궁이 있다. 빠른 걸음으로 한두 시간이면 답파할 그 넓지도 않은 거리에서 1884년 가을, 왕조의 운명을 가를 대사건이 펼쳐진 것이다.

정독도서관을 나와 조계사를 거쳐 종각 쪽으로 향한다. 예전 국세청 빌딩이라 불리던 종로타워빌딩을 대각선으로 마주하고 있는 영풍문고 앞에 선다. 몇 해 전 세워진 녹두장군 전봉준의 청동상이 거기 있다. 서울로 압송된 전봉준이 1895년 2월 27일 가마에 태워진 모습으로 사진에 찍힌 일본 영사관 자리에 청동상이 세워졌다. 우뚝 선 종로타워빌딩과 종로사거리를 부릅뜬 눈으로 바라보고 있는 녹두장군의 형상은 일본 《메사마시신문》의 사진기자 무라카미 텐신이 찍은 사진 속 자세를 취하고 있다. 총과 칼이 저절로 피해간다는 신출귀몰한 동학당 수괴 전봉준은 처형에 앞서 외세인 일본 관헌에 넘겨져 모진 고초를 당했다. 심한 고문으로 제대로 걷지도 못해 들것에 실려 가는 그의 모습은 특종을 노리던 사진기자 텐신에 의해 촬영되었다. 후일 이토 히로부미가 총애하는 사진가가 된 텐신은 그 사진을 일본의 신문에 실은 뒤 커다란 부와 명예를 얻었다. 어찌 됐든 그 사진 덕분에(?) 죽음을 앞두고도 굽힘이 없던 녹두장군의 초상을 얻을 수 있었다. '녹두'

우뚝 선 예전 국세청빌딩을 마주하여 종로 네거리를 부릅뜬 눈으로 바라보고 있는
녹두장군. 유일하게 남은 사진 한 장에서 모티브를 얻은 전봉준의 청동상은
불의와 억압에 온몸으로 항거하는 압도적인 느낌을 자아낸다.

라는 별명이 붙을 만큼 왜소한 체격이었지만, 톈신의 사진에 모티브를 얻은 청동상은 시대와 불의에 온몸으로 항거하는 압도적인 느낌을 자아낸다. 바쁘게 옮겨 다니는 도시인들에겐 그 청동상이나 유적들이 거기 있는지 없는지도 모를 시설물로 보일지 모른다. 잠시 멈춰 서서 역사의 현장을 딛고 선 전율을 느껴보아도 좋을 텐데 말이다.

충남 아산에서 만난 김옥균의 허묘

충남 아산 영인면에 있는 충청남도 지정 기념물 13-1호인 김옥균의 묘는 다소 후미진 장소에 있지만 넉넉하게 자리를 차지하고 있다. 묘 앞에 석인상과 묘비까지 갖춘, 제대로 조성된 묘지다. 묘역 아래에는 제사를 지내기 위한 사당도 마련돼 있고 유허지遺墟地 앞으로 조성된 보도에는 김옥균의 행적과 당시 시대 상황, 갑신정변의 의미를 쉽게 설명한 안내문이 바닥의 포석에 깔려 있어 그의 삶과 죽음에 대한 사실들을 상기시켜 준다.

1851년 충남 공주 정안에서 태어나 부사 김병기金炳基(1814-?)의 양아들이 된 이후 알성시에 합격하는 등 탄탄대로의 벼슬길을 걸은 김옥균. 이후 연암 박지원의 손자인 박규수, 역관 오경석, 유대치劉大致 등을 만나 개화사상에 눈 뜨고 곧 같은 사상을 품은 박영효朴泳孝(1861-1939), 서재필徐載弼(1864-1951)과 교유하게 된다.

김옥균은 수신사로 일본을 오가면서 일본 개화사상에 많은 영향을 받았고 급변하는 국제 정세 속에서 조선이 갈 길을 고민했다. 정세에 밝고 총명했던 젊은 김옥균에 대한 고종高宗(재위 1863-1907)과 명성황후의 신뢰도 꽤 높았다고 한다. 그가 쓴《갑신일록甲申日錄》에 따르면, 당시 세계 정세에 대한 김옥균의 말을 왕과 왕비가 귀담아들었으며 그의 이야기 끝나자 고종은 김옥균에게 다음과 같은 약속을 했다고 한다. "나라가 위급해지면 경의 정밀한 계획을 따를 터이니 내 말을 의심하지 말라."* 고종의 이러한 약속은 갑신정변을 기획하고 도모하는 배경이자 자신감으로 작용했을 것이다. 민씨 일족의 전횡과 탄압에 문제의식을 느낀 김옥균과 박영효, 홍영식, 서광범, 서재필 등은 곧 정변을 실행에 옮긴다. 우정총국에 불을 질러 수구파의 거물들을 척살한 뒤, 창덕궁에 있던 국왕과 왕후를 방어에 좋은 경우궁景祐宮으로 옮기고 곧 자주독립과 근대화를 골자로 하는 새로운 법령과 개혁정부의 수립을 선포한다.

이에 놀란 1500명 청군의 개입과 일본군의 약속 불이행으로 정변은 사흘 만에 무참한 실패로 끝나 버린다. 정변의 주역들은 일본으로 도주해 망명한다. 대역죄인으로 낙인찍힌 김옥균의 형제, 가족들은 참살당하고 안동 김씨 문중은 '균' 자 항렬을 전부 '규'로 바꿀 만큼 멸족 수준의 탄압을 받았다. 김옥균뿐인가? 박

---

*   백승종, 〈개화정객 김옥균의 간절한 호소〉,《전북의소리》, 2021.07.01.

영효, 홍영식, 서재필 등 개화당의 혁명가들을 자식이나 피붙이로 둔 사람들은 처참한 자결과 옥사로 최후를 맞았다. 박영효의 형과 부친, 조카, 홍영식의 부친과 열 살이 안 된 아들, 서재필의 부모와 처자식 등이 모두 역적을 키웠다는 자괴감과 신변의 위협으로 자결을 택하고 결정했다.

일제강점기인 1940년 8월 14일 《매일신보》에는 사람들을 깜짝 놀라게 한 기사가 한 편 실렸다. 김옥균의 여동생으로 정변 이후 음독자살한 것으로 알려진 김균이 그때까지 생존해 충남 서천군 판교리에 살고 있었다는 기사였다. 김균은 주변의 도움으로 거짓 장례를 지낸 뒤 피신해 이름과 신분을 숨기고 살다가 87세에 이르러서야 세상에 모습을 드러낸 것이다. 개화파 가족들이 당한 수난을 여실히 보여주는 한 장면이 아닐 수 없다.

일본으로 망명한 김옥균의 삶은 방탕과 유배 생활로 점철됐다. 정변 이듬해 조선의 조정은 종두법을 발명한 지석영池錫永(1855-1935)의 형이자 고종의 어사진을 촬영한 바 있는 지운영池雲英(1852-1935)을 일본에 보내 김옥균의 암살을 시도하기도 했다. 세월이 지나 박영효와 서재필, 서광범 등이 복권돼 정계로 돌아온 것과 달리 김옥균의 재기는 암담하기만 하였다.

정변 10년 뒤인 1894년. 청나라 지도자 이홍장李鴻章을 만나 조선의 문제를 풀겠다며 중국으로 건너간 김옥균은 홍영식의 친척을 사칭한 자객 홍종우洪鍾宇(1850-1913)에 의해 3월 28일 상하이의 한 호텔에서 암살당한다. 체포된 홍종우는 곧 조선 정부의 요청으로 풀려나고 방부제 대용의 페인트로 덕지덕지 칠해진 김옥균의 시신을 가지고 황해를 건너온다. 홍종우는 조정의 포상을 받고 관직에 오르지만, 김옥균의 시신은 양화진 백사장에서 조각난 뒤 효수된 목에 "대역부도옥균大逆不道玉均"이라 적힌 천 조각과 함께 전시되었다.

몸이 여덟 조각이 나 팔도로 흩어진 김옥균의 시신에서 머리카락과 의복 자락을, 그를 흠모했던 일본인 가이군지甲斐軍治가 수습해 도쿄의 신죠지에 묻었다. 이듬해 1895년 갑오개혁을 기해 서광범, 김홍집金弘集(1842-1896)의 상소로 김옥균의 명예는 복권되었다. 생각보다 빠른 사면이자 복권이었다. 여기 이 빈 무덤은 당시 아산 군수로 있던 김옥균의 양자 김영진이 일본 도쿄의 무덤에서 부친의 머리카락 등 일부를 수습해 조성한 무덤이다.

'내면 풍경'이라는 말이 있다. 작가들이 어떤 작품들을 쓰게 된 내면을 유추하고 그 복잡한 속내를 탐색하는 비평 용어다. 그게 꼭 작가들에게만 유용한 말일까? 묘지를 답사하며 헤아리고자 한 것도 망자로 누운 정치가, 철학자, 예술가들의 내면 풍경이었다. 비교적 우리에게 많이 알려진 김옥균보다, 내게 더 많은 궁금증을 안겨주는 것은 암살자 홍종우의 내면 풍경이다. 김옥균의 암살자 외에, 그를 우리나라 최초의 프랑스 유학생인 것 정도는 알고 있었는데 그가 프랑스에서 한 일들이 그리 간단한 것이 아니었다. 〈춘향전〉, 〈심청전〉을 프랑스어로 처음 번역한 이도 홍종우였다. 화가, 예술가들이 활동한 파리의 사교계에서도 이름을 날린 사람이었다고 한다. 프랑스혁명 100년 뒤, 이제 막 공화정이 정착한 시공간에 그가 있었던 셈이다. 그런 홍종우가 어쩌자고 고종과 민씨의 첩자가 되어 그 자신도 젊은 날 품었던 개화사상을 실행한 김옥균을 암살했는가. 나아가 어떻게 일제의 강제 병합을 앞두고 노골적인 보수 정치인이 되어 독립협회와 만민공동회를 탄압하는 황국협회皇國協會에서도 활동하게 되었을까.

백성들의 공감을 얻지 못한 정변은 실패했고, 이로 인해 잠시 청나라의 입김이 거세지고 개혁이 후퇴하는 부작용이 뒤따랐다. 여러 행적과 일본에서의 그의 열풍을 들어 김옥균을 친일파로 보는 견해도 어느 정도 이해는 간다. 그러나 친일파라는 이름에 깃든 친일 부역, 친일 반민족행위의 의미와 김옥균과는 거리가 있을 것이다. 구한말의 복잡한 정세에 등장한 친러파, 친청파 같은 수준에서 그를 친일파로 본다면 모를까.

훗날 김옥균과 사이가 벌어진 박영효의 증언에 따르면, 김옥균은 사람들과 잘 어울리고 글 잘 쓰고 말 잘하고 시 잘 짓고 글씨와 그림에도 능했던 사람이다. 꿈만 같던 사흘 거사에 일생을 건 김옥균. 무덤이란 원래 말이 없는 것이지만 텅 빈 그의 허묘는 더욱 깊은 침묵에 휩싸여 있다. 박영효, 혹은 유길준兪吉濬(1856-1914)이 썼다고 전해지는 글이 그의 묘비명으로 적혀 있다고 한다.*

---

* 박영효의 묘는 마석 모란공원 2묘역에, 유길준의 묘는 하남 검단산에 있다. 서재필의 묘지는 동작동에 있는 국립서울현충원의 애국지사묘역에 있다.

嗚呼, 抱非常之才. 遇非常之時, 無非常之功, 有非常之死

슬프다! 비상한 재주를 가지고 비상한 시국을 만나 비상한 공이
없이 비상한 죽음만 있었으니.

전북 정읍에서 만난 전봉준의 허묘

김옥균보다 네 살 아래인 전봉준은 1855년 전북 고창에서 태어났다. 그의 부친 전창혁全彰爀은 서당을 열어 궁핍한 생계를 유지한 이로, 조선 말기 흔했던 몰락한 양반이나 중인 계급에 속한 것으로 보인다. 고창과 순창, 임실 등을 떠돌던 30세 무렵의 전봉준이 문제의 고부에 오게 되고, 그즈음 민중들 사이에 퍼지던 동학에 입교해 접주가 되었다. 봉기하기 전 전봉준은 교조 최시형이 이끈 보은집회와 1893년 김제의 금구집회에도 참가했다. 최시형의 남접 노선과 다른 북접에서 주로 활동하였다.

전창혁은 고부 군수 조병갑이 부당한 조의금을 징발하는 데 항의하다가 곤장을 맞아 장살당했다. 조병갑의 횡포는 계속되어 만석보라는 저수지를 만들어 무리한 노역과 세금을 징수하려 했다. 이에 전봉준은 1894년 농민 1000여 명을 이끌고 첫 민란을 일으켰다. 동학의 횃불이 처음 타오른 것이다. 그러나 당시 이와 같은 봉기는 고부에서만 일어난 것은 아니었다. 백승종에 따르면, 고종이 즉위한 1863년부터 동학농민전쟁이 일어나기 전까지

30년간 전국적으로 60차례 넘는 농민봉기가 일어났다고 한다. 거의 매년 어디선가는 농민들의 불만이 터져 나온 것이다.

봉기한 고부의 농민군은 승승장구하여 전주를 함락하는 등 위세를 떨쳤고, 이에 기겁한 조정은 전주에서 화약을 맺었다. 여기까지가 1차 봉기다. 이 과정에서 조정이 파병을 요청한 청군과 텐진조약을 핑계로 다시 파병한 일본군이 함께 조선 땅에 들어오면서 청일전쟁이 벌어지고, 결과적으로 일본이 조선에서의 독점권을 강화하는 계기가 되었다. 이에 외세 배격을 외치며 다시 (2차) 봉기한 농민군은 서울로의 진격을 감행하지만, 공주 우금치에서 기관총과 근대 화력을 갖춘 일본군에 궤멸되고 만다. 전봉준과 함께 동학군의 다른 지도자였던 손화중, 김개남이 모두 생포되었다. 음력 1895년 4월 24일. 40세의 나이로 전봉준은 사형을 선고받고 이튿날 새벽 한양 무악재 아래서 교수형으로 생을 마감한다. 전봉준과 농민군 지도자들의 시신은 유족에게 넘겨지지 않고 관헌이 임의로 매장했기에 시신의 행방도 묘연하다. 후손이 불명확한 전봉준은 동학농민전쟁이 재평가된 1954년 무렵부터 천안 전씨 종친회에서 제사를 지내는 것으로 알려져 있다.

전봉준의 허묘가 있는 전북 정읍 이평면으로 들어서자 바다처럼 펼쳐진 초가을 들판이 순례자를 반겼다. 우리 국토에서 유일하게 지평선을 볼 수 있다 하여 그 어간 김제에서는 해마다 '지평선 축제'를 연다. 이 들판의 풍요와 혜택이 역설적으로 탐관오리와 일제의 야욕을 부추기는 이유가 됐으리라.

이평면 장내리의 전봉준 고택에서 대략 500미터 떨어진 작은 숲에 전봉준의 단소壇所가 있다. 천안 전씨 문중에서 제단을 세우고 제사를 지내는데, 1994년에는 허묘를 조성하고 묘비도 세웠다. "갑오민주창의총수 천안전공봉준지단甲午民主倡義統首天安全公琫準之壇"이라 새겨진 비석 외에 여러 기의 크고 작은 석비가 세워져 있어 녹두장군에 대한 추모의 열기를 엿볼 수 있다.

단소를 거쳐 전봉준의 생가에 들른 뒤 갑오년 농민혁명의 발자취를 좇는 '샘솟길'을 따라가 본다. 최초의 봉기 장소인 이평면 말목장터에 먼저 들렀다. 그날 최초의 함성을 증언하던 장터의 감나무는 이제 사라져 없고, 그 나무의 후손이라는 나무가 무럭무럭 자라고 있었다. 쓰러져가던 조선을 격랑으로 몰아넣은 엄청난 민중봉기의 현장인 장터는 이제 인적이 드문 자그만 소읍의 면소재지로 남았다. 거기서 또 몇 리 거리에 있는 황토현 전적지와 기념관을 찾았으나 그 일대를 새로 조성하는 공사가 진행 중이라 들어갈 수 없었다. 곧 조병갑이 군수로 있던 고부로 향했다. 고부 관아터는 이제는 초등학교 운동장으로 변해 아무런 흔적도 없고, 그 일대에서 가장 오래된 건물인 고부향교와 수령 400년이 넘는 우람한 느티나무만이 지난 세월을 묵묵히 기억하고 있다. 마을 중심 군자정 광장 입구에 선 동학농민군의 3대 지도자 전봉준, 김개남, 손화중의 조형물과 소개 글을 읽고 고부를 떠나왔다.

개화기의 강직한 선비였던 매천梅泉 황현黃玹(1855-1910)이나 애국지사 안중근安重根(1879-1910)을 비롯한 많은 지식인도 동학을 비적匪賊, 비도匪徒로 폄하했고, 이러한 시선은 20세기 초중반까지 이어졌다. 일제강점기 민족사학자 박은식朴殷植(1859-1925)이 관심을 갖고 처음 "갑오동학지란甲午東學之亂"이란 표현을 썼지만 이후에도 동학은 마땅한 명칭을 갖지 못했다. 아이러니하게도 5·16 군사정변을 일으킨 박정희朴正熙(1917-1979) 정권이 정변의 정통성을 강조하기 위해 '동학혁명'이란 명칭을 사용하며 이를 긍정적으로 평가한 바 있다. 이후 동학의 의미와 혁명적 성격이 고찰되면서 1990년대부터 갑오농민전쟁, 동학농민전쟁, 동학농민혁명 등 다양한 명칭으로 불리게 된다.[*]

사망 시기가 비슷한 빈 무덤이라는 공통점에서 여기에 김옥균과 전봉준을 함께 올렸지만, 그들의 생각과 비전은 하늘과 땅만큼의 차이가 있다. 개화파와 동학 두 흐름이 개화기 조선이 처한 상황에 얼마나 다른 태도를 취하였는가는, 백승종이 인용한 오지영의《동학사》한 대목을 통해 엿볼 수 있다. 붙잡혀온 전봉준을 심문한 사람이 10년 전 김옥균과 거사를 일으킨 혁명가로 정계에 복귀하게 된, 그러나 이후 극단적인 친일 부역으로 생을 마감한 박영효였다는 점은 대단한 역설이 아닐 수 없다. 박영효는 전봉준에게 호통을 쳤다. 반란군을 끌어모아 난리를 일으키고, 관리를 죽이고 전주를 함락하는 등 나라를 위태롭게 했으며,

[*] 이이화,《이이화의 못 다 한 한국사 이야기》(푸른역사, 2001), 165-174쪽.

양반과 부자를 짓밟고 노비문서를 불태워 신분 사회를 교란시켰고, 토지를 균등하게 나누어 국가 기강을 혼란케 한 대역죄를 저지른 것이라 윽박지른다. 이에 전봉준이 답한다.

> 도道가 무너진 나라에 도학을 세우는 것이 무슨 잘못이오. 우리 나라 사람은 스스로 찾은 도와 학문이 없고 어느 때까지나 잘되고 못되고를 떠나서 항상 남이 만들어 놓은 도와 학문만을 추구하고 의지하며 복종하는 것이 옳은 일이란 말이오?[*]

외래사상, 외래문물을 추종해 백성에게 어떠한 공감과 지지도 얻지 못한 개화파의 혁명이, 대다수 농민의 공감과 지지를 얻어 추진한 동학의 봉기와 비교될 수 없음을 꾸짖는 전봉준의 반론은 매섭고 당당하다.

추구한 바와 방법은 달랐지만 서학과 동학은 그렇게 두 기의 빈 무덤을 남겼다. 능지처참을 당해 멸한 육신조차 누이지 못한 빈 무덤을 남겼지만, 그들이 꿈꾼 세상은 가슴에서 가슴으로 불씨를 전하며 서서히 불타올랐다. 돌아오는 길의 가을 들판이 붉은 석양에 물들어왔다.

---

[*]   백승종, 2020년 12월 13일 페이스북 게시물에서 재인용.

을씨년스러운,
너무나 을씨년스러운

고종, 명성황후, 엄비

1905년, 을씨년스러웠던 가을

춥고 스산하며 어딘가 불안한 느낌이 들 때 "을씨년스럽다"라는 표현을 쓴다. 이 말이 영어나 프랑스어, 일본어 같은 언어로 번역될 수 있을까? 절대로 불가능하다는 생각이 든다. 적어도 이 말이 비롯된 어원을 떠올린다면 말이다.

모르긴 몰라도, 이 말의 기원을 "을사년스럽다"라는 표현에서 찾는 게 맞을 것이다. 맞다. 그 을사년乙巳年이다. 어떤 의미에서 한일병합이 이루어진 1910년 경술년보다 더 치욕스럽고 슬프고 울분에 찬 해가 을사늑약이 체결된 1905년 을사년이었다. 병합은 공식적으로 5년 뒤 이루어지지만 조선의 운명이 결정된 건 그해 가을이었다. 온 조선인들이 함께 느낀, 말로 표현할 수 없는 설움과 울분의 감정으로부터 그 말 "을씨년스럽다"가 비롯됐다. 우리와 같이 비참한 식민의 역사를 경험했던 나라들의 언어라면 몰라도, 식민지를 거느렸던 제국들의 언어로 이 단어가 번역될 수 있을까?

을사늑약은 1905년 11월 17일 체결된 조약이다. 메이지 일왕의 친서를 가져온 66세 노구의 이토 히로부미伊藤博文는 대한제국 황실의 호위와 융숭한 대접을 받으며 부관 연락선을 타고 시모노세키에서 부산으로, 또 서울로 단숨에 올라와 독일인 여성이 운영했던 손탁호텔에 묵으며 11월 10일 고종을 알현한다. 처음 고종은 이토 히로부미가 내민 메이지 일왕의 친서 중 "두 제국 간의 결합을 한층 공고하게" 하자는 말을 이해할 수 없었다. 닷새 뒤인 11월 15일 다시 열린 일종의 '협박회담'에서 고종은 명성황후 시해의 건 등 다양한 이유를 들어 이토 히로부미에게 일왕의 제안을 받아들일 수 없음을 내비쳤다. 그러나 당시 독일의 비스마르크, 영국의 빅토리아 여왕, 청나라 이홍장과 더불어 '근세 사걸'*로 꼽히던 노련한 정치인 이토 히로부미의 교묘한 담판술을 고종은 당해낼 재간이 없었다. 마침내 운명의 11월 17일. 고종은 회담에 참석하지 않음으로써 끝내 이 조약을 재가하지 않았다. 그러자 이토 히로부미는 그 아침에 조선의 내각 대신들을 모아놓고, 궁 바깥에서 일본군들이 무력시위를 하는 가운데 강압적으로 조약의 체결을 종용했다. 이어, 이완용李完用(1858-1926)을 비롯한 (을사오적으로 불린) 내신들이 찬성한 것을 들어 그는 조약을 관철시켰다. 고종이 승인하지 않은 조약 자체가 국제법상 효력을 가질 수 없다는 것이 많은 연구자들의 설명이다.

불합리하고 불평등하다는 의미에서 '늑약'이라 불리는 이 조

---

* 　신명호,《고종과 메이지의 시대》(역사의아침, 2014), 22쪽.

약에 항의해 11월 30일 민영환閔泳煥(1861-1905)이 자결했고, 민영환의 인력거꾼도 자결했다. 홍만식洪萬植(1842-1905), 조병세趙秉世(1827-1905) 등의 선비들도 극단적 선택을 함으로써 망국의 한을 달랬다. 그러나 대부분의 조선 왕족, 정치가, 지도급 인사들은 침묵하거나 시류에 동조했다. 5년 뒤 병합이 완료되었을 때 고종의 형인 이재면李載冕은 일왕으로부터 은사금 83만 엔을 받았다. 대한제국 고위 정치인들의 면면이 그러했다.

장지연張志淵(1864-1921)은 〈시일야방성대곡是日也放聲大哭〉이란 《황성신문》의 사설로 조선인들 가슴에 불을 질렀고, 수많은 애국지사들이 기울어진 조국의 운명을 지켜보며 한 몸을 독립운동에 바치기로 결심했을 터다. 조선 민중들에게 기나긴 어둠과 고통의 시간이 시작되었다. 그것이 '을씨년'스러웠던 을사년 늦가을 한반도를 감싸고 있던 분위기의 정체였다.

경기 남양주 홍릉에서

유명인들의 묘지를 순례하고 원고를 쓰며 몇 가지 원칙 아닌 원칙을 세웠다. 조선의 왕릉까지는 범위를 확장하지 않을 것, 존경과 연민, 추모의 마음이 일지 않는 이들의 무덤은 찾지 않을 것 등이다. 그 원칙들을 깨고 고종과 명성황후의 합장묘인 남양주의 홍릉을 찾았다. 추모나 답사와는 조금 다른 이유에서다. 한 장의 사진이 그곳으로 필자를 떠밀었다. 고종과 개화기에 관한 책을 읽다 발견한 한 장의 사진은 1905년 조선이 맞닥뜨린 을씨년스런 가을을 그 어떤 것보다 잘 설명해주는 이미지였다.

1905년 늑약이 체결되기 두 달 전인 9월, 제물포(인천항)에 한 무리의 서양인이 도착한다. 그들은 황실이 제공한 열차를 타고 의장대의 호위를 받으며 서울로 와 손탁호텔에 묵었다. 곧 고종이 연 만찬에도 초대되고 융숭한 대접을 받는다. 그 일행에는 당시 미국의 대통령이던 시어도어 루스벨트Theodore Roosevelt의 딸 앨리스 루스벨트Alice Roosevelt, 그리고 그의 약혼자인 니컬러스 롱워스Nicholas Longworth도 있었다. 일본까지 함께 동행한 육군 장관 윌리엄 하워드 태프트William Howard Taft는 국내의 일로 미국으로 돌아간 뒤였다. 그들이 일본과 청나라를 거쳐 조선 땅까지 밟은 것이다. 러일전쟁에서 승리한 일본으로부터 1904년 제1차 한일의정서의 불평등조약을 강요받은 고종은 이들의 방문을 가볍게 여기지 않았다. 미국의 '공주' 일행을 통해 조선이 당한 억울한 처지, 풍전등화와도 같은 상황을 세상에 알릴 절호의 기회라 생각한 것이다. 20년 전인 1884년 조선이 서양과 맺은 최초의 조약인 조미수호통상조약을 떠올렸을 터인데, 그에 따르면 상대편 나라가 다른 나라에 침략받거나 고통을 당할 때 도와줄 의무가 있다는 조항이 명시된 바 있다.

며칠 뒤 고종은 귀한 손님들을 특별한 장소의 야외 리셉션에 초대한다. 현재 청량리와 고려대학교 중간쯤에 있는 옛 홍릉 자리, 지금의 '영휘원'이다. 그곳은 10년 전 일본 낭인들에게 무자비하게 살해당한 명성황후가 잠들어 있던 곳이다. 고종은 왜 하필 미국의 공주 일행을 비명횡사한 황후의 무덤으로 안내했을까? 그 의도를 짐작하긴 어렵지 않다. 자연스럽게 조선이 당한 치욕과 불평등을 알릴 기회라고 여겼을 터다.

성대한 리셉션이 시작되었다. 그러나 '대통령이 되든지, 딸을 간수하든지' 선택해야 할 정도로 아버지 루스벨트도 어찌할 수 없었던 말괄량이인 앨리스 루스벨트의 관심은 다른 데 있었다. 왕릉 앞에 늘어선 문인석, 무인석과 그 뒤로 늘어선 말이나 호랑이, 낙타 등의 석수石獸였다. 공주의 갑작스러운 행동에 주위 사람들은 경악했다. 석물 중 말 모양을 한 마석馬石 위에 올라탄 것이다. 그 순간이 사진에 찍혔다.

현장에 있던 독일 출신 궁정 요리사 엠마 크뢰벨Emma Kroebel은 그날의 상황을 이렇게 증언했다. "그녀가 입고 나타난 복장은 이해할 수 있는 수준을 넘었다. 더군다나 국빈 대접을 받는 사람이 이렇게까지 무례하게 굴 수 있을까?" 공주의 신호에 일제히 석물에 올라탄 귀빈 일행은 정숙해야 할 황후의 묘지에서 그렇게 한바탕 소동을 피우다가 자신들이 타고 온 진짜 말을 타고 시내를 누비며 늦게까지 돌아다녔다고 한다. 그 소란스러움 앞에 누구도 이의나 항의를 표하는 사람은 없었다.

이 해프닝이 더욱 분노를 불러일으키는 것은 이면에 매우 중요한 사건이 놓여 있기 때문이다. 공주 일행이 조선에 들어오기

사진 한 장이 많은 말을 해준다.
당시 대한제국이 처한 상황,
식민지에 대한 강대국들의 시선,
곧 들이닥칠 시련의 세월까지.
아픈 사진이다.
©코넬대학교 도서관

두 달 전인 7월, 그들이 일본에서 은밀하게 벌이고 온 일, 바로 가쓰라-테프트 밀약 말이다. 일본 수상인 가쓰라 다로桂太郎와 미국 육군장관 윌리엄 하워드 테프트 사이에 맺은 비밀협약이다. 미국이 필리핀에 대한 지배권을 행사하는 걸 눈감아주는 대신 일본이 조선을 지배하는 데 미국이 동의한다는 내용이 밀약의 골자다. 두 달 전 그런 조약을 맺고 온 미국 사절단 일행이 조선에 들어와 벌인 행각이 그러했다. 그런데 이게 공주 일행만의 돌출 행동이었을까? 그의 아버지로 노벨 평화상까지 받은 미국의 26대 대통령 시어도어 루스벨트가 했다는 "일본이 조선을 병합하는 모습을 보고 싶다"라는 말을 어떻게 이해해야 할까?

사진 속 그 말을 만나고 싶었다. 그 말, 능욕당한 듯 고개를 숙인 돌로 된 말. 국제 정세며 현실감각에 어두웠던 조선 마지막 왕의 무덤을 찾기보다 사진 속 그 석수를 만나고 싶었다.

석수를 찾아서

남양주의 홍릉과 유릉은 고종과 그 가족들의 묘지다. 고종의 아들인 순종純宗(재위 1907-1910) 내외는 물론, 영친왕, 덕혜옹주, 황손 이구까지 이 왕릉 일대에 함께 잠들어 있다. 늦가을 단풍이 몹시 붉었던 왕릉으로 들어서며 고종이라는 사람을 생각해봤다. 그는 어떤 사람이었을까?

고종은 사진을 많이 남겼다. 철종까지는 우리가 그 얼굴을 알지 못해도 고종의 얼굴은 여러 사진을 통해 비교적 많이 알려졌다. 남겨진 사진들 속 고종의 얼굴이나 자세 어디에도 기품이나 위엄, 하물며 자상함도 느껴지지 않는다. 애매한 표정들뿐이다. 고종. 그는 과연 어떤 사람이었을까? 1904년 조선을 방문한 스웨덴 기자 아손 그랩스트Ason Grebst가 고종을 알현하고 쓴 글에 고종은 이렇게 묘사되어 있다.

황제의 얼굴은 개성이 없었으나 원만해 보였고 체구는 작은 편이었다. 조그만 눈은 상냥스러워 보였고 약간 사팔뜨기였다. 그의 시선은 한 곳으로 고정되지 못하고 노상 허공을 헤매었다. 성긴 턱수염과 콧수염을 길렀지만 노란색 옷차림에 서양의 나이트 캡과 비슷한 높은 모자를 쓴 모습이 마치 상냥한 늙은 목욕탕 아주머니 같은 인상을 주었다. (중략) 황제의 옆에 서 있는 태자는 아주 못생긴 얼굴이었다. 작고 뚱뚱한 체격에다가 얼굴은 희멀겋고 부은 듯해서 생기가 없어 보였다. (중략) 그가 바로 망국의 길에 들어선 한 왕조의 마지막 자손이었고 코레아의 마지막 황제가 될 사람이었다.[*]

이와 반대로, 고종의 신임을 받으며 황실에서 큰 역할을 한 호머 헐버트는 오히려 "고종이 유약하단 사람들은 틀렸다"고 증언한다. 고종을 가까이서 접했던 외국인 중에도 고종이 다른 동양의 왕들과 달리 새로운 것을 받아들이는 데 적극적이었고, 끊임없이 서양의 앞선 문물에 대해 묻고 그런 뒤엔 "가르쳐줘 고맙다"는 말도 아끼지 않았고 한다.

혹자는 고종에 대한 부정적 인식 대부분이 일본이 (침략을 정당화하기 위해) 의도적으로 만들어낸 일종의 신화일 뿐이라고 이야기한다. 그들은 고종을 동도서기론東道西器論의 개화를 추구한

---

[*]   아손 그렙스트(김상열 옮김), 《스웨덴 기자 아손, 100년 전 한국을 걷다》(책과함께, 2005), 218-219쪽.

개명군주로까지 평가하고, 고종 대에 행해졌던 근대화의 성과들을 긍정적으로 평가하기도 한다.**

그러나 이러한 일부의 재평가와 옹호에도 불구하고 고종에 대한 평가는 박할 수밖에 없다. "한 번도 경험하지 못한 지도자"라는 부제를 붙인 박종인의 《매국노 고종》 같은 책의 목소리는 매섭기까지 하다. 외국 군대를 끌어들여 백성을 학살하고, 온갖 세금으로 백성의 삶을 피폐하게 만들었으며, 국가 자원을 팔아 왕실 금고를 채우고, 전투 한번 치르지 않고 일본에 나라를 넘겼다는 것이 고종을 '매국노'로 비판한 요지다. 현실 정치에는 어두웠던 반면, 황실의 부와 안위를 챙기는 데는 철저했다고도 비판한다. 정세가 불가항력적이고 일제의 힘이 막강하여 고종 아니고 어떤 사람이 왕이었어도 망국은 피할 수 없었다고도 하지만, 그렇다고 고종이 옹호될 순 없을 것이다.

> 고종 황제는 1852년 음력 7월 25일 출생했다. 그 반면 메이지 천황은 1852년 양력 9월 22일에 태어났다. (중략) 지존의 자리에 오른 것도 고종 황제가 먼저였다. 고종 황제는 12살이던 1863년 12월 13일 왕위에 올랐다. 메이지 천황은 그보다 약 4년여 뒤이자 16살이던 1867년 1월 9일 천황 자리에 올랐다. (중략) 고종 황제가 즉위하던 1863년 당시 조선왕조는 일본보다 그렇게 많이 약

**　이에 대한 대표적인 저술로는, 이태진, 《고종시대의 재조명》(태학사, 2000); 함규진, 《조선의 마지막 왕, 고종》(자음과모음, 2015) 등이 있다.

하다 할 수 없었다. 그런 고종 황제는 어쩌다 40여 년 후에 메이지 천황의 특사에게 협박까지 받는 처지가 되었단 말인가? 또 그런 조선왕조는 어쩌다가 40여 년 후에 일본의 보호국으로 전락했단 말인가?[*]

고종과 나란히 묻힌 명성황후는 어떤가. 처참한 죽임을 당한 황후지만 살아 있을 때의 행적을 보면 조선의 국모라는 프레임으로 동정과 연민을 보내기에 탐탁지 않은 면이 없지 않다. 고종 즉위 첫해부터 1910년까지 기울어져가는 조선의 실상을 촘촘하게 정리한 매천 황현의 《매천야록梅泉野錄》에는 명성황후에 대한 기록이 자주 등장하는데 대부분 매우 부정적인 서술들이다. 대원군 섭정 때 매우 힘겨워하던 백성들이 "민씨들이 정권을 잡은 뒤로 백성들은 그 착취를 견디지 못해 자주 탄식하며 도리어 운현(대원군)의 정치를 그리워했다"[**]라는 구절이 등장할 정도다. "임금과 중전이 하루에 천금씩" 써서 국가재정이 파탄이 날 지경이고, 민씨 성을 가진 사람은 앞뒤 안 가리고 중용하는 등 그 부패상을 말로 다 표현할 수 없다는 것이다. 황후의 묘는 앞선 영휘원(구 홍릉) 자리에 처음 조성됐다가 1919년 고종이 승하하자 이곳 남양주 홍릉으로 옮겨져 합장되었다. 앨리스 공주가 올라탔던 석수가 있던 곳이 영휘원 자리다. 영휘원에는 현재 명성황후의 뒤를 이

[*]   신명호, 《고종과 메이지의 시대》(역사의아침, 2014), 51~52쪽.
[**] 황현(허경진 옮김), 《매천야록》(서해문집, 2006), 50쪽.

어 고종의 부인이 된, 영친왕의 모친인 엄비(순헌황귀비純獻皇貴妃)가 잠들어 있다.

늦은 오후로 접어들어서인지, 아니면 사람들 관심 밖의 유적이어선지, 부지가 넓은 홍릉과 유릉에 인적이 드물었다. 날씨도 마음도 어수선해 묘 앞에 도열한 석물들마저 침울하고 괴괴하게만 느껴졌다. 대한제국을 선포했기에 황제로 불렸듯이, 능도 명나라 황릉을 참고해 조성한 크고 웅장한 묘지라 했다. 홍릉 옆 유릉은 순종 내외의 묘다. 1907년 헤이그밀사 사건으로 고종이 강제 퇴위되자 왕위에 오른 순종은 고종보다 더욱 힘을 쓰지 못한 채 일본의 권력에 무기력하게 끌려다녔다.

앨리스 공주가 올라탄 석수 사진과 묘지들 앞에 도열한 석물들을 하나하나 비교해 살펴보았다. 마침내 말 모양의 석수 앞에 섰는데, 사진 속 석수와 전혀 닮지 않았다. 사진 속 석수보다 다리도 짧고 살이 쪄 보이는 석물이었다. 으레, 명성황후의 묘를 이곳으로 이장하면서 사진 속 석수들도 이곳으로 옮겨왔으려니 했는데, 예상은 보기 좋게 빗나갔다. 하긴 이 어마어마한 무게의 돌들을 여기까지 옮겨온다는 게 당시로선 무모하거나 불가능한 일이었을지도 모른다. 그 석수는 원래 있던 자리, 그러니까 영휘원 어딘가에 있을 것 같았다. 아쉬운 마음으로 홍릉과 유릉을 돌아보는 사이 어둠이 내려앉았다. 쓸쓸하고 마음이 아픈 사적이었다. 어떤 동정이나 추모의 마음도 느낄 수 없는 묘지라니.

새봄이 되어 카메라까지 챙겨 청량리에서 버스로 두 정거장

거리에 있는 영휘원을 찾았다. 고개 숙인 석수를 찾을 수 있을 거라는 확신을 가지고서였다. 영휘원은 여느 왕릉보다 규모가 작았지만 인근 주민들에게 휴식과 운동을 제공하는 공원 역할을 톡톡히 해내고 있었다.

명성황후의 상궁으로 황후가 시해된 뒤 고종의 처로 발탁된 엄비에게 특기할 만한 것은 우리 근대 여성 교육계에 끼친 그의 업적이다. 역사가 오랜 숙명여고, 진명여고 등이 엄비가 세운 학교들이다. 영휘원의 엄비 묘지. 그러나 그의 묘지는 사람들이 접근할 수 있는 울타리로부터 한참이나 올라간 언덕 위에 조성돼 있었다. 아래서 보니 그의 묘지 앞에 조촐한 한 쌍의 마석이 서 있는 것이 보였다. 그러나 그 묘지 앞까지 다가갈 수도 없을뿐더러 망원렌즈로 끌어당겨도 마석의 정확한 모습을 식별할 수 없었다. 육안이나 망원렌즈로 본 석수의 모습은 역시 앨리스 루스벨트가 올라탄 석수와 달라 보였다. 묘지 위로 올라가고 싶었지만, 출입금지 팻말 앞에 망연자실할 수밖에 없었다.

관리사무소를 찾아가 영휘원을 찾은 의도와 자초지종을 얘기하였더니, 묘역을 관리하는 분이 이곳에서 그런 사건이 있었다는 사실에 놀라는 표정이었다. 그러면서 조선 왕릉을 관리하는 문화재청 부서에 공식 요청을 하면 묘지에 오르는 일이 가능할 거란 얘길 해줬다. 그 일이 벌써 반년 전인데 아직도 영휘원을 다시 찾지 못했다. 그런 채로 또 한 번의 을씨년스런 계절을 보냈다. 고개를 숙인 슬픈 석수는 어디에 있는 것일까?

양화진 외국인선교사묘원과 절두산 성지

1653년 일본 나가사키로 향하다 선박이 좌초되는 바람에 제주에 불시착한 뒤 13년간 조선에 머물며 조선의 풍속과 제도를 온몸으로 경험한 네덜란드 상인 헨드릭 하멜Hendrick Hamel과 그 일행의 기록은 《하멜표류기》라는 책으로 묶여 널리 읽혔다. 이 책은 유럽 사회에 '코레아'에 대한 관심과 지식을 전파하는 최초의 신빙성 있는 자료로 활용되었다.

일본과 중국이 근해에 출몰하는 상인과 선교사에 의해 문호를 활짝 열 수밖에 없었듯이, 조선 역시 밀려드는 외국인에 의해 근대화의 문턱에 한 발짝 다가서게 된다. 개화기와 대한제국기, 망국을 향해 치닫는 조선을 방문한 수많은 외국인들의 방문기와 사진에서 이 나라에 대해 희망찬 미래를 예견하는 시선은 발견하기 힘들다.

서울에서 가장 이국적인 분위기, 유럽적인 느낌을 풍기는 곳이
'묘지'라는 사실이 아이러니하기만 하다.
이곳에서 낯익은 이름의 외국인 선교사들을 만날 수 있다.

불결함, 한심함, 절망스러움, 막막한 미래 등의 이미지가 지배적이다. 서구의 제도, 문물을 일찌감치 받아들여 이미 19세기부터 유럽 유수의 만국박람회에서 '자포니즘' 열풍을 일으켰던 이웃 나라 일본과 비교해 이 나라의 낙후됨은 더욱 눈에 띄었을 것이다.

그러나 조선에 발을 디딘 파란 눈의 외국인 중에는 조선인보다 조선을 더 사랑하여 조선 독립을 위해 함께 싸우는가 하면, 조선에 처음 서양식 학교와 교회를 세우는 등의 활동을 펼치다가 이 땅에 묻힌 사람들도 있다. 그들을 만나려면 다른 어느 곳보다 서울 마포구 합정동에 있는 양화진 외국인선교사묘원을 찾아가야 한다.

이국적 분위기가 물씬 나는 양화진 묘지에 가면 흡사 유럽의 공동묘지에 온 것 같은 느낌을 받게 된다는 얘길 누군가에게 들었다. 그 이야기를 듣고도 양화진에 갈 생각은 좀처럼 하지 못했다. 지난 늦은 여름, 합정역 부근에 일이 있어 갔다가 일을 마친 뒤 문득 양화진 생각이 났다. 역에서 묘지까지는 생각보다 가까웠다.

서울 마포구 합정동 144번지, 1만 3224제곱미터의 땅에 조성된 이곳의 공식 명칭은 양화진 외국인선교사묘원이다. 현재 총 417명의 외국인 유해가 안장되어 있는데 선교사들과 그 가족들의 묘가 대부분이다. 특정 종파만이 아닌 성공회, 가톨릭, 정교회, 감리교, 장로교, 침례교, 구세군, 성결교 등 다양한 교파의 선교사들이 잠들어 있다. 선교사 외에도 사업가, 정치가, 군인, 언론인, 교육자, 외교관, 음악가 등의 묘지도 있으며,* 국적만 봐도 유럽과 미국, 러시아 등 그 출신이 다양하다.

1890년 7월 28일 미국의 의료선교사 J. W. 헤론J. W. Heron이 이질로 사망하자 호러스 그랜트 언더우드Horace Grant Underwood(1859-1916)와 동료 선교사들이 이곳에 그를 묻으며 묘지의 역사가 시작되었다. 일제강점기에는 '경성구미인묘지京城歐美人墓地'로 불렸고 해방 후 '서울외국인묘지(공원)'로 불리다가 2006년 지금 명칭으로 정착되었다. 1985년부터는 한국기독교선교100주년기념교회가 관리하고 있다.

입구에 서 있는 묘지 개념도와 거기 적힌 명단에는 친숙한 이름들이 많이 보인다. 양기탁梁起鐸(1871-1938)과 함께 《대한매일신보》를 창간하고 조선의 독립을 위해 다방면에서 활약한 영국 언론인 어니스트 베델Ernest Bethell(1872-1909), 〈아리랑〉을 악보로 옮긴 최초의 외국인이자 고종의 특사로 한국 독립을 위한 활동을 펼친 호머 헐버트Homer Hulbert(1862-1949)가 우선 눈에 들어온다. 이들에게 대한민국은 각각 1968년 건국훈장 대통령장과 1950년 건국공로훈장 독립장을 추서했다. "나는 웨스트민스터 성당보다도 한국 땅에 묻히기를 원하노라." 호머 헐버트 박사의 묘지 안내판에 적힌, 그가 남긴 말이 깊은 여운을 남긴다.

연세대학교를 세운 언더우드 부부와 그 자손들, 배재학당을 세운 헨리 아펜젤러Henry Appenzeller(1858-1902)와 그 자손들, 이화학당을 설립한 메리 스크랜턴Mary Scranton(1832-1909), 숭실대학교 설립자 윌리엄 M. 베어드William M. Baird(1862-1931)의 이름도 보인다. 익숙하

*　　윤은성, 《백비》(미디어샘, 2019), 199쪽.

지 않은 이름들이지만, 존 W. 헤론John W. Heron(1856-1890), 윌리엄 홀 William Hall(1860-1951), 셔우드 홀Sherwood Hall(1893-1991), 소다 가이치曾田嘉伊智(1867-1962) 등도 일정한 공로를 인정받은 외국인들이라고 한다.

양화진 외국인선교사묘원을 찾는 사람 대부분은 그 옆에 자리한 천주교 절두산성지로 발걸음을 옮기기 마련이다. 한강의 근사한 해 넘이가 보여 양화낙조의 명소로 꼽혔고 강으로 튀어나온 절벽 모양이 누에고치처럼 생겼다 하여 '잠두봉蠶頭峰'이라고 불리던 이곳은, 1866년 하도 많은 사람이 참수당해 민간에서 절두산切頭山이라고 불리다가 아예 그 이름이 정착되었다. 1866년 병인양요로 한바탕 시끄러웠던 그해, 조정은 죄 없는 천주교인들에게 전쟁의 책임을 물어이곳에서 수많은 교인을 처형했다. 병인박해丙寅迫害로 무고한 신자 8000여 명이 이곳에서 순교했다고 전해지는데, 현재 확인된 희생자 수는 29명뿐이다. 곳곳에 적힌 여러 기록과 김대건, 이승훈의 상, 그리고 소박하게 표현된 예수 그리스도 석상을 마주하다가 한강의 저녁놀을 바라보았다. 근대는 그 넘실대는 물길을 따라 나침반과 성경, 학문뿐만 아니라, 피와 눈물, 박해와 탄압의 역사를 싣고 우리에게 찾아온 것이리라.

2부

친일과 항일의 갈림길에서

3·1 만세운동 이후의 길
— 망우리 묘지 1

유관순, 한용운, 오세창, 방정환, 조봉암

추모와 답사 사이

조선을 건국한 태조太祖 이성계李成桂(재위 1392-1398)가 자신의 묏자리를 알아보고자 한양 주변을 둘러보다가 동구릉 일대를 무덤 자리로 정한 뒤 궁으로 돌아오는 길에 이 고개에 이르렀다. 이성계는 고갯길에서 잠시 휴식을 취하면서 신하들에게 "이제야 근심을 잊게 되었구나"라는 말을 남겼다고 한다. 그 말이 유래가 되어 이 고갯길 부근에 '근심을 잊는 고개', 망우리忘憂里란 이름이 붙었다고 전해진다. 그러나 이것은 민간의 전설로 사실과도 다르며, 후대에 만들어진 이야기로 추정된다. 어원이야 어쨌든 언제부턴가 이 고개를 사람들은 망우리라 불렀다.

서울에서 경기도 구리로 넘어가는 고갯길 직전 정거장에 내렸다. 육교 쪽으로 에돌아 공원묘지로 오르는 길은 가파르기만 했다. 한여름에 왔을 때는 숲이 울창하고 무덤 사잇길에 풀들이 무성해 제대로 답사하지 못했다. 이윽고 산천에 낙엽이 질펀하게 깔린 만추晚秋의 맑은 날을 잡아 다시 묘지를 찾았다.

추석 무렵 망우리의 성묘 인파를 찍은 1970년대 흑백사진을 본 적 있는데 묘지 오르는 길목이 사람들로 장사진을 이루고 있었다. 지금이야 자가용이나 대중교통으로 쉽게 오갈 수 있는 곳이 되었지만, 과거 서울이나 인근 도시에서 사망한 이들의 시신을 여기 망우산까지 모시고 와 매장하고 장사 지내는 일은 쉽지 않았을 것이다.

묘지 사이로 난 길이 차로 드나들 만큼 넓고 반듯하며 찾기 쉽게 번호가 매겨져 있는 요즘 공동묘지를 생각하면 낭패를 보기 십상이다. 산길이 유실되거나 심지어 봉분이 납작하게 패인 모습을 자주 볼 수 있다. 그래서인지, 찍어낸 듯 늘어선 현대식 공동묘지보다 역설적으로 인간적이고 자연적인 느낌마저 든다. 묘지도 이제는 인근 주민들의 산책과 운동 코스, 서울과 근교 도시 자전거 라이더들의 성지로 각광받고 있다. 묘지를 둘러싼 길을 넘나들면 주변에 용마산, 경기 평해길, 중랑 둘레길, 구리 둘레길과 연결된다. 별 거부감없이 운동도 하고 레포츠를 즐기다니, 묘지에 대한 우리의 인식도 많이 달라진 것 같다.

서울 중랑구 망우동에 위치한 이 공동묘지는 1933년 5월 27일부터 '경성부립묘지'라는 명칭으로 망우산 일대 83만 2800제곱미터 공간에 조성되기 시작했다. 1973년 3월에 분묘 2만 8500여 기가 가득 차며 40년 만에 폐장하여 더 이상의 묘지 조성이 중단되었고[*] 그 뒤 화장과 이장을 장려해 현재는 약 7000여 기의 무

---

[*] 두산백과, '망우리 공원' 항목.

덤만 남았다고 한다.

서울과 인근의 망자들이 잠든 오래된 이 묘지에는 당연하게도 우리가 너무나 잘 아는 유명인들도 다수 잠들어 있다. 묘지 초입, 관리사무실 부근 삼거리에 마련된 안내 공간에는 묘지에 묻힌 유명인들의 사진과 약력, 행적을 담은 기념물이 조성돼 있다. 최근 구리시에서 정리한 〈망우 4색, 근대 위인을 만나다〉라는 인쇄물을 보면, 여기 묻힌 유명인들을 4개 분야로 나누고 있는데 그 목록은 다음과 같다.

1. 불굴의 애국지사 ― 문일평, 방정환, 서광조, 서동일, 오기만, 오세창, 오재영, 유상규, 한용운.
2. 찬란한 문학위인 ― 계용묵, 김말봉, 김상용, 김이석, 박승빈, 박인환, 최신복, 최학송, 함세덕.
3. 생생한 역사위인 ― 명온공주(부마 김현근), 박희도, 오긍선, 이병홍, 장덕수, 조봉암, 지석영.
4. 감동의 예술위인 ― 권진규, 노필, 아사카와 다쿠미, 이광래, 이영민, 이인성, 이중섭, 차중락 등.

거기에 과거 이태원 공동묘지를 없애며 이곳으로 옮긴 이태원묘지무연분묘 합장무덤과, 서울 노고산 공동묘지를 없애며 이장해 세운 경서노고산천골취장비 등이 한쪽 구석을 차지하고 있다.

죽음은 공평한 것이라 하지만 망자를 그리워하고 존숭하는 후대 사람의 마음에 구분과 위계가 생기지 않을 수 없다. 그렇게 어떤 묘지는 추모의 장소가 되고 어떤 묘지는 답사의 장소가 된다. 생전에 이름을 떨친 인물의 묘지도 훗날의 방문자에겐 단순한 흙더미로 보일지 모른다. 경주나 부여의 커다란 능의 주인들이 당대 대단한 세도가들이었다 해도, 이제 와 추모의 정이 생길 리는 없지 않은가. 순례자의 발걸음은 추모의 마음을 따라 흘러다녔다.

사라진, 잃어버린 묘지들

관리사무실 앞 삼거리에서 순례자는 두 갈래 길 중 하나를 택해야 한다. 오른쪽으로 돌아갈 경우, 시인 박인환朴寅煥(1926-1956)과 화가 이중섭李仲燮(1916-1956)의 묘로 연결된 평탄한 산책길을 따라 산 반대편 묘지들로 향할 테고, 왼쪽 길을 택할 경우 가파른 길을 오르기 전에 먼저 가까이 있는 이태원묘지무연분묘 합장무덤을 만나게 된다. 이 합장묘는 일제가 이태원을 주택가로 조성하기 위해 거기 있던 묘지를 없애고자 1935년부터 이장을 추진하면서, 무연고 묘로 판명된 2만 8000여 기를 일괄 화장해 망우리에 합장해 세운 묘지다. 이 묘지가 특별한 것은 사라진 무연고 묘가운데 유관순柳寬順(1902-1920) 열사의 유해도 있을 것으로 추정되기 때문이다. 3·1 만세운동으로 서대문형무소에 갇혀 옥고를 치르다 1920년 9월 28일, 18세 나이로 순국한 열사는 일제의 삼

이태원 묘지에서 일괄 화장해 망우리로 옮겨온 2만 8000여 망자의 합장묘.
이 무덤에 옥사한 유관순 열사의 넋도 잠들어 있을 것이다.
산 자들의 집을 짓기 위해 망자들은 편안히 잠든 집을 비워야 했다.

엄한 경비 속에 이태원 묘지에 묘비도 없이 매장되었다. 그런데 이태원 묘지를 없앨 당시 아무도 열사의 묘를 챙기지 못했던 것이다. 뒤늦게 유관순의 유해와 넋이 망우리 합장묘로 옮겨진 것으로 판단되었고, 최근에 와서야 이를 기념하는 '유관순열사분묘 합장표지비'가 세워지게 되었다.

유관순과는 경우가 다르지만 망우리에는 그 존재감이 매우 컸던 도산島山 안창호安昌浩(1878-1938)의 묘지 터가 있다. 도산이 친아들처럼 아낀 비서 유상규劉相奎(1897-1936)의 묘지 바로 옆 빈 터가 1938년 사망시부터 1973년 11월 10일 이장 전까지 안창호의 유택이 있던 자리다. 지금은 텅 빈 묘지 터로, 비양碑陽에 "도산 안창호 선생 묘지"가, 비음碑陰에 "1973년 11월 10일에 이 지점에서 서울특별시 강남구 압구정동 도산공원 내로 이장"이란 글씨가 새겨진 비석 하나만 덩그마니 남아 있다. 망자의 육신이 흙으로 화하고 그 넋이 쉬어야 할 묘지도 산 사람들의 논리에 따라 터를 옮기고 새집을 찾는다. 영원한 무덤이 어디 있으랴.

한용운과 오세창, 방정환의 묘

망우리 묘지에서 생전에 큰 이름을 떨친 유명인들은 관리사무소를 기준으로 산봉우리 능선 반대편 사면에 자리 잡고 있다. 긴 타원형으로 이어진 묘지 주도로를 따라 산 반대편으로 에돌면 한강이 내려다보이는 경사면에 동원천 약수터와 동락천 약수터가 있는데, 주요 인물들의 묘가 두 약수터 사이에 모여 있다고 보면 될 것이다.

도산 안창호가 망우리를 비우면서 이 묘지에서 건국훈장 중 가장 훈격이 높은 대한민국장을 수여한 사람은 만해萬海 한용운韓龍雲(1879-1944)이 유일하게 됐다. 동원천 약수터 부근에서 가장 먼저 눈에 띄는 조봉암의 묘지를 지나면 바로 한용운의 묘지가 길가 이정표, 안내문과 함께 순례자의 발길을 붙잡는다. 충청도 홍성 출신인 한용운은 승려였지만 결혼을 해 슬하에 자식을 두었다.《조선불교유신론》을 지어 한국 불교의 혁신을 꾀했고 3·1 만세운동의 민족대표 33인으로 참여해 변절하지 않고 끝까지 절개를 지켰다. 변절한 최린崔麟(1878-1958), 최남선崔南善(1890-1957)과 의절해 끝까지 만나지 않았던 사람, 성북구 꼭대기 심우장을 지을 때 조선총독부가 보이지 않도록 북향으로 짓고 거기서 노년을 보낸 사람, 1944년 독립을 보지 못한 채 유명을 달리한 망자가 우리가 단순히 〈님의 침묵〉의 시인으로만 알았던 만해 한용운의 면모다. 곧고 담대한 인생을 살다 간 위인의 육신과 정신을 포용하기에 한 기의 묘는 얼마나 조붓하고 아담한가.

당연하면서도 낯선 풍경이겠지만, 한용운의 오른편에 부인 유씨의 묘가 나란히 누워 있다.《조선불교유신론》에서 조선 불교의 부흥을 위해 승려들도 일반인들처럼 결혼하고 자식을 키워야 안정된 승려 생활을 할 수 있다는 주장을 펼쳤고, 이를 실천했다.

"육체를 타고나서 식욕이나 색욕이 없다고 말하는 것은 헛소리일 뿐이다"라 말했는데, 수행자도 결혼해 가정을 꾸리는 것이 현실적이라는 것이다. 덧붙여 그는 "한 나라로서 제대로 행세를 하려면 적어도 인구는 1억쯤 되어야" 하고 "인구가 많을수록 먹고 사는 방도가 생기는 법"이며, 우리가 일본보다 인구가 적은 것이 (국권 강탈의) 수모의 한 원인이니, "우리 민족은 장래에는 1억의 인구를 가져야 한다"*는 논리를 펼치기도 했다.

산책로를 사이에 두고 한용운의 묘지 맞은편 구역에는 만해와 함께 3·1 만세운동 33인 중 기독교 대표로 참가했으나 일제 말기 친일 부역의 길을 걸어 《친일인명사전》에 오른 박희도朴熙道(1889-1952)의 묘가 자리 잡고 있다. 신간회新幹會에 참여하는 등 민족 계몽운동에 헌신했던 그는 1930년대 중반 돌연 친일 부역자로 변신한다. 시국강연으로 일제를 찬양하고 조선인의 징용과 징병을 촉구하는가 하면, 《조선지광》을 창간하고 발행해 친일 논설과 친일 문학작품을 실었다.

친일 문제는 단순하지 않다. 일제의 숨 막히는 감시와 탄압, 세계를 상대로 큰 전쟁을 벌인 일본으로부터의 독립은 불가능할 것이라 여긴 성급한 판단과 좌절, 기나긴 투쟁에서 오는 피로감 같은 것이 친일의 논리로 작용했을 것이다.

이러한 사정을 감안하더라도 친일 부역 행위가 쉽게 용서되

---

* 　김영식, 《그와 나 사이를 걷다》(골든에이지, 2009), 127쪽.

거나 면죄되지는 않는다. 일제가 가장 효과적으로 식민 통치에 활용한 사람들이 이들 변절한 친일 부역자들이다. 원래부터 골수 친일이었던 사람들보다는 극심한 반일·반제 투쟁을 하다가 생각을 바꿔 변절한 지식인들이야말로 대중들을 설득하고 동화시키기에 가장 유용한 도구였다.

이들의 변절이 합리화될 수 없는 것은, 조선총독부를 외면해 북향으로 집을 짓고 끝까지 창씨개명을 거부한 한용운 같은 사람 때문이며, 이육사李陸史(1904-1944), 이상화李相和(1901-1943), 윤동주 尹東柱(1917-1945) 같은 이들 때문이다. 실낱같은 희망이라도 버리지 않고 무장항쟁을 준비한 광복군이며 의용군들이 있었기 때문이다. 무엇보다 친일 부역자들이 더욱 문제되는 이유는 그들 대다수가 해방 뒤 진정한 반성이나 사과를 하지 않은 채 변명과 궤변으로 일관했다는 사실, 나아가 '반공'을 면죄부로 삼아 다시 남한 정부에 등용되거나 참가했다는 사실, 이들이 앞장서서 분단의 주역으로 활동했다는 사실 등에 있다. 해방 뒤 남북한에 극단적인 정권이 들어서며 친일 문제를 제대로 청산하지 못한 과거야말로 비극의 현대사를 초래한 시발점이었던 셈이다.

한용운의 묘 가까운 곳에 민족대표 33인으로 끝까지 일제에 부역하길 거부하고 지조를 지킨 또 한 명의 지사가 잠들어 있다. 우리 언론과 서예계의 어른이었던 위창 오세창이다. 1864년 역관 오경석의 차남으로 서울 종로에서 태어난 오세창은, 중국과의 무역을 통해 부를 축적하고 서양 서적을 들여온 부친 덕에 자연스레 개화사상을 내면화하게 되었다. 1886년 우리나라 최초의 신문인《한성순보》기자에 이어 우정국 통신국장을 역임했고, 이후 여러 관직을 거쳤다. 천도교 교주인 손병희의 참모로 활동하며 천도교 항일언론지《만세보》를 발행하는 등 초창기 언론계에 큰 족적을 남겼다. 3·1 만세운동 당시 손병희, 최린과 천도교 대표로 참가해 2년 8개월간 옥고를 치른 뒤에도 끝까지 일제에 비타협적이었던 오세창은, 해방 뒤 여운형呂運亨(1886-1947)의 건국준비위원회에서도 중책을 맡는가 하면 김구가 암살당했을 때 장의위원장을 맡기도 했다. 혼돈과 폭력의 시대에 어른 역할을 자임했던 오세창은 1953년 세상을 떠났다.

그의 업적에서 놓치지 말아야 할 부분은 그가 우리 서예, 서화, 고미술계에 남긴 공로다. 제자인 간송澗松 전형필全鎣弼의 고서화 수집과 문화재 보호는 오세창의 지도에 힘입은 바가 컸으며, 추사 김정희의 제자이기도 했던 부친 오경석을 이어받아 한국 근대 서예, 서화의 맥을 지켜나갔다. 솔거率居 이후 신라, 고려, 조선에 이르는 역대 서화가를 망라한《근역서화징槿域書畫徵》은 기념비적 저작으로 평가받는다. 위창이 이 인명사전에 집대성한 서예, 서화가만 해도 모두 1117명이라 하니 그 방대함에 놀랄 만하다. 그뿐 아니라 일본으로 유출될 위험에 처한 수백 수천 점의 진귀한 서적과 서화를 사재를 들여 수집하고 보관하는 일에 앞장섰다. 위창의 집을 찾아가 무려 2박 3일간 소장 작품을 감상하고 돌아왔다는 한용운은 "나는 위창이 모은 고서화들을 볼 때 대웅변의 연설을 들은 것보다도, 대문호의 소설을 읽은 것보다도 더 큰 자극을 받았노라"*라고 그 감회를 적었다.

망우리의 유명인들 묘지에서 또 볼 만한 것이 그 묘비에 새겨진 글씨들인데, 20세기 한국 서예를 연 오세창의 묘비명은 내로라하는 후배 서예가들의 합작품이다. 비양의 "위창 오세창 묘"라는 전서체 글씨는 그의 제자이자 후배로 추사 김정희의 〈세한도〉를 일본으로부터 되찾아온 소전 손재형의 글씨고, 위창의 생애와 업적을 서술한 비음의 글은 (일중 김충현과 형제 서예가로 유명한) 여초 김응현의 글씨다.

오세창의 묘에서 동락천 약수터 방향으로 100미터도 더 가지 않아, 이번에는 오세창이 비문을 써준 유명인을 만나게 된다. 소파 방정환이다. 이정표를 따라가면, 잘 조성된 계단과 석축 위에 그의 묘지를 만날 수 있다. 망우리에서 가장 많은 사람이 찾는다는 방정환의 묘지는 최근 세워진 검정 대리석 묘비와 함께 오래전 세운 흰색 화강암(?) 묘비가 나란히 서 있다. 화강암 묘비에 쓰인 "동심여선童心如仙" 네 글자가 오세창의 글씨다.

동학을 천도교로 전환한 손병희가 매우 아낀 사위가 소파 방정환이었다. 당시까지도 '애들', '애놈'으로 낮춰 부르던 아이들에게 '어린이'란 명칭을 붙이고 그들을 평등하게 대하며 그들에게서 미래의 희망을 본 데는 동학 사상가들의 영향이 적지 않았

---

* 〈유홍준의 안목 8─나라의 큰 어른 위창 오세창〉, 경향신문, 2016.07.18.

을 것이다. 1920년 8월 25일 '어린이'라는 말을 《개벽》에 처음 쓴 뒤 1922년 5월 1일에 '어린이의 날'을 선포했고, 1923년 아동 잡지 《어린이》를 창간하는 등 평생을 어린이를 위한 일에 바쳤다. 잡지 《어린이》가 10만 부나 판매되는 등 관여한 잡지마다 큰 성공을 거둔 행운아였던 방정환은 수많은 동화를 번역, 창작했으며, 또 솜씨 좋은 동화구연가이기도 해서 그를 감시, 취조했던 일본 형사조차 그의 언변에 곧잘 넘어갔다고 전해진다.

성년이 된 뒤 비만으로 고생했던 방정환은 결국 비만과 흡연, 과로에 따른 고혈압과 신장염으로 1931년 7월, 31세 나이로 유명을 달리했다. 죽음을 앞두고 "어린이들을 잘 부탁한다"며 "여보게, 밖에 검정말이 끄는 검정 마차가 와서 검정 옷을 입은 마부가 기다리니 어서 가방을 내다주게"라는 말을 남기고 마치 동화 속으로 들어가듯 하늘나라로 떠나갔다.

《개벽》에서 일한 후배 최신복崔信福(1906-1945)은 소파를 몹시 존경해 1931년 소파가 사망하자 홍제동 납골당에 있던 그의 유골을, (윤석중, 마해송 등과) 모금운동을 벌여 이곳에 모셔왔다. 소파에 대한 존경심이 얼마나 지극했는지, 수원에 있던 양친의 묘도 이장해 소파 묘 옆에 모셨고, 1945년 사망할 때 자신의 유해도 그 옆에 묻어달라는 유언을 남겼다. 여러 증언과 기록을 보면 소파에게 인간적 친화력이나 매력 같은 게 상당했던 모양이다.

검정 백비, 죽산 조봉암의 묘 앞에서

망우리에는 일제강점기 사람들 외에 1950-1960년대 활동했던 이들의 묘가 다수 조성돼 있다. 특히 이승만李承晩(1875-1965)과 제1공화국 관련 인물들이 곳곳에 묻혀 있었으나, 이장과 산골을 통해 지금은 남아 있지 않은 묘지가 많다. 이승만의 오른팔로 이승만의 종신 집권을 꾀하다 4·19 민주혁명을 촉발케 한 이기붕과 부인 박마리아의 묘지, 이승만 시절 유명했던 임화수, 이정재 등 정치 깡패들의 묘지도 망우리에 있었다지만 지금은 모두 떠나고 없다.[*]

망우리에서 가장 깊고 도저한 침묵에 잠긴 묘지는 죽산竹山 조봉암曺奉岩(1899-1959)의 묘지일 것이다. 2011년 1월 20일 대법원에서 대법원장과 11명 대법관의 전원합의체에 의해 만장일치로 무죄 판결을 받아, 1959년 2월 선고된 그의 사형 판결이 정권에 의해 기획된 것임이 밝혀졌지만, 여전히 조봉암의 묘는 침묵과 고요 속에 잠겨 있다.

한용운의 묘와 인접한 조봉암의 묘지는 정면의 한강 쪽이 아니라 비스듬히 서쪽을 바라보고 있다. 묘지는 꽤 넓게 조성돼 있다. 봉분 옆에 세운 묘비 비양에는 "죽산조봉암선생지묘"란 글자가 적혀 있지만 비음이나 측면에 아무런 글자가 없다. 검정 대리

---

[*] 정종배,《망우리 공원 인물열전》(지노, 2021).

석에 새긴 백비白碑라고 해야 할까.

묘지 입구에는 죽산의 어록에서 발췌한 "우리가 독립운동을 할 때 돈이 준비되어서 한 것도 아니고 가능성이 있어서 한 것도 아니다. 옳은 일이기에 또 아니 하고서는 안 될 일이기에 목숨을 걸고 싸웠지 아니하냐"라는 글이 바윗돌에 새겨져 있다. 조봉암 역시 3·1 만세운동으로 투옥되면서 항일운동의 길로 들어서게 된다. 강력한 항일운동의 방법이자 일제가 가장 혹독하게 탄압했던 좌익 사회주의 운동의 길을 택하여 일제강점기 내내 그 길을 걸었다. 그런 조봉암이 해방 직후 다른 좌익 운동가들과 달리 월북의 길을 택하지 않고 남한에 남은 것부터가 그의 노선이 확연히 달라졌음을 보여주는 증표다. 그는 거듭 반공 노선을 표명했다. 일종의 전향을 한 셈이다. 그에게 김일성이 권력을 잡아가던 북한의 체제는 의심스러운 것이었으리라. 반공을 주창했음에도, 그는 분단된 나라의 상황을 타개하고자 진보당을 창당하며 평화통일론을 펼쳐갔다. 그 '평화통일'이란 말이 문제가 되었다. 지금은 누구나 편하게 쓰는 그 말이, 당시 북한이 사용하는 용어라는 것이 그를 간첩으로 몰고 간 논리였다.

1959년 7월 31일, 서대문형무소에서 그의 교수형이 집행됐다. 2대, 3대 대통령 선거에 이어 이듬해 치러질 제4대 대통령 선거에서 이승만의 가장 강력한 라이벌로 떠올랐던 조봉암은 그렇게 형장의 이슬로 사라졌다. 해방 이후 이승만이 직접 임명한 초대 농림부 장관을 지내 성공적인 토지개혁을 이루었고, 국회부의장까지 지내다 야당의 대통령 후보로 나온 정치인을 간첩으로 몰아 살해한 것이다. 비슷한 시기 북한에서 정적인 박헌영朴憲永(1900-1956)을 '미 제국주의의 간첩'이라는 명목으로 총살에 처한 김일성의 폭거가 그 위에 겹친다.

2011년 대법원의 판결은 그런 사법살해의 배후로 대통령 이승만을 지목했다. 해방 뒤 친일파 척결에 대한 여론이 강력하게 일었을 때 "지금은 친일파 처리 문제로 민심을 이산시킬 때가 아니다"*라는 담화(1948년 9월 3일)를 발표하며 반공을 전면에 세운 이승만이다. 진보당 사건을 예의주시하던 미국 정부도 훗날 공개된 외교 기밀문서에서 진보당 사건을 조작된 것으로 보았다. 노욕에 찬 이승만은 조봉암이 사형당한 지 한 해도 지나지 않아 4·19 민주혁명이라는 거대한 저항의 물결 앞에 무너져 불명예스러운 하야와 망명을 떠나게 된다. 조봉암의 처형은 정권이 국가 기구를 총동원해 정적에게 저지른 사법살해의 대표적인 사례로 기록되었다. 그의 무덤을 여기 조성할 때, 경찰은 그의 묘비에 비석조차 세우지 못하게 막아섰고 간신히 세운 비석에 아무런 글도 새기지 못하도록 하였다.** 잔인하고 무도한 시절이었다.

조봉암의 묘에 세워진 검정 백비는 깊은 침묵을 지키고 있지만 그 침묵으로 더욱 목소리를 높여 야만과 비겁의 시간들을 증언하고 있다. "나의 죽음이 헛되지 않고 이 나라 민주 발전에 도

---

*   박시백,《친일파 열전》(비아북, 2021), 7쪽.
** 김형민,《딸에게 들려주는 한국사 인물전 1》(푸른역사, 2019), 89쪽.

움이 되기를 바라며 그 희생물로는 내가 마지막이 되기를 바랄 뿐이다."* 조봉암의 마지막 바람과 달리, 그 뒤에도 군사독재의 긴긴 암흑이 이어지면서 더 많은 사람이 희생되었다. 조봉암의 사법살해로 뿌리째 뽑혔던 진보 정당의 역사는 그 뒤 50여 년간 긴긴 침묵에 잠겨 있어야 했다. 저, 말 없는 검정 백비처럼.

---

* 〈KBS 역사스페셜―반세기만의 무죄판결, 조봉암 죽음의 진실〉 2011.4.21.

07

도심 속
두 공원묘지

김구, 윤봉길, 이봉창, 백정기, 안창호

운동장 옆 국가묘지, 효창공원

서울 마포 공덕역에서 지하철로 한 정거장만 가면 효창운동 장역에 닿는다. 20대 후반부터 서울에 살며 서울 사람이 다 되었 지만 효창운동장 인근 지역을 답사한 것은 최근의 일이다.

역에서 걸어 올라가 효창운동장과 공원 부근에 닿았고, 그 주 변을 조금 걸을 때부터 어딘가 낯설고 이상한 느낌을 받았다. 효 창공원 안에 잠든 백범 김구의 묘소와 3의사 묘에 인사를 드리고 나오면서도 뭔가 개운치 않은 마음이 이어졌다. 곧 어스름이 깔 리자 효창공원 담벼락 너머로 이웃한 효창운동장의 조명탑에 일 제히 조명이 들어왔다. 마침 이봉창 의사의 동상 앞에서 안내문 을 읽던 참인데 조명탑 불빛이 동상에 비스듬히 쏟아져 들어왔 다. 운동장 쪽에서 함성 같은 것이 터져나왔다. 이것이구나. 내내 마음을 편치 않게 했던 것이. 묘지 옆에 스포츠 경기장이라. 기이 한 느낌마저 들었다. 게다가 이곳이 어디 보통의 묘지던가?

프랑스 파리의 5구역에 있는 '팡테옹Panthéon'은 프랑스 의 국가 영웅들을 모신 묘역이다. 제2차 세계대전 당시 레지

스탕스 운동을 펼친 앙드레 말로André Malraux(1901-1976)를 비롯해, 프랑스혁명의 밑거름이 된 볼테르나 장자크 루소Jean-Jacques Rousseau(1712-1778) 등의 사상가들도 잠들어 있다. 노벨물리학상을 두 번이나 탄 마리 퀴리Marie Curie 부부와, 프랑스인들이 존경했던 대문호 빅토르 위고Victor Hugo와 알렉상드르 뒤마Alexandre Dumas, 에밀 졸라Émile Zola도 그곳에 영면해 있다. 팡테옹 앞으로는 탁 트인 광장이 시원스레 펼쳐져 있고 주변에는 유명 대학이나 서점, 공원이 모여 있어 늘 활기가 가득한 곳이기도 하다.

영국 런던의 '웨스트민스트' 사원 묘지도 일종의 국가묘지다. 역대 국왕들을 비롯해 아이작 뉴턴Isaac Newton, 존 밀턴John Milton, 프리드리히 헨델Friedrich Händel, 찰스 다윈Charles Darwin, 윈스턴 처칠Winton Churchill, 스티븐 호킹Stephen Hawking 등 다양한 분야에서 기념비적인 업적을 남긴 인사들의 묘지가 마련돼 있다. 템스강 근처에 있는 사원 옆에는 런던의 랜드마크인 빅밴과 의사당 건물이 있고, 인근에 작은 공원도 조성돼 있다.

독일의 경우는 히틀러와 나치즘을 경험한 탓에 이러한 국가 차원의 묘역을 만들지 않았다고 한다. 국가와 민족을 앞세운 이데올로기의 위험성을 경험한 탓이리라.

우리의 공식적인 국가 묘원은 서울 동작동과 대전에 조성된 국립현충원, 그리고 국립4·19민주묘지와 국립5·18민주묘지 등이다. 현충원이 처음 개원한 것은 한국전쟁 뒤 수십만 전사자를 모시기 위해 동작동 일대에 공동묘지를 조성한 1955년으로, 애초 이름은 '국군묘지'였다. 그 국군묘지가 1965년 '국립묘지'로 명칭이 바뀌었고 2006년 국립서울현충원으로 승격되었다. 국립대전현충원은 동작동 현충원이 포화 상태에 이르면서 1985년 새롭게 개원한 곳이다. 국립4·19민주묘지와 국립3·15민주묘지, 그리고 국립5·18민주묘지 역시 국가가 관리하는 국가 묘역이다.

그 국립묘지들이 조성되기 전, 일제강점기 나라의 독립을 위해 몸을 바친 의열사들의 묘역으로 먼저 조성된 곳이 이곳 효창공원, 당시 이름으로 효창원이었다. 여기 묻힌 분들은 우리 교과서나 역사책에 가장 빈번하게 언급되며 가장 훌륭한 위인들로 존경받는 분들이다. 3·1 만세운동 후부터 해방 전까지 대한민국 임시정부를 이끈 백범 김구를 위시해, 김구가 만든 한인애국단 단원으로 1932년 1월 일왕 히로히토에게 수류탄을 던졌으나 빗나가 뜻을 이루지 못하고 교수형을 당한 이봉창李奉昌(1900-1932), 역시 한인애국단 소속으로 1932년 4월 29일 중국 상하이 홍구공원에서 열린 일왕 생일 축하행사장에 폭탄을 던져 일본 고위 장교들을 즉사시키고 현장에서 체포돼 총살당한 윤봉길尹奉吉(1908-1932), 그리고 일본 군사시설 파괴와 요인 암살을 모의하고 실행하다 체포돼 감옥에서 순국한 백정기白貞基(1896-1934)가 그들이다. 여기에 임시정부 요인이었던 이동녕李東寧(1869-1940) 주석과 차리석車利錫(1881-1945) 비서장, 조성환曹成煥(1875-1948) 군무부장도 이 공원에 잠들어 있다.

해외에서 독립운동을 이끌었으나 1945년 11월 개인 자격으로 고국 땅을 밟아야 했던 임시정부 주석 김구는 귀국하자마자 가장 먼저 독립운동에 헌신한 의열사들의 유해를 모셔오는 일에 착수했다. 일본과 만주 등지로 사람들을 보내 거기 묻힌 분들의 시신을 수습해오도록 한 것이다. 그렇게 이봉창, 윤봉길, 백정기 세 사람 유해가 고국으로 돌아온 것이 이듬해 6월 3일의 일이다. 중국 다롄의 뤼순형무소에서 순국한 안중근 의사의 시신은 사형 집행 뒤 일제가 암암리에 화장하고 은밀한 곳에 뿌려 찾을 수 없었고, 하는 수없이 가묘로 조성해야 했다. 그렇게 틀이 잡혀가던 효창원에 1949년 6월 26일, 괴한 안두희의 총탄에 쓰러진 김구 자신도 묻히게 된다. 그 의사들 곁에 묻히고 싶다던 유지를 받든 것이다. 당시 현충원 같은 묘지가 따로 없었기에 효창원은 저절로 독립을 위해 한 몸을 바친 분들이 묻힌 국가 묘원이 되었다. 해방 뒤 이곳에 민중들의 참배 행렬이 끊이지 않은 이유였다.

그러나 당시 대통령이던 이승만은 효창원을 출입하는 사람들에 대해 불시검문을 지시할 정도로 이 묘역을 깊이 의식했다고 한다.* 1955년 동작동에 국군묘지가 조성되면서, 줄곧 독립운동가들을 냉대해오던 이승만의 의도는 더욱 노골화되었다. 정적이다시피 했던 임시정부 주석 김구의 묘가 서울 한복판에 마련된 것이 불편했던 건지도 모른다. 그의 지시에 따라 효창원 맞은편에 현대식 운동장의 건설 공사가 시작되었다. 당시 무리한 공사

---

* 〈효창공원 수난사―왕실묘원에 일제가 '골프장'〉, 한겨레, 2019.4.11.

추진을 비판하는 여론이 끊이지 않았으나 공사는 쉼 없이 진행됐다. 효창운동장은 그렇게 세워져 오늘에 이르고 있다.

효창공원의 수난사는 여기서 그치지 않았다. 박정희 군사정부에 와서는 김구 묘역 위에 이념적 색채가 강한 반공투사위령탑을 세우고 육영수 여사 송덕비를 세웠으며 대한노인회관 같은 시설도 만들었다. 만주군 장교 시절 독립군 토벌에 앞장섰던 박정희 역시 이들 불꽃 같은 의열사들의 존재가 불편했던 것일까?

효창공원은 얼마 전까지만 해도 국가시설이 아닌 까닭에 그 관리도 국가가 아닌 용산구청 관할이었고, 명칭도 근린공원이었다. 김대중 정부에 들어서야 2002년 효창공원 테니스장 자리를 없애 백범기념관을 세웠고, 자연스레 효창공원에 대한 관심이 새롭게 일기 시작했다. 노무현 정부가 2005년 추진한 '효창공원 민족공원화사업'은 체육 단체와 주민들의 반발로 성사되지 못했다. 문재인 정부에 와서 효창공원은 법적으로 국가관리시설의 자격을 얻게 되었다. 지극히 당연하고 상식적인 일이 성사되는 데 이토록 오랜 시간이 걸린 것이다.

효창공원은 마포와 서울역, 용산의 중간 지대에 다소곳하게, 비밀 요새처럼 숨어 있다. 국가관리시설이 되었지만 공원을 압도하는 효창운동장의 위용과 밤이면 환하게 불을 밝히는 조명탑, 이따금 터져 나오는 함성들이 여전히 이곳을 서울에서 가장 기이한 곳으로 만들고 있다.

도산공원이 도산 안창호 선생의 묘지였어?

강남 쪽에 일이 있어 찾아갔는데 마침 찾아간 사무실 옆이 도산공원인 것을 보고 잘됐다 싶었다. 일을 마치고 시간을 내어 도산공원을 찬찬히 산책했다. 도산공원. 많은 사람이 이곳이 묘지임을, 그것도 독립운동 지도자였던 도산 안창호의 묘지를 모신 공원임을 종종 잊고 지낸다. 필자 역시 도산공원이 도심 속 많은 공원 중 하나, 시민들에게 휴식을 제공하는 근린공원으로만 생각해왔다.

도산공원이 안창호의 묘를 품은 공원임을 새삼 깨달은 것은 몇 해 전 망우리 공원묘지를 처음 찾았을 때였다. 수많은 독립운동가와 예술가, 옛사람들이 묻힌 공동묘지에서 도산 안창호의 이름도 발견했는데 막상 찾아가니 빈 무덤만 있었다. 무덤 터에 서 있는 표지석을 보고 그제야 강남의 도산공원을 떠올릴 수 있었다.

도산 안창호는 백범 김구와 더불어 대한민국 임시정부를 이끈 주요 인사 중 한 사람으로, 독립운동사에 큰 족적을 남긴 인물이다. 그러던 중 수양동우회 사건을 빌미로 1937년 일제에 의해 검거돼 서대문형무소에서 복역 중 병을 얻었고, 1938년 3월 10일 60세의 일기로 별세하게 된다. 도산의 유해는 곧 망우리에 묻히게 된다. 그런데 다른 곳도 아니고 왜 망우리였을까? 이에 대해선 오랫동안 망우리 묘지에 천착하여 꼼꼼히 기록한 김영식의 책 《그와 나 사이를 걷다》가 자세히 증언해주고 있다. 즉, 도산이 친아들처럼 아낀 비서 중에 경성의전을 나온 유상규가 있었다는 것, 임시정부 시절 유상규에게 학업을 계속해 의사의 길을 걸을 것을 도산이 권했다는 것, 경성의전을 마치고 의사 일을 하던 유상규가 환자를 치료하던 중 병에 걸려 1936년 사망했고 망우리 묘지에 묻히게 되었다는 것, 두 해 뒤 임종의 자리에서 도산이 자신의 유해를 유상규 옆에 묻어달라고 유언했다는 것 등이다. 실제로 도산의 빈 무덤 터 옆에 유상규의 묘지가 있다. 도산이 잠들고 싶었던 곳은 크고 화려한 도심의 묘지가 아니라 그가 아끼고 좋아했던 비서의 묘지 옆이었던 것이다.

그런 안창호의 묘지가 어째서 도산공원으로 옮겨진 것일까? 유상규의 묘 옆에 묻히길 바란 도산의 유언을 기억하는 사람이 드물어진 상황에서 도산의 이장은 사람들에게 당연한 것으로 받아들여졌을 터다. 어떤 이는 "도산이 망우리에 '가매장'됐다가 이제 편히 도산공원으로 이장되었다"*고 말하기도 했다. 도산의 유지를 알지 못하는 사람들이 도산의 이장을 두고 '이제야 안창호 선생의 격에 맞게 잘 모시게 됐다'고 생각했다는 것이다.

1973년 11월 10일 안창호의 유해는 망우리에서 현재의 강남구 도산대로 45길, 도산공원으로 이장되었다. 미국 로스앤젤레스에서 작고한 부인 이혜련 여사의 유해도 모셔와 이곳에 합장하였다. 1971년 착공해 이장 직전 완공될 당시만 해도 아직 강남 개발

---

*   김영식,《그와 나 사이를 걷다》(골든에이지, 2009), 209쪽.

이 이루어지지 않았던 때라 이 부근의 환경을 떠올리긴 쉽지 않다. 지금은 공원 부근을 관통하는 왕복 10차선의 길 이름도 도산대로로 바뀌었고, 부근 사거리도 도산사거리라 불리고 있다. 대한민국에서 가장 비싼 땅이 된 압구정동, 청담동 한가운데 그가 묻힌 것이다.

그런데 1973년 당시 대통령이던 박정희는 무슨 생각으로 선생을 이곳에 모신 것일까? 효창공원이며 북한산 순례길에 묻힌 수많은 애국, 독립지사 중 왜 유독 도산만을 이곳으로 이장해 모신 것일까? 그 의도에 대해 명확히 알려주는 자료는 발견할 수 없었다. 공원 정문 우측에 1998년 세워졌다는 도산안창호기념관에 들어가면 그 구체적인 경위를 알 수 있을까 싶었는데 코로나 19로 기념관 문이 굳게 닫혀 있었다. 다만 정문 앞 정원의 나무 그늘에 이장 당시 서울시장이었던 양택식의 이름으로 새긴 표지석이 놓여 있다. "1970.3.10. 박정희 대통령께서는 도산 안창호 선생의 이 나라 자주와 독립을 위하여 바친 위대한 애국정신과 민중의 교화를 위한 교육정신을 국민의 귀감으로 삼게 하고자 도산공원을 조성하고 망우리 공동묘지에 안장되었던 도산 선생의 묘소를 이곳에 이장토록 지시하시었다."

도산의 애국, 애족 정신을 기려서라고 한다. 그런데 다른 애국지사들은 아니고 도산 안창호만인가? 김구, 윤봉길, 이봉창, 백정기 의사들이 묻힌 효창공원 묘역 주변에 반공투사위령탑, 육영수 여사 송덕비를 세운 박정희가 아닌가! 독립군 토벌에 앞장선 만주군 장교의 이력이 있는 그로서는 비슷한 시기 중국 대륙에서 무력항쟁을 이어간 김구, 윤봉길, 이봉창, 백정기보다 해방되기 전에 서거한 안창호의 경우가 편했던 것일까? 더욱 놀라운 광경은 기념관 외벽에 전시된 사진 중 이장식이 있던 날 찍힌 사진에 있었다. 사진을 보면 도산의 이장식 축사를 하고 있는 사람이 박정희 시절 최장수 국무총리를 역임하고 이장 당시 국회의장을 지냈던 정일권丁一權(1917-1994)이었다. 그 역시 독립운동가 토벌에 앞장섰던 만주군관학교 출신으로《친일인명사전》에도 올랐고, 한국전쟁 때는 거창 민간인 학살사건을 주도한 자였다.

뭔가 대단한 아이러니가 느껴졌다. 독립군을 토벌하던 만주군 장교 출신 군인들이 도산공원을 조성하고 축사를 읊던 광경을 어떻게 이해할 수 있을까? 1973년이면 장충체육관에서 91.9퍼센트의 압도적인 찬성으로 관철시킨 10월 유신이 있던 한 해 뒤다. 체육관 간접선거로 정권을 연장하고자 했던 그들에게 권력의 정당성을 선전하는 이런 사업이 필요했던 것은 아니었을까? 뜻밖에도 박정희가 1973년 12월 썼다는 글씨를 국립4·19민주묘지 가까운 곳에 있는 이준李儁(1859-1907) 열사의 묘역에서도 마주한 바 있다. 헤이그에서 순국한 이준 열사의 묘에는 '순국대절殉國大節'이란 글씨가 걸려 있다. 비슷한 시기에 추진되었던 이런 일들이 단순한 우연의 일치일까.

효창공원과 망우리, 북한산 순례길을 다녀온 뒤 만난 도산공원은 맘 편히 거닐 수 있는 곳이 아니었다. 존경하는 도산의 묘소 앞에서 그런 생각을 하는 게 불경스럽게 여겨지기도 하지만 선생이 살아계셨어도 문제의식을 느끼지 않으셨을까 싶다. 친아들처럼 아끼던 비서 옆에 묻히고 싶었던 유지, 화려한 묘역이 아닌 민중들 사이에 묻히고자 했던 깊은 뜻이 있었을 것이다.

도산공원에서는 선생과 이혜련 여사의 합장묘를 비롯해 기념관, 동상, 도산의 어록을 적은 석비들, 그리고 곳곳에 부착된 관련 사진들을 무시로 만날 수 있다. 그중 사진 한 장이 유독 발길을 붙들었다. 1920년 4월 14일, 신민회 동지였던 동오 안태국安泰國(1877-1920)의 장례가 치러진 날 찍힌 상하이 임시정부 요인들의 단체 사진이다. 좌우측으로 길게 펼쳐진 파노라마 사진에는 어마어마한 행렬이 운구차를 중심으로 도열해 있었다. 그 사진 한가운데, 운구차 바로 옆에 선 두 사람이 백범 김구와 도산 안창호였다. 양복 차림의 두 신사가 나란히 선 모습은 비록 망명지에서 촬영된 것이지만 늠름하고 결의에 차 보였다. 후대 사람들의 정치적 계산과 노림수에 의해 그들의 단단한 동지애와 희생정신이 왜곡되는 일은 없어야겠다.

삶의 길이 막혀 답을 구하지 못할 때, 가까운 효창공원이나 도산공원을 찾아가 볼 일이다.

금지된 이름들, 영남의 반골들

권오설, 김재봉, 이육사, 김원봉, 이상화

안동 가일마을에 떠돌던 이야기

경북 안동 임하면에 위치한 경상북도독립운동기념관은 지역 독립운동기념관으로는 최대 규모를 자랑한다. 독립운동사에서 안동, 그리고 경상북도가 차지해온 비중이 그만큼 크다는 말이다. 기념관의 전시 동선을 따라가다 보면 이 사실에 수긍할 수밖에 없다. 구한말 처음 의병이 일어난 것이나 그 들고 일어난 의병 수, 그리고 경술국치 당시 자결한 분의 수에서도 그렇다. 독립 유공자가 가장 많은 곳 역시 경상북도라고 한다. 이러한 콘텐츠를 바탕으로 전시물도 다양하고 전시의 동선도 잘 짜여 있다.

2007년 안동독립운동기념관으로 개관하였다가 2014년 경상북도독립운동기념관으로 이름을 바꾼 기념관 안에는, 그런데 아주 이상한 전시물이 하나 놓여 있다. 전시물 대부분이 독립운동 관련 서류라든가 인물들의 유품인 데 비해 이 전시물은 정말 특별하다. 이제는 녹이 슬어 형체도 분간하기 어려운 납땜한 철제관이 그것이다. 누구의 관이기에 나무가 아닌 쇠로, 그것도 열어 볼 수 없도록 납땜까지 했던 것일까?

관에 묻혔던 사람은 안동 풍천면 가일마을 출신의 독립운동가 권오설權五卨(1897-1930)이다. 2008년 그의 부인이 사망하면서 합장을 위해 묘를 팠더니 정말로 철제 관이 나왔다는 것이다. 마을에 떠돌던 전설과 풍문이 78년 만에 사실로 드러난 순간이었다. 일제 경찰이 너무도 혹독하게 고문한 나머지 고문의 흔적을 은폐하기 위해서라는 얘기도 있고, 죽어서도 독립을 위해 싸울 망자의 혼백을 꽁꽁 가두기 위해서라는 말도 있었다. 가족들조차 장례식에 참관하지 못하게 막고 봉분 대신 평장의 묘를 마련할 것을 종용한 일제 형사들이 철제 관을 납땜한 뒤 황급히 묻어버렸다는 것이 오랫동안 전설 아닌 전설로 내려오던 이야기였다.

권오설은 어떤 사람이었기에, 또 무엇 때문에 이런 무지막지한 형벌을 받게 되었을까? 고종의 장례식을 기해 일제히 들고 일어난 거국적인 3·1 만세운동에 대해서는 교과서며 책들이 소상히 언급한 반면, 3·1 만세운동, 광주학생운동과 함께 3대 민족운동으로 평가되는 6·10 만세운동에 대해 우리가 아는 것은 많지가 않다. 1926년 순종의 장례식을 기해 일어난 6·10 만세운동의 주동자들과 운동의 경과에 대해선 자세히 배운 바가 없다. 모르긴 몰라도 그 운동을 주도한 단체와 사람들이 사회주의 계열 운동가들이었기 때문에 그럴 것이다. 이념과 세대를 불문한 거국적인 만세운동을 위해 여러 사회단체와 긴밀히 협력해 6월 10일의 거사를 기획한 실질적인 지도자가 권오설이고, 또 김천 출신 김단야金丹冶(1901-1938)였다. 애석하게도 이 기획은 거사일 전에 발각

되어 권오설과 주동자들이 긴급히 체포되었다. 서대문형무소에서 옥고를 치른 권오설은 1930년 출소를 100일 앞두고 싸늘한 주검이 되어 돌아왔다. 형무소에서 찍힌, 그가 남긴 유일한 사진에서 죄수번호 8134번 권오설은 입을 굳게 다물고 눈을 찡그린 채 카메라를 노려보고 있다.

해방과 전쟁, 분단으로 이어지는 격동의 시간 속에서 권오설은 금지된 이름이 되었다. 님 웨일스가 쓴《아리랑》의 주인공 김산金山(장지락張志樂, 1905-1938)이나 연해주 독립운동의 대부였던 최재형崔在亨(1860-1920) 등 수많은 혁명가들이 독립운동의 방법으로 택한 그들의 사상으로 인해 오랫동안 금기와 망각 속에 묻혀 있던 것처럼 말이다. 가장 격렬하게 일제에 항거한 사람들도 그들이었고 그래서 일제가 가장 두려워하고 가장 혹독하게 탄압한 이들도 그들이었다. 해방 뒤 분단이 고착화되며 뿌리내리기 시작한 반공 이데올로기에 의해 이들의 헌신과 업적은 빛이 바랬다. 이런 일은 북한의 독재정권 수립 과정 아래서도 자행됐다. 죽어서도 눈을 감지 못할 독립운동가들을 기리거나 객관적인 평가는 못 할망정 그 행적과 이름마저 지워버리려 했던 것이 분단 뒤 우리가 받아들인 역사가 아니던가.

철제 관 얘길 듣고 권오설의 묘를 처음 찾아간 게 서너 해 전일이다. 그의 생가와 묘지가 있는 가일마을이 안동의 대표 명소인 하회마을 목전에 있어 놀랐다. 별 준비 없이 찾아간 터라 묘지가 있다는 뒷산만 헤매고 끝내 묘지는 찾지 못했다.

경상북도독립운동기념관에 문의해 묘의 위치를 알아냈다. 가일마을 부근 작은 공장 옆 산길로 올라가 무성한 잡초를 헤치고 오르니 권오설의 묘를 알리는 표지석이 눈에 들어왔다. 좀더 오르니 권오설과 부인의 합장묘가 나타났다. 그가 당한 고난과 핍박을 떠올린 탓인지, 10여 평 터에 조성된 무덤이 유난히 편안하고 아늑해 보였다.

독립운동가를 24명이나 배출한 안동 오미마을

풍천면 가일마을에서 불과 5킬로미터밖에 떨어지지 않은 곳에 걸출한 독립운동가들을 다수 배출한 풍산면 오미마을이 있다. 오미마을은 공식적으로 인정받은 독립운동가만 24명이나 배출한 동네다. 풍산 김씨 집성촌으로도 알려진 오미마을에 들어서서 가장 먼저 찾아간 곳은 조선공산당 제1대 책임비서 김재봉金在鳳(1891-1944)이 살았던 학암고택鶴巖古宅이다. 순조 때 이곳에 뿌리를 내린 학암鶴巖 김중휴金重休(1797-1863)가 지은 학암고택을 비롯해 이 마을에는 건축학적으로도 유명한 고택이 몇 채 더 있다. 학암고택 대문 앞에는 김재봉이 1922년 모스크바에서 열린 극동피압박민족대회에 참석하며 제출한 문서에 쓴 〈조선독립을 목적하고〉란 글이 조각된 어록비가 서 있다. 김재봉은 1891년 이 댁 장손으로 태어나 서울 중동학교에서 수학했고, 3·1 만세운동 뒤에는 상하이 임시정부를 지원했으며 이후 노동운동에 헌신하다 검거돼 옥고를 치렀다. 1925년 독립운동을 목적으로 조선공산당을 결성해 초대 책임비서로 선임되었으나 그해 다시 체포돼 6년간 독방에 수감되었다. 1931년 만기 출소한 뒤 일제 경찰의 감시 아래 지내다 1944년 사망했다. 2005년 독립운동의 공로가 인정돼 대한민국 건국훈장 애국장이 추서되었다.

권오설과 마찬가지로 김재봉 역시 서대문형무소에서 죄수복을 입은 채 찍은 사진을 남겼다. 죄수번호 8607번. 권오설과 달리 사진 속 김재봉의 얼굴은 어딘가 관조적인 미소를 머금고 있다. 야만적인 일제의 폭력에도 굴하지 않겠다는 자신만만한 표정으로 읽었다면 잘못 읽은 것일까? 문을 활짝 열어둔 학암고택 안으로 들어가 집을 둘러보았다. 바깥 정원을 지나 'ㅁ' 자 모양으로 지어진 고택은 고풍스럽고 편안해 보였다. 집을 둘러보는데 동네 어르신 한 분이 마당에 들어서더니 집 곳곳을 안내해준다. 집을 나서 오미마을의 주요 유적지와 뜻깊은 장소들도 두루 안내해주었다. 학암고택 뒤 또 다른 국가민속문화재인 허백당盧白當, 상하이 임시정부와 서로군정서에서 법무차장을 지낸 김응섭金應燮 (1877-?) 지사의 생가, 이 마을 독립운동의 발자취를 기리는 오미광복운동기념탑과 기념공원까지 돌아봤다. 의열단 출신으로 일본으로 건너가 일왕이 참석한다는 제국의회에 폭탄을 던지려다 체포된 김지섭金祉燮(1885-1928) 지사, 서로군정서 의용군으로 활약하며 하얼빈에서 일경과 교전하다 순국한 김만수金萬秀(1894-

1924) 지사 등 많은 의열사가 이 마을 출신이니 실로 그 자부심이 대단할 수밖에 없으리라. 길 안내를 해주신 어르신에게 김재봉과의 연고에 대해 물으니 먼 친척 형님이라고 말한다. 김재봉 역시 오랫동안 그 이름을 당당하게 드러낼 수 없었던 애국지사 중 한 분이었다.

사십 평생에 17번 옥살이를 한 이육사

경상북도독립운동기념관 제2전시관은 주로 안동 지역의 독립운동을 개괄한 전시장이다. 그곳에는 활발하게 독립운동에 참가한 마을들과 주요 인물들을 보여주는데, 오미마을은 물론 풍천면 가일마을과 하회마을, 서후면 금계마을, 남부 임하면의 내앞마을(이곳이 독립운동기념관이 있는 곳이다)과 금소마을, 오대마을, 임동면의 무실마을이 있고, 북부로 올라가면 예안면의 삼산마을과 부포마을, 도산면의 하계마을과 원촌마을 등이 소개되어 있다. 이 중 꼭 찾아가고자 한 곳이 시인 이육사와 그 형제들이 나고 자란 도산면의 원촌마을이다. 육사의 형제들은 퇴계 이황의 14대손이다. 퇴계가 연 도산서원과 퇴계 묘소도 근처에 있다. 육사를 비롯해 그의 형 이원기李源琪(1899-1942)가 독립유공자고, 문학평론가였던 동생 이원조李源朝(1909-1955)는 남로당원으로 월북한 뒤 북한에서 박헌영과 함께 숙청된 것으로 알려졌다.

죄수 번호에서 따온 호인 '육사'의 본명은 이원록李源綠. "내 고장 칠월은 청포도가 익어가는 시절"이란 시구로 기억되는 〈청포도〉의 시인이다. 그러나 육사를 시인으로만 부르기엔 어쩐지 섭섭하다. 1904년생으로 1944년 베이징에서 순국하기까지, 사십 평생에 모두 17번의 옥살이를 치른 열혈 독립운동가이기 때문이다. 이육사는 또한 〈청포도〉만을 대표 시로 언급하기에도 한참 섭섭하다. 〈광야〉나 〈절정〉은 우리 시에서는 드물게 굵직한 남성의 목소리로 초월적인 주제를 다룬 절창에 가깝기 때문이다.

안동에 처음 가보았던 대학 4학년 때의 여름방학. 안동 시내에서 버스를 타고 한참을 달려서야 이육사의 시비가 있다는 시골 마을에 도착했다. 그때는 주변에 시비 하나만 있고 그를 기리는 것이 거의 없었다. 서너 해 전 남도 여행을 마치고 올라오는 길에 찾아갔을 때 너른 부지에 들어선 이육사문학관을 만났다. 그때도 찬찬히 둘러볼 시간이 없었다. 이번에는 시간도 있고 마음의 여유도 있는데 코로나-19로 문학관 문이 굳게 잠겨 있다. 대신 문학관 옆 산길을 따라 묘지를 찾아보겠다고 나섰다. 그러나 그것마저 중간에 포기해야 했다. 묘지까지 2.8킬로미터의 가파른 산길을 걸어야 했는데 여름 숲이 너무도 울창했고 무시로 길을 막아서는 거미줄과 벌레들에도 금세 지쳤다. 묘소에 다녀오면 귀가 시간도 많이 늦을 듯해서 절반쯤 오르다 내려와야 했다. 국내에서 만난, 가장 높고 깊은 산중의 묘지로 기억된다.

문학관 옆 안내판에는 이육사의 순국과 묘소에 관한 글이 적혀 있었다. 이육사는 1944년 1월 16일 베이징의 일본총영사관 감옥에서 순국했다. 같은 해 6월 사망한 한용운이나 1945년 2월 사망한 윤동주와 같이 시인 이육사도 꿈에도 그리던 해방을 앞에 두고 눈을 감아야 했다. 그 감수성으로 해방의 감격을 노래하고 그 결기로 새 나라 건설에 큰 보탬이 되었을 이들에게 하늘은 기회를 주지 않았다.

이육사의 친척이자 독립운동가인 이병희李丙禧(1918-2012)의 증언에 따르면, 그의 사망을 알리는 전보를 받은 이병희가 베이징으로 가 관을 인수받아 빌린 돈으로 화장을 치렀으며, 유골을 수습한 상자를 순국 9일 뒤 이육사의 아우 이원창李源昌에게 넘겼다. 그 유골을 국내로 옮겨와 서울 미아리공동묘지에 안장했다가 1960년 현재 위치로 이장했다.

문학관 앞에 펼쳐진 육사의 고향을 내려다보며 그의 시 중 가장 좋아하는 〈광야〉를 떠올려보았다. 시를 읽을 때마다 독립운동가들이 조국을 잃고 저항의 근거지로 향했던 겨울 만주가 떠오른다. "지금 눈 내리고 매화 향기 홀로 아득하니" 하는 구절에서는 아득한 절망감 속에 한 줌의 희망이 느껴진다. 시를 많이 남기지 않은 육사지만 이 절창 하나만으로도 일제강점기를 대표하는 저항시인으로 그를 꼽기에 주저함이 없을 것이다. 시인도 많고 혁명가도 많지만, 시인이자 혁명가였던 사람은 매우 드물다. 이육사는 그러한 사람이다.

영남의 독립운동가들

경상북도독립운동기념관을 통해 잊었거나 제대로 알려지지 않았던 수많은 독립운동가들을 되새길 수 있었다. 천민 출신의 의병장 신돌석申乭石(1878-1908)과 허위許蔿(1855-1908), 이강년李康秊(1858-1908), 유림 출신으로 노비들을 해방시킨 뒤 만주로 가 대한민국 임시정부 초대 국무령을 지낸 석주石洲 이상룡李相龍(1858-1932), 유림들의 독립운동을 이끈 심산心山 김창숙金昌淑(1879-1962), 그리고 중국에서 무장 항일투쟁에 평생을 바친 남자현南慈賢(1872-1933), 김봉식金鳳植(1904-1974), 전월순全月順(1923-2003) 등 여성 독립운동가들까지. 그밖에도 기념관에서 마주한 이름들을 다 열거할 수 없음이 아쉬울 따름이다. 잘 구성된 전시회나 박물관을 관람하는 것은 그와 관련한 책 10권, 100권을 읽는 것보다 효과적인 성찰의 장을 제공해준다. 이런 기념관이 곳곳에 더 많이 세워져도 좋을 것이다.

경상북도의 지사들을 주로 많이 언급했지만, 경상남도 출신의 지사들도 이에 못지않다. 무엇보다 밀양 출신의 김원봉金元鳳(1898-1958)이 이끈 '의열단'이란 이름이 주는 무게감만으로도 경남은 독립운동사에 오롯하다. 오사마 빈 라덴 이전에 세계에서 가장 높은 현상금이 붙었던 사람이 김원봉이었다고 말하는 이도 있다. 일제는 가장 두려워했던 김원봉에게 높은 현상금을 내걸어 그를 잡는 데 혈안이 되었다. 그런 김원봉인데, 해방 뒤 일제 앞잡이들이 다시 활개 치고 다니는 꼴을 보았고, 또 대표적인 친일 악질형사 노덕술에게 씻을 수 없는 수모를 당했다. 그것이 계기가 되어 김원봉은 월북할 수밖에 없었다. 그러나 북에서도 그는 환영받지 못하여 숙청당한 것으로 알려졌다. 그의 형제와 혈육들도 남한 정권 아래서 멸족을 당하다시피 했다.* 이것이 독립운동가와 그 자손들이 겪어온 흔한 일이다.

언젠가 한밤중에 밀양역에 내렸는데, 기차가 선 플랫폼과 대합실에 붙은 한 장 포스터 앞에 우뚝 멈춰 설 수밖에 없었다. 밀양 사람 김원봉을 필두로 한 의열단과 그들의 업적을 기억하자는 포스터였다. 제일 첫머리에 있는 약산 김원봉과 40여 명 의열단원의 사진에서 한 사람 한 사람의 이름과 얼굴을 살펴보았다. 밀양 사람이 절반 이상을 차지했다. 시인 이육사와 《아리랑》의 주인공인 장지락(김산)의 얼굴도 보였다.

영남 지역은 불꽃 같은 지사들을 많이 배출한 곳으로 기억할 만하다. 불의와 폭력에 대한 항거는 이 지역의 전통이었다. 동학보다 먼저 일어난 진주민란은 어떠한가. 대구를 중심으로 일어난 국채보상운동은 또 어떤가. 4·19 민주혁명을 촉발케 한 마산의 반독재 항쟁과 박정희 정권의 몰락을 예견한 부마항쟁은 어떠했던가. 산수가 수려한 영남은 이렇듯 반골, 애국지사들의 고장이기도 했다.

---

* 〈김원봉 혈육이 살아온 학살과 탄압의 70년〉, 《시사IN》, 2020.07.24.

권오설보다 네 살 아래인, 대구 출신 시인 이상화도 빼놓으면 안 되겠다. 그와 동향인 소설가 현진건玄鎭健(1900-1943)과 그의 형 현정건玄鼎健(1887-1932) 역시 대구가 배출한 훌륭한 문인이자 독립지사들이다. 최근에, 같은 학교(서울의 중앙고등학교) 출신인 권오설과 이상화가 나눈 편지가 발굴되었다고 한다. 네 살 아래지만 '이상화 형'으로 호칭을 적은 권오설이 "간절히 보고 싶습니다. 아우는 산골의 무지렁이 노릇으로 밥만 축냅니다. 27, 8일경 대구에 구경 나갈 듯합니다. 그때 많은 사랑받기만을 원하옵고 이만 그치나이다"**라고 적은 편지에서 권오설의 인간적인 온기를 느낄 수 있었다. 누가 그런 사람을 불굴의 혁명가로 만들었는가. 누가 그를 차디찬 철제 관에 묻었는가. 이상화의 시 〈빼앗긴 들에도 봄은 오는가〉가 1926년 6월호《개벽》에 실릴 무렵, 시인의 친구였던 권오설은 숱한 위험을 무릅쓰고 6·10 만세운동의 거사를 준비하고 있었을 것이다.

** 〈민족시인 이상화에 전해진 권오설 애틋 엽서, 살펴보니〉, 오마이뉴스, 2021.8.2.

09

아무르 강가에서
울었다

조명희, 최재형, 이상설, 김알렉산드라

블라디보스토크에서 만난 신한촌과 조명희

블라디보스토크로 향하는 비행기는 인천공항을 이륙한 지 불과 한 시간도 되지 않아 착륙을 준비하라는 안내방송을 내보낸다. '한국에서 가장 가까운 유럽'이라고도 불리는 이 도시는 세상에서 가장 큰 영토를 갖고 있는 러시아 동쪽 끄트머리의 작은 도시지만, 얼지 않는 부동항에다 극동으로 진출할 수 있는 항구도시라 러시아에겐 매우 중요한 전략적 요충지다. 오죽하면 도시이름조차 '동방(보스토크)을 정복하자(블라디)'라는 뜻으로 지었을까. 1903년 시베리아 횡단열차를 개통할 때 이 극동의 끝 도시를 종착역으로 삼은 의도가 있었을 것이다.

블라디보스토크가 우리 역사에 지닌 의미도 결코 작지 않다. 과거 '해삼위海參崴'란 지명으로 불린 이 도시는 한반도 동북 끝에 면하여 북한의 나진, 중국의 훈춘과도 국경을 맞대고 있다. 여기서 시베리아 열차를 타고 서북쪽으로 향하면 네 시간이 못 되어 우수리스크에 닿고, 또 거기서 10여 시간 더 가면 극동의 중심 도시인 하바롭스크에 닿는다. 잠시 숨을 고른 뒤 사흘을 더 가면 시베리아의 파리라 불리는 바이칼호수의 도시 이르쿠츠크를 또 만나게 된다. '연해주'라 칭하는 러시아 극동 지역은 중국의 '만주'와 함께 우리 근현대사에 또렷한 자국을 남기고 있을 뿐 아니라 고대에는 고조선, 고구려, 발해의 영토와 겹치는 곳이기도 하다.

1863년경, 어마어마한 기근이 든 함경북도 경흥 농민 열세 가구가 당장의 굶주림을 피할 요량으로 두만강을 넘어 척박한 땅을 일궈 정착한 곳이 블라디보스토크와 연해주 일대였다. 그들이 오늘날 '고려인'들의 선조가 된 셈이다. 이후 조선 반도가 일본에 침탈당하자 상대적으로 일제의 무력이 덜 미쳤던 만주와 연해주는 항일 독립운동의 중요한 근거지가 되었다. 만주 하얼빈역에서 이토 히로부미를 심판한 안중근 의사가 브라우닝 권총을 얻어 출발한 곳도 연해주로 추정되니, 만주와 연해주는 따로 떼어놓고 설명할 수 없는 지역인 셈이다.

예전에도 와본 도시라 블라디보스토크는 익숙하고 반가웠다. 항구 앞의 바다인 졸로토이만의 망망대해를 건너면 한반도를 만나게 될 터였다. 몇 번 왔음에도, 여기서 고려인들의 발자취라든가 항일운동 관련 흔적을 찾을 생각은 하지 못했다. 이번엔 가져간 책과 자료에 의지해 그 희미해져만 가는 자취를 좇고 싶었다.

이튿날 항구 반대편 고개를 넘어 고려인 집단 거주지가 있던 신한촌으로 향했다. 처음 이 도시에 세워진 한인마을은 1874년경 항구 가까이에 조성된 '개척리'였으나, 콜레라가 창궐하자 러시아 정부가 한인들을 시 외곽으로 이주시킴으로써 새로운 한인촌이라는 의미의 '신한촌'이 생겨났다. 조선에서 건너온 독립운동가들의 근거지인 이곳 신한촌에서 권업회, 《권업신문》, 대한광복군정부 등이 태동했다. 1911년 결성된 권업회는 초대 회장에 최재형, 부회장에 홍범도洪範圖(1868-1943)가 선임돼 단체를 이끌었다. 권업회를 통해 해외 첫 임시정부인 대한광복군정부가 1914년 이곳에서 수립되었다. 상하이 임시정부보다 몇 해 앞선 망명정부인 셈이다. 단재丹齋 신채호申采浩(1880-1936)가 주필로 있던 《권업신문》도 권업회 활동의 하나였다. 1913년 2600명, 1914년이면 8579명에 이를 정도로 권업회는 그 세력이 막강해졌다. 결국 일제의 눈치를 본 러시아 정부에 의해 강제 해산되었지만 경술국치 후 외국 땅에서 생겨난 권업회는 해외 독립운동의 본격적인 시작을 알리는 신호탄이 되었다.

나라를 잃은 애국지사들, 울분에 찬 사람들이 모여든 신한촌이 있던 자리에서 오늘날 그들의 땀과 눈물을 소환하는 일은 쉽지 않다. 복잡한 도로와 어지러운 간판, 스산한 바람이 떠다니는 도시 어디에도 옛사람들의 자취는 없다. 신한촌 한복판에 지난 1999년 해외한민족연구소가 세웠다는 세 개 돌기둥의 기념탑만이 그때의 역사와 기억을 간신히 붙잡고 있을 뿐이다.

항구로 돌아온 뒤 이 도시에 올 때마다 찾는 도시 끝 전망대를 찾았다. 블라디보스토크 항만 풍경이 한눈에 내려다보이는 전망대 근처, 극동과학기술대학 박물관이 있던 자리에 세워진 포석抱石 조명희趙明熙(1894-1938)의 문학비를 먼저 찾아갔다. 3·1 만세운동에 가담해 옥고를 치른 조명희는 일본 도쿄대학에서 철학을 전공한 뒤 귀국해 우리나라 최초의 근대 희곡으로 불리는《김영일의 死》를 쓴 1세대 희곡 작가로 불린다. 일제의 탄압을 피해 1928년 연해주로 넘어왔고 하바롭스크, 우수리스크 등지에서 교육 활동과 왕성한 작품 활동을 펼쳤다. 그러나 스탈린의 독재가 극심해지면서 1938년 일본 스파이 혐의로 체포돼 총살형에 처해졌다. 스탈린 사후 흐루쇼프 정권에서 복권된 조명희는 고려인 문학의 아버지로 평가받는다.

전망대 부근 공터에 버려지다시피 한 문학비가 바람과 세월에 마모되어 비문마저 희미해져가고 있었다. 한글로 새겨진 비석 앞에서 오래전 읽었던 그의 소설 〈낙동강〉을 떠올렸다. 세세한 내용은 기억나지 않지만 항일운동으로 만신창이가 된 한 혁명가가 낙동강을 따라 고향을 찾아가던 이미지가 강렬하게 남아 있다. 그러나 조명희는 소설의 주인공처럼 고향으로 돌아가지는 못했다. 희미해져가는 문학비가 그의 또 다른 묘비가 되었다.

우수리스크에서 만난 이상설과 최재형

연해주 한인 독립운동사에서 가장 중요한 지명은 우수리스크일 것이다. 블라디보스토크에서 내륙으로 112킬로미터 안쪽에 있는 이 도시는 옛 발해의 자취가 남아 있는 곳이기도 하다. 우수리스크는 황량하고 쓸쓸한 도시다. 찾아간 계절이 메마르고 건조한 한겨울인 까닭도 있겠으나 어쨌든 세상 모든 쓸쓸함이 거기 모인 것만 같았다. 이런 도시에 삶의 터전을 마련하고 빼앗긴 나라를 되찾겠다고 모여든 사람들 마음은 어떠했을까?

묵었던 호텔이 있는 우수리스크 중앙광장에서 우수리스크 독립운동의 대부인 최재형이 살던 집까지는 걸어 10여 분이 조금 더 걸렸다. 우수리스크는 최재형의 도시다. 연해주와 만주의 독립운동사는 그를 빼놓고는 설명할 수가 없다. 그의 업적과 공로는 제대로 알려지지 않았으나 연해주와 만주에서 활약한 독립운동가들이 활발히 조명되면서 그의 진면목도 드러났다. 누군가는 그의 존재감을 김구나 안창호, 안중근에 비하기도 한다.

연해주 고려인들 사이에서 불린 최재형의 별명은 '인간 페치카'였다. 한겨울 매서운 추위를 물리치는 러시아 전통가옥의 벽난로가 페치카다. 그만큼 최재형은 연해주 동포들에게 따뜻하고 정이 넘치는, 존경받는 어른이었다. 동포의 어려움을 솔선해 해결해주고, 망국의 한을 달래기 위해 혼신의 힘을 다했던 인간 페치카 최재형. 1860년 함경북도 경원의 가난한 노비 집안 출신인 최재형은 기근을 피해 가족과 함께 이곳에 오게 된다. 총기 넘치는 소년이었던 최재형은 러시아 상선 선장의 도움을 받아 러시아식 교육을 받고 세계 곳곳을 돌아다니며 견문을 넓혔다. 선원, 노동자 등 온갖 고생을 마다하지 않은 최재형은 러시아어를 자유자재로 구사했고 사업 수완도 뛰어나 젊은 나이에 연해주 일대에서 이름난 부자가 되었다. 최재형은 이렇게 모은 막대한 재산으로 동포들을 위한 학교를 세우고 공익사업에 힘써 노블레스 오블리주를 실천한 인사가 되었다. 1907년 연해주에 온 안중근이 "집마다 최재형의 초상화가 걸려 있었다"*고 회고할 정도였으니 그의 존재감이 얼마나 대단했는지 알 만하다.

최재형은 이렇게 조성한 막대한 재산의 대부분을 항일 운동에 바쳤다. 상하이 임시정부의 재무총장을 지내며 임시정부를 물심양면 지원하는가 하면 무장항쟁에도 지원을 아끼지 않아 연해주 일대 의병 활동과 각종 거사를 도왔다. 1908년 현재 연해주의 크라스키노에서 최재형과 이범윤李範允(1856-1940), 이위종李瑋鍾(1887-?) 등이 중심이 되어 '동의회同義會'를 결성하면서 국내 진공을 목표로 한 의병이 조직되었고, 1910년에도 국내 진공을 목표로 한 13도의군이 조직되기도 했다. 동의회 소속의 안중근은 12명의 단원과 함께 비밀결사체 '동의단지회'를 조직해 크라스키노에서 왼손 무명지를 끊어 "대한독립" 네 글자의 혈서를 남겼다. 연해주에서 출발해 만주 헤이룽장성(흑룡강성) 하얼빈역에서 이토 히로부미를 척살한 안중근의 거사에 최재형의 그림자를 추측하는 것도 무리가 아니다. 최재형의 딸 최올가는, 집에 기거하던 안중근이라는 사람이 누군가를 사살할 준비를 하는지 마당 벽에 사람 셋을 그려놓고 사격 훈련을 했다고 증언했다.

*   나무위키, '최재형' 항목.

그를 호시탐탐 노리던 일제의 급습으로 최재형은 살해되었다. 연해주 독립운동의 조직력과 열기에 놀란 일제는 1920년 4월 4일부터 양일간 연해주 한인 거주지를 습격해 무수한 한인들을 학살하고 마을을 파괴했다. 블라디보스토크 신한촌에서 살해된 한인만도 300여 명에 이르렀다. 이 '4월참변'으로 최재형도 우수리스크에서 총살당했고, 시신조차 수습하지 못했다. 그런 최재형이 1919년부터 이듬해 4월참변 직전까지 살던 집, 그가 마지막으로 일제에 끌려간 고택이 현재는 그를 기억하고 추모하는 박물관 역할을 하고 있다. 박물관에는 최재형이 활동하던 당대 조선과 국제 정세를 비롯해 그의 활약상이 요연하게 정리돼 있다.

최재형의 집을 나서서 향한 곳은 수이푼 강가에 있는 보재薄齋 이상설李相卨(1870-1917) 유허지다. 도심에서 좀 떨어져 있는 유허지까지는 걸어서 가보았다. 시간이 제법 걸렸다. 도심 외곽은 집도 드문드문했고, 낡은 집과 버려진 수풀로 황량함을 더했다. 볼 것도 즐길 것도 없는 도시였다. 그러나 역사라든가 집단의 기억을 좇는 이에게 이런 쓸쓸함이 마냥 무의미한 것만은 아니다. 강가로 향하는 들판 어딘가에, 독립운동가이자 역사학자였던 장도빈이 밝혀낸 발해왕국의 터가 있을 것이다. 발해며 고구려, 고조선 같은 왕국들을 상상하며 잿빛 벌판을 가로지르니 얼어붙은 수이푼 강변에 발길이 다다랐다.

1870년 충청북도 진천 생인 이상설은 우리에겐 헤이그 밀사의 한 사람으로 알려져 있다. 이상설은 전통과 현대, 외세와 민족이 부딪치는 격변기에 여러모로 독특한 삶을 산 인물이었다. 어릴 적부터 천재로 불리며 일찌감치 한학과 서양 학문을 배우고 공부한 그는 25세 때인 1894년 조선의 마지막 과거에 급제한 이력을 갖고 있다. 성리학 등 유학은 물론 철학, 종교, 법률, 경제, 수학, 과학 등 외래 신학문에도 능통했던 그는 여러 관직에 등용되었으나 스러져가는 조선의 신하로 많은 어려움을 겪었다. 을사늑약 체결에 반대하는 상소를 줄기차게 올리던 이상설은 망국의 설움을 품고 1906년 4월 만주의 북간도로 망명해 옌볜의 룽징(용정)에 자리를 잡게 된다. 그가 1906년 8월 룽징에 세운 서전서숙瑞甸書塾은 근대식 교육기관으로 만주 연해주 항일 교육의 출발점이 되었다. 그러던 그에게 1907년 고종 황제의 밀지가 전해졌다. 네덜란드 헤이그에서 열리는 만국평화회의에 이준, 이위종과 함께 참가토록 명한 것이다. 헤이그에 도착해 일제의 침략상을 낱낱이 폭로하고 을사늑약 파기를 위한 열강의 후원을 얻는 활동을 펼쳤으나 별 성과 없이 끝나자 이상설은 1909년 우수리스크로 와 활동을 이어갔다.

이상설은 13도의군 의병으로 무장항쟁을 준비했고, 이동휘李東輝(1873-1935), 이동녕 등 권업회 핵심인물들과 함께 최초의 망명정부인 대한광복군정부를 세워 이 단체의 중요한 책임자가 되었다. 1914년 제1차 세계대전이 발발하자, 일본과 손잡은 러시아 당국은 연해주 일대 한인 지도자들을 체포하거나 추방하고 《권업신문》마저 정간시켰다. 대한광복군정부 역시 활동을 이어갈 수 없었다. 건강을 돌보지 않고 독립운동에 헌신한 이상설은 1916년 초 병을 얻어 이듬해인 1917년 3월 2일, 48세의 일기로 우수리스크에서 순국하고 만다. 그의 유언에 따라 유해를 화장하고 그 재를 뿌린 곳이 이곳 수이푼 강가다.

대한민국 광복회와 고려학술문화재단이 2001년 수이푼 강가에 세운 그의 유허비는 기단 위에 사각 비를 올려놓은 모습을 하고 있다. 차들이 오가는 인근 도로를 빼고는 깊은 적막감이 감도는 강가에서 유허지는 넉넉한 자리를 차지하고 있었다. 그의 유해가 뿌려진 얼어붙은 수이푼강을 바라보고 있자니 쓸쓸함이 더했다. 기약도 희망도 없는 일에 한 번뿐인 인생을 내던지는 삶이란 어떠한 것인가. 개인의 인생과 공동체의 목표가 반드시 만나고 일치해야 할 이유라도 있는 것일까?

우수리스크에서 꼭 들러야 할 곳이 한 군데 더 있다. 도심의 고려인문화센터와 인접한 고려인역사관이다. 2009년 동북아평화연대가 조성한 역사관은 굶주림을 피해 넘어온 초기 한인들의 정착사와 항일운동사, 1937년 스탈린의 강제이주 정책에 의해 중앙아시아의 불모지로 이주한 17만 연해주 고려인의 여정을 보여준다. 그 여행에서 얼마나 많은 사람이 사망했는지를 또 보여준다. 조선희의 소설 《세 여자》의 한 장면에서 그 여정을 상상해볼 수 있었다.

극동에서 시베리아 횡단철도로 여기까지 오는 데 한 달이 걸렸다 한다. 가축 실어 나르는 화물열차를 타고 왔는데 먹는 것도 부실하고 약도 없고 해서 병들어 죽는 사람이 많았다. 아이와 노인이 많이 죽었고 시체는 철로변에 묻었다. (중략) 열차에서 병들어 죽고 겨울 나는 동안 굶어 죽고 얼어 죽고 해서 지금은 처음 떠날 때의 절반이 되었다. 누구나 가족의 절반을 잃은 셈 이다.

— 조선희, 《세여자 1》, 361쪽.

숱한 난관과 역경을 딛고 고려인들이 어떻게 러시아와 중앙아시아의 중요한 민족으로 성장하였는지를 전시물들이 또한 보여준다. 최재형 고택 박물관과 겹치는 내용도 일부 있지만, 160여년 역사를 가진 고려인들의 수난과 정착사를 20세기 동아시아 역사를 아우르는 시야 안에서 보여준다는 점에서 입체적인 교육의 기회를 제공해준다.

역사관 앞마당에는 고려인들이 특히 존경하는 홍범도 장군과 안중근 의사를 기리는 두 기의 단단한 기념비가 세워져 있었다. "독립전쟁의 전설적인 영웅 홍범도 장군(1868-1943)"이라 쓰인 비와 "인류의 행복과 미래, 민족의 영웅 안중근 의사"라고 쓰인 두 석비. 그 앞에서 느껴지는 감정의 동일함만으로도 이곳 사람들과 단단히 연결된 느낌을 갖게 된다.

하바롭스크, 아무르 강변에서 울었다

겨울 여행을 좋아해 겨울마다 여러 곳을 여행했지만, 수많은 여행지 중 가장 추운 곳으로 기억되는 곳이 동부 시베리아의 도시 하바롭스크다. 하바롭스크에 올 때마다 살점이 떨어져나갈 정도로 매서운 칼바람을 만났다. 하바롭스크 역에 내려 광장 앞으로 난 길을 따라 직진해 한 시간쯤 가다보면 그 끄트머리에 꽁꽁 얼어붙은 강을 만나게 된다. 러시아에선 아무르강이라 불리는 이 강은 국경을 넘으면 헤이룽장(흑룡강)으로 이름을 바꾼다고 했다. 1960년대 일촉즉발의 관계에 있던 중소 국경 분쟁의 현장이 여기일 것이다.

역에서 출발해 강으로 향하며 꽁꽁 얼어붙은 도시를 구경했다. 포탄처럼 얼어붙은 시장 좌판의 물고기들, 중앙광장에 조성된 아이들의 얼음궁전도 그랬지만, 하바롭스크의 강추위는 아무르강 앞에서 절정을 맞는다. 강 앞에 서자 저절로 눈물이 나오려는데, 눈물이 나면 바로 얼어붙을 것 같아 눈을 질끈 감아야 했다. 뜨거운 것은 눈물밖에 없었다.

그 꽁꽁 언 강 한복판을 향해 저벅저벅 걸어 들어가는 한 사람을 떠올린다. 한국인 최초의 볼셰비키였던 김알렉산드라 스탄케비치다. 1869년 두만강을 건너 연해주에 정착한 함경도 경흥 사람 김두서의 딸로, 1885년 우수리스크 부근에서 태어난 김알렉산드라. 통역 일을 했던 부친처럼 러시아어와 중국어에 능통했고

유유히 흐르는 강은 곧잘 역사에 비유된다.
흐름을 멈춘 얼어붙은 강은 역사의 퇴행을 암시할지도 모른다.
그러나 봄은 어김없이 찾아올 것이고 강물은 다시 흘러갈 것이다.
겨울은 봄을 이길 수 없다.

급변하는 정세를 온몸으로 느끼며 항일 정신을 내면화한 사회주의자로 성장하게 된다. 1914년 우랄 지역의 한인 노동자들이 임금 체불과 불평등을 당하자, 그 먼 곳으로 파견돼 능숙한 러시아어로 문제를 해결해 많은 조선인의 존경을 받게 된다. 일본 제국주의와 손잡은 제정 러시아에 대항해온 볼셰비키가 조선 독립을 위해 손잡아야 할 세력이라고 판단한 김알렉산드라는 한인 최초로 볼셰비키 당원이 되었고, 1918년에는 하바롭스크 소비에트의 중책을 맡게 된다. 이동휘 등이 중심이 된 한인 최초의 사회주의 정당인 한인사회당 창당에도 그의 도움이 컸다.

1917년 러시아혁명에 반발한 백군과 일본 제국주의의 손길이 극동으로 뻗어오면서 연해주 일대에 격렬한 전투가 계속되었다. 1918년 9월 김알렉산드라는 일본군과 연계된 러시아 백군에 체포된 뒤 이곳 아무르 강변의 우조스 언덕 부근에서 총살형에 처해진다. 믿기지 않을 만큼 신화화된 이야기지만, 처형 직전 조선의 13도를 의미하는 열세 걸음을 걷게 해달라고 말한 뒤 장렬히 최후를 맞았다. 그와 함께 활동했던 이인섭과 사형 집행인이었던 체코인이 그의 용감한 죽음을 증언하고 있다. 하바롭스크 시민들은 한동안 이 강변에서 낚시를 하지 않았으며, 그를 오래도록 추모했다고 한다. 고려인 출신임에도 그에 관한 기록과 기념물이 도시 곳곳에 남아 있는 것으로 보아 그의 활동이 얼마나 많이 기억되고 추념되었는지 알 수 있다.

총살형이 집행된 때는 9월이었지만, 꽁꽁 얼어붙은 겨울 강변으로 들어가 열세 걸음을 찬찬히 내딛는 혁명가의 모습을 칼바람 너머로 상상해보았다. 천년만년 얼어붙어 있을 것만 같은 저 강물도, 부드럽게 어루만져주는 봄바람에 다시 유유한 흐름을 시작할 것이다. 겨울은 끝내 봄을 이길 수 없으므로.

해외에 묻힌 한인들

주세죽, 김규면, 홍범도, 윤이상

유명인들이 묻힌 유럽 대도시의 이름난 묘지들을 산책하다가 종종 묘비명에 쓰인 한글이 보일 때의 놀람을 뭐라고 표현할 수 있을까. 한글을 모국어로 삼았을 고인들이 어쩌다 생의 마지막 집을 낯선 땅에 마련하였는지 궁금해지곤 했다.

우연히 맞닥뜨린 한글 묘비명의 묘지들도 있지만 특별히 시간을 내어 찾아보고 싶었던 이방의 한인 묘지들도 있다. 우리네 현충원에 비길 러시아 모스크바의 노보데비치 수도원 묘지를 찾았을 때 그곳에서 찾아 헤맨 무덤 중 하나는 독립운동가 주세죽朱世竹(1901-1953)의 묘지였다. 손석춘의 소설《코레예바의 눈물》과 조선희의《세 여자》를 통해 조명된 주세죽은 남로당 당수였던 박헌영의 첫 부인으로 알려져 있다. 1953년 모스크바에서 사망해 그 도시 어느 묘지에 묻힌 것으로 알려진 주세죽은 독립운동의 공을 인정받아 2007년 건국훈장이 추서되었다. 노보데비치 묘지에서는 끝내 그가 묻힌 곳을 찾을 수 없었는데 여행에서 돌아와 《세 여자》를 뒤적여보니 모스크바의 단스크 수도원 납골당에 유해를 모신 것으로 적혀 있었다.

홍범도 장군과 함께 봉오동전투를 승리로 이끌고 만주, 연해주 등지에서 항일 무장항쟁을 이어간 백추白秋 김규면金圭冕(1880-1969)의 묘지는 노보데비치 수도원 묘지에 있는 게 확실했다. 2002년 건국훈장을 받은 김규면의 묘지 역시 찾기가 쉽지 않았다. 간신히 읽은 키릴 문자 안내판에서도 못 찾았고, 벽면에 납골당 식으로 조성된 묘지를 찾는 일도 너무 어려웠다. 검색해보니, 그의 묘를 찾아낸 사람도 꽤 어렵게 찾았다는 걸 보면 못 찾을 만도 한 일이었다.

연해주에서 쫓겨난 고려인들이 정착한 중앙아시아 어딘가에 크즐오르다라는 곳이 있다. 이 낯선 지명이 최근 우리 뉴스에 자주 오르내렸다. 독립운동사에 걸출한 업적을 남긴 홍범도 장군이 노년에 크즐오르다로 쫓겨 와 그곳에서 삶을 마쳤기 때문이다. 1868년 평양 부근에서 머슴의 아들로 태어난 홍범도는 일찍 부모를 여의고 사냥으로 생계를 이어갔다. 1895년 을미의병과 1907년 정미의병 활동을 통해 짐승이 아닌 왜놈을 사냥하겠다던 홍범도의 총구는 일본군의 간담을 서늘하게 하는 가장 무서운 위협이 되었다. 조선 최고의 총잡이에다 기골이 장대하고 체력도 탄탄해 함경도, 강원도 산악을 축지법 쓰듯 오가며 의병 활동을 이어갔다고 한다. 경술국치 뒤에는 연해주로 넘어가 국경을 넘나들며 무장항쟁을 벌였다. 3·1 만세운동 직후 일본군에 가장 큰 피해를 안겨준 1920년 봉오동전투와 청산리전투는 그러한 활약의 절정이었다.

일본에 맞설 힘을 갖추지 못한 독립군의 상황을 볼 때 홍범도는 소련과의 협력이 현실적이라고 보았다. 1922년 2월, 모스크바에서 열린 극동피압박민족대회에 참석한 홍범도는 소비에트 지도자 레닌과 단독면담을 한 뒤 금화와 권총을 선물 받을 만큼 그 명성을 인정받는 인물이었다. 그런 홍범도도 1937년 스탈린의 폭거를 피하지 못했다. 크즐오르다로 떠밀려온 그의 마지막 직업은 고려극장 수위였다. 그의 증언을 토대로 연극 〈홍범도〉가 상연되었는데 이를 본 장군이 자신을 너무 미화한 걸 부끄러워했다고 한다. 일제가 패망하는 것을 끝내 보지 못한 노장은 1943년 10월 25일 노환으로 크즐오르다에서 사망했고, 그곳에 묘지를 세웠다.

머잖은 날에 크즐오르다를 찾아 주세죽의 흔적과 홍범도 장군의 묘지 앞에 서겠다고 마음을 먹었다. 그런 마음이 실행되기도 전에 장군의 유해가 대한민국으로 돌아왔다. 2019년 카자흐스탄을 방문한 대한민국 대통령이 정상회담에서 장군의 유해 봉환을 요청해 이것이 받아들여졌다. 이 과정에서 고려인들의 정서가 배제되었다는 비판도 있었고, 장군을 북한 땅에 모셔야 마땅하다는 북한 당국의 항의도 있었다. 건국훈장 최고 훈격인 대한민국장이 추서된 장군의 유해는 2021년 8월 광복절에 대한민국으로 송환되어 국립대전현충원에 안장되었다. 크즐오르다에서 뵙지 못한 장군을 그 며칠 뒤 대전에서 만났다. 궂은 날씨에도 많은 추모객이 장군의 묘지를 찾아와 묵념을 하고 꽃을 바쳤다. 1946년 백범 김구가 윤봉길, 이봉창, 백정기 의사의 유해를 모셔와 효창원에 안장한 것으로 시작된 독립유공자 유해봉환사업은 홍범도까지 모두 144위 유해를 모셔온 성과를 거두고 있다.

지난가을 통영행의 첫 목적은 윤이상尹伊桑(1917-1995)의 묘지를 찾아가는 것이었다. 그의 묘가 국내로 이장된 사실을 알고 자못 놀랐다. 베를린시의 가우토 묘지란 곳에 그의 묘가 있었는데, 베를린과 통영시가 협의해 그 유해를 고향인 이 바닷가 언덕에 이장한 것이 2018년의 일이었다고 한다. 역시 베를린에서 만나지 못한 묘지를 우리 땅에서 만나게 된 것이다. 소설가 박경리朴景利(1926-2008)의 묘지에서 윤이상의 묘지까지는 차로 20분이 안 걸렸다. 바닷가 언덕에 우뚝 선 통영국제음악당 뒤뜰에 마련된 윤이상의 묘지도 안내 표지판을 따라 쉽게 찾아냈다.

봉분 대신 누워 있는 둥근 돌 위에 "윤이상 1917-1995"라 적혀 있고 심하게 흘려 쓴 "처염상정處染常淨"이란 한자도 적혀 있었다. 탁한 곳에 처해 있어도 물들지 않고 맑은 본성을 간직한다는 뜻이라 했다. 돌무덤 뒤에는 분재 같은 모양의 작고 단아한 소나무 한 그루가 서 있었다. 묘지와 좀 떨어진 윤이상기념관은 통영 여객선터미널에서 걸어 10여 분 거리에 있다. 생가 자리에 기념관을 세운 것이다. 기념관이 있는 공원 명칭은 정권이 바뀔 때마다 바뀌었다. 이명박, 박근혜 정권 때는 동네 이름을 따 '도천테마파크'로 불리다가 문재인 정권에 와서 '윤이상 기념공원'으로 예전 이름을 되찾았다.

박정희 정권의 중앙정보부가 1967년 선거를 앞두고 조작한 동베를린 간첩단 사건, 일명 동백림사건으로 당시 베를린에 있던 윤이상은 북한과 접촉한 간첩으로 몰렸다가 끝내 무죄로 풀려났다. 그러나 그에게 새겨진 굵은 주홍글씨는 사후까지도 그를 따라다녔다. 동백림사건으로 간첩에 몰린 이들 명단에는 시인 천상병과 화가 이응로, 번역가 천병희, 음악가 윤이상의 이름이 있다. 간첩죄에 대해 모두 무죄가 선고됐고 강제 납치에 대한 국제 사회의 여론에 못 이겨 남은 형기도 모두 집행정지 처분을 받았다. 그러나 무고하게 잡혀가 고문을 당한, 총기 넘쳤던 서울대학교 상경대 출신 시인 천상병은 행려병자로 발견되었고, 조국이 지긋지긋해진 이응로는 아예 프랑스로 귀화해 활동하다 파리의 페르라세즈 묘지에 묻혔다. 세계적인 명성에도 꿈에 그리던 고향에 돌아오지 못한 윤이상도 베를린에 묻혔다. 이후 고인이 원했던 통영으로의 이장을 지속적으로 추진하던 중 타계 23년 만인 2018년 3월 20일 이 자리에 안장된 것이다.

윤이상기념관 바깥에 전시된 사진들은 그의 존재감을 여실히 보여준다. 독일 통일의 기초를 닦은 빌리 브란트 총리를 접견했고, 《생의 한가운데》를 쓴 소설가 루이제 린저, 전위 예술가 존 케이지, 백남준 등 내로라하는 인사들과 교유한 사진들을 보았다. 그러나 해외에서의 사진들보다 유학 전 통영에서 찍힌 흑백사진들이 윤이상을 더 확실하게 보여준다. 김춘수金春洙(1922-2004), 유치환柳致環(1908-1967), 전혁림全爀林(1916-2010), 김동진 등 통영의 예술가들과 어울려 찍은, 좌우의 논리로 설명할 수 없는 사진들이다. 통영에서 상경해

서울 성북동에 거처를 마련한 윤이상은 시인 조지훈과 짝을 이뤄 수 많은 교가와 기념곡을 만든 것으로도 알려져 있다. 39세 늦은 나이에 유럽 유학을 결행한 윤이상은 결국 살아서 고국에 돌아오지 못했다. 세계적인 명성을 얻은 예술가가 고향에서는 널리 환영받지 못하고 있는 모습이 씁쓸하다.

굴곡의 역사를 거치며 낯선 이방의 땅에 잠든 한인들은 얼마나 많을 것이며 그 사연들은 얼마나 구구할 것인가. 고향은 무엇보다 '흙'과 동의어다. 고향의 흙은 나를 있게 한 조상의 살과 뼈가 섞여 만들어진 것이고 그 흙의 양분을 먹고 자란 푸성귀를 먹이며 우리를 길러준 곳이다. 고향으로의 회귀 본능은 그 흙으로 돌아가고자 하는 본능에 다름 아닐 터다. 고향의 흙이불을 덮을 때 사람은 가장 편안한 영면에 들 것이다. 고국을 그리다 숨진 더 많은 해외 애국지사들이 고국의 흙에 잠들 수 있다면 좋을 것이다.

감옥에서 부르는
희망의 노래

안중근, 신채호, 이회영

뤼순감옥 가는 길

출발지와 목적지만 있는 항공 여행보다는 과정 자체가 여행이 되고 스토리가 되는 기차나 선박 여행을 선호하는 편이다. 중국 동북 지역으로 여행할 때도 서해를 오가는 페리를 타고 다롄이나 단둥 같은 항구로 건너가 여행을 시작하곤 했다. 그런 배에서 만난 조선족 사람이나 사업가, 젊은 여행자 들과 술자리를 같이 한 일도 즐거운 추억으로 남아 있다. 배를 타고 바다를 건너는 사람마다 곡절 없는 사람 없고, 사연 없는 사람 없었다.

북한 신의주와 압록강 철교로 연결된 랴오닝성의 단둥은 태조 이성계의 위화도 회군과 연암 박지원의 《열하일기》에도 묘사되는 등 우리 역사에 자주 등장하는 도시다. 다롄 역시 우리 근대사에 매우 중요한 의미를 갖는 땅이다. 1904년 2월 8일 일본 함대가 다롄의 뤼순항을 기습 공격하며 발발한 러일전쟁의 격전지가 여기다. 이듬해 1905년 러시아가 패퇴함으로써 조선과 만주에 대한 지배권이 일본에 넘어가게 된다. 청나라에 이어 대국 러시아를 물리쳤다는 자신감을 갖게 된 일본이 조선과 아시아 침략에 대한 야욕을 노골화한 장소이기도 하다. 승전의 기쁨을 간직한 도시였기에, 제국 시기 일본인들이 애국심과 자부심을 고취하고자 즐겨 찾는 인기 관광지도 다롄이었다고 한다. 만주 지역에 철도를 놓을 때 창춘, 하얼빈과 함께 이곳 다롄까지 철도를 연결한 것도 그런 이유 때문이었다.

다롄이 우리에게도 특별한 또 다른 이유는 다롄의 뤼순에 있는 한 형무소 때문이다. 우리 독립운동사의 큰 족적을 남긴 분들이 일제에 의해 체포, 압송, 감금돼 이 형무소에서 순국하였다. 언제 시간을 내어 뤼순감옥을 직접 찾아가보려던 참이었다.

다롄역 뒤편 광장에서 올라탄 버스는 복잡한 도시를 벗어난 뒤 차창 밖으로 아름다운 해안선과 산악이 조화를 이룬 풍광을 보여주며 힘차게 달렸다. 한 시간쯤 뒤 버스가 멈춘 곳이 종착지인 뤼순이었다. 다롄도 비교적 단정하단 느낌을 주었는데 뤼순은 주변 풍광과 어우러져 다롄보다 더욱 깨끗하고 말끔한 모습을 보여줬다. 뤼순감옥 역사박물관 앞에 도착했을 때 곧바로 들어가지 않고 그 앞 식당에 들어가 조죽 한 사발에 샤오룽바오 만두를 시켜먹었다. 이른 아침 서둘러 호텔을 나서느라 아침을 제대로 못먹었는데, 빈속에 어마어마한 역사의 현장을 마주하면 금방 지치고 무기력해질 것만 같았다.

뤼순감옥 입구의 앞마당은 널찍했다. 현관에 있는 "여순일아감옥구지旅順日俄監獄舊地"라는 현관만 아니라면, 오래된 학교나 관공서로 착각함 직한 깨끗한 흰색 건물이 마당 맞은편에 서 있었다. 건물 안쪽으로 들어가 만난 깊은 공간은 바깥에서 본 느낌과 달리 복잡한 미궁에 빠져드는 느낌을 자아냈다. 얼마나 많은 사람을 효과적으로 가두고 감시할 수 있도록 고안된 공간인가. 얼마나 많은 사람이 여기 갇혀 자유를 잃고 목숨까지 잃었을까.

이 감옥은 애초 중국에 진출한 러시아가 1902년에 세운 건물이었다. 러일전쟁으로 러시아가 패퇴하여 일본이 접수한 뒤 더 많은 죄수를 수용하기 위해 증축해 1907년경에는 275개 감방과 한꺼번에 2000명을 수용할 수 있는 규모, 큰 '대大'자의 방사형 구조로 오늘날의 모습을 갖추었다. 본관의 외양을 보면 확실히 러시아식 건물의 느낌이 강하다. 이 감옥의 형성은 비슷한 시기 지어진 서울 서대문형무소의 역사와 보조를 같이한다.

1910년 한일병합을 비롯해, 1930년대 만주사변으로 아시아 침략을 노골화한 일제에 의해 감옥은 요긴하게 활용되었다. 만주에서 항일운동에 활약한 조선인을 비롯해 중국인, 러시아인들이 주로 수감되었는데, 1906-1936년 사이 수감된 인원이 연간 2만여 명에 달했다고 한다. 일제의 광기가 극에 달한 태평양전쟁 기에는 더욱 많은 사상범을 잡아들여 고문하고 처형하는 일이 빈번해졌다. 1945년 일제가 패망하면서 소비에트 군대가 감옥을 접수했고, 그 뒤 중화인민공화국 시기인 1970년 무렵 복원이 시작돼 현재는 국가가 지정한 '전국중점문물보호단위' 박물관으로 활용되고 있다. 말 없는 유적에 많은 말과 사연이 숨어 있었다.

누군가의 정신과 몸을 가두었던 장소가 이제는 여행과 답사의 공간이 되었다.
뤼순감옥에서 피어오르던 퀴퀴한 냄새가 아련한 시간으로 순례자를 데리고 갔다.

안중근의 마지막 나날들

안중근 의사가 수감돼 있던 독방은 형무소 정문 가까운 곳에 있었다. 간수의 방과 이웃한 방이었는데 문제적 인물인 안중근을 특별 관리하기 위해 간수 옆방에 배정한 것으로 추정된다. 붉은 벽돌에 둘러싸인 감방은 창을 통해 안쪽을 들여다볼 수 있도록 돼 있다. 100년 전에도 이런 모습이었는지는 모르지만 나름 볕이 잘 드는 방인 데다 한쪽에 책상도 갖춰져 있었다. 시시각각 다가오는 죽음을 기다리며 안중근이 〈동양평화론東洋平和論〉을 저술하고 여러 서예 작품을 남기며 마음을 다잡은 곳일 터다.

안중근, 본명이 안응칠安應七인 이 가슴 뜨거운 사람은 알려진 바와 같이 1879년 9월 2일 황해도 해주 생으로, 백범 김구와 친분이 있던 안태훈의 장남으로 태어났다. 어릴 적 조부로부터 유학과 한학, 조선 역사를 배웠으며 개화파였던 부친의 영향도 받았다. 무인 집안의 출신답게 총을 잘 쏘았고 부친을 따라 일찌감치 천주교에도 귀의했다. 그의 호가 된 '도마'는 예수 그리스도의 열두 제자 중 한 사람인 토마스의 이름에서 따온 세례명이다. 천주교에 기반한 계몽, 교육 활동을 펼치던 안중근은 일제의 국권 침탈이 노골화되자 1907년을 전후로 연해주, 만주로 넘어와 무장항쟁에 투신하게 된다.

최재형의 재정 지원으로 1908년 동의회를 조직해 300명가량의 의병과 함께 두만강 일대에서 국내 진공 작전을 펼친 안중근은 값진 승리 끝에 크게 패배하면서 좌절을 맛본다. 1909년 초 재기를 도모하며 동지 12명과 함께 동의단지회를 조직했는데, 블라디보스토크 인근 크라스키노에 안중근이 동지들과 함께 왼손 무명지를 잘라 "대한독립"이라고 글씨를 쓴 장소가 있다.

1909년 9월, 안중근은 우연히 일본의 초대 조선통감인 이토 히로부미가 만주를 시찰하러 온다는 소식을 듣게 된다. 운명이 그를 부른 것이다. 연해주, 만주 일대의 의병 참모장 안중근에게 을사늑약의 원흉 이토 히로부미의 시찰 소식은 그냥 지나칠 수 없는 사건이었다. 운명의 날이 가까워 옴에 따라 동지들이 규합되고 구체적인 계획이 잡혔다. 우덕순과 조도선, 유동하가 함께 계획을 모의하여, 만러 국경인 쑤이펀허역에서 출발한 기차가 하얼빈으로 향하는 길목마다 매복하게 된다. 하얼빈역 이전 정차역인 차이쟈거우역에서 우덕순 일행의 거사가 실패한 뒤, 기차는 안중근이 잠복하고 있던 하얼빈역으로 향했다.

이토가 도착한 하얼빈역 플랫폼은 수행원과 환영 인파로 북적였는데 애초 이토의 얼굴을 몰랐던 안중근은 누군가 이토의 이름을 부르자 돌아서는 노인을 향해 FN M1900 권총을 세 발 발사했고, 남은 네 발의 총알로 일본 총영사 가와카미 도시히코 등 주변 일본인들을 저격한 뒤 총알 한 발을 남기고 체포되었다. 세 발 모두 급소를 맞은 이토는 곧 사망했고, 일본 열도는 발칵 뒤집혔다. 안중근의 나이 31세, 1909년 10월 26일의 일이었다.

우연한 기회에 쑤이펀허역에 가본 적이 있다. 보따리 장사들이 활발히 오가는 국경 지대로 러시아와 중국의 문화가 기묘하게 뒤섞인 곳이었다. 100년 전 쑤이펀허역의 풍경을 상상하다가 기차에 올라타 하얼빈으로 향했다. 저녁에 탄 기차가 아침이 되어 하얼빈에 도착했다.

하얼빈역에 내린 중국인들은 플랫폼을 빠져나가기 바빴다. 뒤늦게 기차에서 내린 필자는 플랫폼 주변을 천천히 서성였다. 그러자 역무원인지 공안인지 모를 무뚝뚝한 사내가 다가와 수상하다는 듯 뭔가를 캐물었다. 결국 필자의 의도를 알아차린 사내가 손을 끌어 어디론가 데려갔다. 거기, 사진으로 본 적 있는 표식이 있었다. 안중근이 권총을 쏜 자리와 그 총탄에 늙은 이토 히로부미가 쓰러진 자리를 표시한 두 지점. 그 사이는 멀지 않았다. 5미터나 될까? 그 자리에 오래도록 서 있었다. 시간이 멈춘 것만 같았다. 쉽게 그 자릴 떠날 수 없었다.

하얼빈역에는 안중근과 그의 거사를 기리는 기념관이 건물 한 귀퉁이에 마련돼 있다. 우리말과 중국어가 병기된 기념관에는 안중근의 일대기와 그날의 거사에 대한 기록과 전시물이 소박하게나마 정리돼 있었다.

하얼빈에서 체포된 안중근은 곧 뤼순감옥으로 이송되었고, 감옥과 가까운 재판소에서 재판을 받았다. 안중근은 재판을 받는 틈틈이 자신의 행동의 정당성과 일제의 불법성을 고발하며 재판에 임했고, 감옥에서 〈동양평화론〉을 구상하고 저술하는 등 바쁜 나날을 보냈다. 그러나 일제의 조치는 단호했다. 조선의 의

병참모장 신분이기에 총살형을 요구했지만 일제는 단순한 테러리스트로 간주해 교수형을 언도했다. 〈동양평화론〉 집필을 위해 사형 집행을 늦춰달라는 요구도 받아들여지지 않았다. 거사 반년 뒤인 1910년 3월 26일 10시, 형이 집행되었다. 안중근이 교수형에 처해진 사형장은 뤼순감옥 박물관 한쪽에 복원돼 방문객을 맞고 있다.

그렇다면 안중근의 사멸한 몸은 어떻게 되었을까? 백범 김구가 해방 뒤 윤봉길, 이봉창, 백정기 묘와 함께 조성한 효창원의 안중근 가묘는 왜 여전히 주인을 찾지 못한 빈 무덤으로 남아 있을까? 안중근의 유해는 어디에 있는 것일까?

그를 처형한 뒤에도 일제는 안중근의 이름을 두려워했다. 그의 묘지가 남아 항일운동의 촉매제나 성지가 될 것을 두려워한 일제는 교수형으로 순국한 의사의 유해를 비밀리에 매장했다. 매장에 대한 기록이나 증언도 발굴된 것이 없다. 일제가 패망한 뒤 중화인민공화국이 들어서는 바람에 남한 정부가 유해를 찾기는 힘들었을 터다. 남한만큼이나 안중근의 업적을 높이 떠받든 북한에서 1970년대 이후 유해 발굴 작업을 대대적으로 벌였지만, 번번이 실패했다. 일본의 기밀문서가 100년 만에 해제되며 의사가 묻힌 곳으로 추정되는 세 곳이 물망에 올랐지만, 2008년 남북 공동 발굴 사업에서도 유해를 찾지 못했다. 사실상 안중근 의사의 유해를 찾을 가능성은 희박하다고 한다.

무정부주의자가 된 사학자 신채호와 조선 갑부 이회영

안중근의 업적이 워낙 폭발적이라 그렇지, 뤼순감옥에 갇히거나 순국한 다른 독립운동가들 역시 어느 한 사람 소홀히 다룰 이가 없다. 단재 신채호와 우당友堂 이회영李會榮(1867-1932), 안중근과 함께 거사에 참여했던 우덕순禹德淳, 유동하劉東夏(1892-1918), 조도선曺道先(1879-?)을 비롯해 박희광朴喜光(1901-1970), 김광추金光秋(1899-1924), 유상근柳相根(1910-1945) 등의 독립운동가가 이 감옥을 거쳐 갔다.

미로처럼 얽힌 복도를 따라가다 보면, 신채호가 수감되었다가 옥사한 방이었음을 알리는 안내문 앞에 서게 된다. 1880년에 태어나 1936년 여기서 순국했으니 쉰 중반의 나이에 차디찬 이국의 감옥에서 생을 마감한 것이다. 중국 내륙에서 활동하다 자금 조달차 대만으로 가던 중 일본 경찰에 체포돼 10년형을 선고받고 여기 갇힌 것이 1928년이었다. 열악한 환경에 8년의 옥살이는 초로의 독립운동가의 심신을 갉아먹기에 충분했을 터다.

신채호의 이름은 1905년 을사늑약 이후 여러 곳에서 발견된다. 《황성신문》과 《대한매일신보》 등의 신문 주필을 지낸 것과 《을지문덕전》, 《이태리건국삼걸전》 등 애국계몽 소설을 번안 창작하면서 그의 활동이 표면화된다. 문文의 영역에서 시작한 신채호의 활동은 차츰 사학자의 정체성으로 이어져 《독사신론讀史新論》, 《조선상고사朝鮮上古史》 등 역사서 집필로 나아가게 된다. 만주 땅이 한민족의 땅이었으며 발해가 한민족 영토였음을 강조한 그의 민족주의 사관은 국운이 쇠퇴한 시기에 큰 반향을 일으켰다. 저술에서 신민회, 권업회로 이어지던 그의 활동은 3·1 만세운동과 러시아혁명을 전후해 전환점을 맞는다. 을지문덕, 광개토대왕, 이순신 등 영웅주의에 경도되었던 그의 사상이 '민중'을 발견한 것이다. 이후 그는 독립운동사의 독특한 사상적 계보를 형성하는 아나키스트, 즉 무정부주의 사상가가 된다. 그 결과 이회영과 마찬가지로 상하이의 대한민국 임시정부에 비판적 입장을 취하는 한편, 외교로 독립을 이루겠다는 이승만 류의 방법론을 맹렬히 비판하며 임시정부를 탈퇴한다. 이 무렵 의열단 활동을 시작한 김원봉의 부탁을 받아 그 조직의 선언문인 〈조선혁명선언〉을 지으며 아나키스트적인 색채를 더 짙게 띠어간다. 독립을 위해서라면 어떠한 과격한 방법도 마다하지 않던 그는 어느새 민중혁명을 꿈꾸는 과격한 사상가로 변모해갔다. 그러던 중 1928년 체포돼 뤼순감옥에 갇히게 되었고, 1936년 뇌출혈로 의식을 잃고 사흘간 방치된 끝에 옥중에서 사망했다. 화장해 재를 바다에 뿌려달라 유언했으나, 유족과 지인들이 그의 유해를 국내로 들여와 선친과 조상이 묻힌 충북 청주의 사당에 모시게 된다.

신채호가 뤼순감옥에 갇혀 있던 1932년, 신채호와 여러 활동을 같이 해왔던 한 아나키스트 독립운동가가 이곳으로 잡혀 와 온갖 고문 끝에 나흘 만에 순국했다. 그의 이름은 우당 이회영. 행적과 삶에 비해 충분히 알려지지 않은 인물이다. 이회영을 이야기할 때 빠지지 않는 것이 그가 대한민국 초대 부통령이었던 이시영李始榮(1869-1953)의 형이라는 점, 그들을 포함한 여섯 형제(이건영, 이석영, 이철영, 이호영)가 한일병합 당시 조선에서 으뜸가는 갑부 중 하나였다는 점, 그 어마어마한 재산을 모두 처분해 독립운동에 바친 뒤 형제들도 만주 등지로 흩어져 독립운동에 헌신했다는 점 등이다. 백사白沙 이항복李恒福(1556-1618)의 10대 후손으로 조선 왕조에서 수많은 고위 관직을 지낸 명문가 출신인 이회영과 형제들은 당시 일제에 협력했다면 대대손손 부와 권력이 약속되는 위치에 있었다. 그런 유혹을 물리치고 독립운동에 헌신한 것은 이만저만한 의지와 신념이 아니면 불가능한 일이었을 터다. 급히 재산을 처분했더니 당시 소 1만 3000마리 값에 해당하는 40만 원이 만들어졌다 하는데, 오늘날 시세로 환산하면 600억 원 정도, 여러 사정을 감안하면 2조 원에 달했을 거라 추정하기도 한다.* 그런 재산을 독립운동에 헌납해 불과 10여 년도 안 돼 끼니를 걱정할 정도로 궁핍하게 지냈다던 이회영의 이야기보다 우리 현대사에 극적이고 숭고한 얘기가 또 있을까 싶다.

만주로 건너온 이회영은 굵직한 항일단체와 사건, 항쟁에 참가해 이름을 남겼다. 1907년 헤이그에 특사를 보내는 일을 주도했는가 하면 비밀결사 단체인 신민회를 발족했고, 이상설이 만주 룽징에 세운 서전서숙과, 무장항쟁을 준비한 신흥무관학교 설립

***

* 나무위키 '이회영' 항목.

에도 관여했다. 고종의 국외 망명을 꾀하기도 했고 김원봉의 의열단을 후원하기도 하였다.

이회영 역시 신채호와 마찬가지로 아나키즘의 길을 택했다. 무엇이 조선의 내로라하는 갑부를 극렬 아나키스트로 만들었을까. 이회영 역시 상하이 임시정부가 권력 다툼과 의견 충돌로 독립운동에 적절치 않을 거라는 회의를 품었다. 임시정부에 투신한 동생 이시영과는 다른 길이었다. 이회영은 신채호, 백정기 등 아나키스트들과 함께 다물단, 항일구국연맹, 흑색공포단 등을 조직해 활동을 이어갔다. 1932년 지하조직을 만들 목적으로 다롄으로 향하던 중 밀정의 밀고로 체포돼 뤼순으로 옮겨졌고, 극심한 고문 끝에 순국하게 된다. 66세 노구의 몸이었다.

이회영의 묘는 동작동의 국립서울현충원에 마련돼 있고 신채호의 묘는 고향인 충북 청주의 사당에 모셔져 있다. 아나키즘 자체가 다양한 근대 정치사상, 정치 담론 속에서 낭만적 이상론으로 폄하되어 환영받지 못하는 까닭인지, 이들의 활동에 비해 그 서훈이나 예우가 마땅하지 못하다는 생각이 든다. 다롄으로 돌아오는 길에 황혼에 비낀 서해의 물결이 거칠게 일렁이고 있었다.

서울 서대문형무소 역사관에서

지하철 3호선 독립문역에 내려 독립문을 지나 연신내 방향으로 조금 오르다 보면 좌측 언덕에 있는 서대문형무소역사관을 만날 수 있다. 1908년에 문을 열어 1987년까지 80년 동안 형무소 역할을 했던 장소다. 뜻밖에도 이 유적에서 뤼순감옥의 기억이 강하게 되살아났다. 비슷한 시기, 비슷한 목적으로 일제가 만든 두 감옥은 세부적인 설계는 다를지언정 그 구조와 분위기가 매우 비슷했다. 두 감옥의 내부에는 프랑스 사상가 미셸 푸코가 근대 감옥, 근대 감시체제의 상징적 모델로 언급한 '판옵티콘' 형태의 감시 시설도 있다. 서대문형무소역사관에서 뤼순감옥을 떠올린 결정적인 장소는 형무소 북서쪽에 자리한 '넥타이 공장', 즉 교수형을 집행했던 사형장이다. 그 유사한 구조와 시설에서 뤼순감옥 안쪽 구석진 곳에 있던 사형장을 떠올리게 했다.

1987년에 문을 닫은 서대문형무소는 한일병합 이전 항일 의병들을 감금하기 위해 급조해 일제강점기엔 항일 지사들을 체포, 감금, 고문한 데 이어, 한국전쟁 뒤 독재정권 시절에는 반독재 민주인사들을 체포, 감금, 고문해왔다. 유관순 열사가 여기서 옥사했고, 안창호도 여기서 출소한 뒤 병사했으며, 6·10 만세운동의 주동자 권오설은 가혹한 고문의 흔적을 감추기 위해 납땜한 철제관에 매장되었다. 이완용을 습격한 이재명李在明(1887-1910)과 일본 총독을 암살하려 한 65세 노인 강우규姜宇奎(1855-1920), 또 김구, 한용운, 여운형 등 애국지사들도 이곳을 거쳐갔다.

그런 서대문형무소가 역사의 현장에서 가장 빛났던 날은 해방 이틀날인 1945년 8월 16일이었을 것이다. 15일 당일에는 사람

안산 쪽 언덕에서 맞은편 인왕산을 배경으로 찍은
서대문형무소역사관의 전경. 역사는 자연 위에 자리해 유유히 흘러가고,
사람의 삶은 역사의 시간 위에 집과 무덤을 세우며 흘러간다.

들이 정작 해방을 실감하지 못했는데, 이튿날 일본으로부터 치안권을 넘겨받은 여운형 등이 형무소를 찾아와 풀려난 동지들을 얼싸안고 맞이하며 분위기가 고조됐다. 그들이 함께 서울역과 종로를 행진한 뒤에야 사람들은 해방이 왔음을 실감했다. 해방은 서대문형무소의 문이 열리며 비로소 찾아왔다.

그러나 해방 이후 1987년까지 형무소에 수용된 수인이 35만 명에 이른다고 하니 그 뒤에도 권력 유지의 중요한 수단으로 형무소가 역할을 해왔음을 알 수 있다. 독재정권 치하에 만들어진 수많은 용공 조작 사건의 희생자들이 이곳에 수감되고 처형당했다. 이승만을 위협한 대통령 후보였던 진보당 당수 조봉암이 여기서 사형당했고, 《민족일보》 사건, 인혁당 사건, 동베를린 간첩단 사건, 인혁당 재건위 사건, 6월 항쟁의 인사들도 오랜 감금과 고문을 당하거나 형장의 이슬로 사라져갔다. 이들 공안 사건 대부분은 민주정부 시절 구성된 '진실·화해를 위한 과거사정리위원회'의 조사와 재심을 통해 불법 조작으로 결론 났다.*

서대문형무소역사관을 나서면 옛 형무소 건물을 품고 있는 안산의 초록 숲 세상으로 빠져나오게 된다. 형무소를 두르고 있었다는 4미터 높이의 붉은 벽돌담과 감시탑도 이제는 그 일부만 남아 있다. 무덤 아닌 무덤이 그곳에 있었다고 전해진다.

---

*　　원희복, 《르포히스토리아》(한울, 2016), 21쪽.

3부

시인과 작가들의 내면 풍경 1

동주의 두만강에서
백석의 압록강으로

윤동주, 백석

백석을 그리워한 윤동주

잘 쓴 글씨라고는 할 수 없지만 쓴 사람의 성격이랄까, 마음 같은 것이 느껴지는 정성스러운 글씨체다. 베껴 쓰기, 즉 필사 자체가 목적이 아니라 한 글자 한 글자를 음미하고 가슴에 새기며 썼다는 느낌이 든다. 글자 사이에 깃든 호흡이나 여백, 리듬 같은 것까지 알알이 새겨 옮겨 쓴 글이란 생각마저 든다. 선배 시인의 문체와 숨결은, 필사까지 하며 그 시를 동경한 후배 시인의 마음 안쪽까지 깊숙이 스며들었을까?

1912년생 백석白石(1912-1996)에게서 받은 1917년생 윤동주의 영향에 천착한 김응교 작가의 《서른세 번의 만남, 백석과 동주》 앞부분에 실린 사진을 보는 마음이 내내 뭉클했다. 백석의 시집 《사슴》을 윤동주가 필사한 원고의 사진들이다. 1937년 8월 5일이 필사한 날이라 적혀 있으니, 윤동주 나이 스무 살 때다. 기념비적인 시집인 《사슴》이 당시 겨우 100부 한정판으로 출간되었기에 간도 출신의 시골뜨기 시인 지망생이던 윤동주에게까지 시집이 가닿을 리 없었을 것이다. 하는 수없이 윤동주가 도서관에서 시집을 "진종일을 걸려 정자로 베껴" 썼다는 것이 동생 윤일주의 증언이다. 스무 살 윤동주는 왜 하필 백석의 시를 한 땀 한 땀 옮겨 쓴 것일까? 정지용鄭芝溶(1902-1950)도 아니고 김기림金起林(1908-?)이나 이용악李庸岳(1914-?), 서정주徐廷柱(1915-2000)가 아닌 백석의 시를 말이다.

랴오닝성, 헤이룽장성, 지린성을 아우르는 중국의 동북 3성은 총성 없는 역사전쟁이 벌어지고 있는 곳일뿐더러, 조선 후기 연경을 오가던 사신들을 통해 서구의 근대 문물이 들어온 길이도 하다. 일제강점기에는 조선 본토의 극심한 탄압을 피해 격렬한 독립운동이 펼쳐진 곳도 여기였다. 국경을 맞대고 있는 북한의 언어, 풍속, 문화, 음식 등을 상상하고 가늠해볼 수도 있다. 편안함을 좇는 이들에겐 매력 없는 여행지겠지만, 분단의 역사와 한민족 문화의 원형을 더듬어 좇는 여행자에겐 가고 또 가도 모자란 여행지가 이곳이다.

이곳은 빼어난 시인들의 땅이기도 하다. 윤동주, 백석, 이육사 등이 태어나거나 활동하거나 노래한 곳이 모두 여기에 있다. 그러나 육사는 해방을 보지 못한 채 1944년 베이징에서 옥사했고, 백석은 해방 후 고향인 북한 땅으로 돌아와 그곳에 잔류함으로써 잔북殘北 작가가 되어 1990년대 중반 사망한 것으로 전해진다. 무덤을 만날 수 있는 것은 이곳 출신인 윤동주뿐이다.

윤동주의 두만강에서

만주의 룽징에서 10여 킬로미터 떨어진 명동촌의 윤동주 생가와 마을을 둘러보다가 시인의 묘지가 인근 산 어딘가에 있다는 얘길 듣고 택시를 잡아 타 눈 덮인 산을 찾아갔다. 이렇다 할 안내판이 없던 야산 공동묘지에서 발목까지 푹푹 빠지는 눈길을 헤치며 시인의 묘지를 찾는 일은 고되고도 막막했다. 두어 시간 만에 어렵게 찾은 시인의 무덤은 비석 몇 기가 있을 뿐 평범했다. 옆에는 사촌이자 평생의 동지로 그보다 먼저 신춘문예에 등단함으로써 윤동주의 문학 입문에 깊은 영향을 준, 또 생몰연대까지 똑같은 '청년 문사' 송몽규宋夢奎(1917-1945)가 잠들어 있다. 두 요절한 청년의 묘지는 오랫동안 찾는 이 없이 깊은 침묵과 어둠 속에 버려져 있다시피 했다. 거기에는 기구하다 할 수밖에 없는 사연이 있다.

룽징에서 학업을 마친 윤동주는 평양 숭실학교와 서울 연희전문학교에 이어 도쿄의 릿쿄대학과 교토의 도시샤대학에서 학업을 이어갔다. 태평양전쟁의 패색이 짙어지는 가운데, 일군의 유학생들과 함께 독립운동 혐의로 투옥되었고 알 수 없는 생체실험에 희생되어 1945년 2월 16일 후쿠오카 형무소에서 옥사하고 만다. 그의 부친이 화장한 시신을 수습해 이곳 룽징에 안장한 뒤 시인의 묘지는 사람들의 기억 속에서 까맣게 잊혔다. 중국이 공산화되고 한반도가 분단됨으로써 남한 사람들은 1992년 한중수

윤동주가 태어난 명동촌의 마을 입구에서 바라본 겨울 풍경.
저 설산 너머 어딘가에 시인의 조상들이 건너온 두만강과 한반도가
웅크리고 있을 것이다. 바위에 한자로 새겨진 시가
경계인으로 살았던 시인의 삶을 보여준다.

교 전까지 만주와 옌볜 땅을 밟을 수 없었고, 혁명의 격랑 속에서 시인의 이름은 중국에서도 한동안 금기시되었다. 그러다가 옌볜의 한 대학에 부임하게 된 일본인 교수 오무라 마스오에게 시인의 동생 윤일주 교수가 부탁해 곡절 끝에 오래 잊혔던 묘지를 발굴해 찾아낸 것이 1985년 5월의 일이다. 한중수교 뒤 옌볜 여행이 가능하게 되었으나 시인의 묘지는 여전히 큰 관심을 받지 못했다. 백두산과 옌볜, 룽징, 시인의 탄생지인 명동촌을 답사하는 여행 상품에도 도로포장도 제대로 안 된 산 중턱의 묘지는 대체로 생략하는 코스였다. 누가 빠듯한 여행 일정에 애써 시간을 내어 묘지를 찾는단 말인가.

2016년 2월, 소문으로만 듣던 윤동주의 묘지를 처음 찾아갔을 때도 묘지에 대해 아는 사람이 많지 않았다. 이 일대를 잘 아는 사진작가 두 명과 동행했는데, 그들 역시 시인의 묘지에 대해선 잘 몰랐다. 그들과 눈 덮인 산을 한참 헤맨 뒤에야 간신히 묘지를 찾을 수 있었다.

내게 윤동주의 생가와 묘지가 있는 명동촌 부근은 늘 가까운 곳에 흐르는 두만강과 더불어서 기억된다. 그의 시와 두만강을 통해 함께 떠올리는 계절은 겨울이다. 〈경주〉와 〈군산〉이란 영화를 만든 조선족 영화감독 장률의 작품 중에 〈두만강〉이란 영화가 있다. 이 영화에서, 한겨울 꽁꽁 언 두만강을 건너온 굶주린 북한 아이가 조선족 아이들과 축구를 한다. 그 영화를 보면서도 윤동주를 떠올렸다. 명동촌이 속한 허룽현은 물론 룽징, 토문 등이 모두 두만강 강변의 도시다. 증조부 때 함경도에서 넘어와 정착한 북간도 명동촌. 그곳에서 성장했던 윤동주의 유년에는 어떤 것들이 함께하고 있었을까.

> 어머님, 나는 별 하나에 아름다운 말 한 마디씩 불러 봅니다. 소학교 때 책상을 같이 했던 아이들의 이름과 패, 경, 옥 이런 이국 소녀들의 이름과 벌써 애기 어머니 된 계집애들 이름과, 가난한 이웃 사람들의 이름과, 비둘기, 강아지, 토끼, 노새, 노루, 프랑시스 쟘, 라이너 마리아 릴케, 이런 시인의 이름을 불러 봅니다. 이네들은 너무나 멀리 있습니다. 별이 아슬히 멀 듯이
>
> — 윤동주 〈별 헤는 밤〉 (1941.11.5.)

윤동주가 존경한 선배 시인 백석의 시 〈흰 바람 벽이 있어〉에 이 부분과 겹치는 비슷한 단어들이 등장한다. 프랑시스 쟘Francis Jammes과 라이너 마리아 릴케Rainer Maria Rilke의 이름이나 명사들을 나열해 읊조리는 방식이 너무도 흡사하다. 백석의 시가 조금 앞서니, 동주가 백석을 표절한 것일까?

> 하늘이 이 세상을 내일 적에 그가 가장 귀해하고 사랑하는 것들은 모두 가난하고 외롭고 높고 쓸쓸하니 그리고 언제나 넘치는 사랑과 슬픔 속에 살도록 만드신 것이다. 초생달과 바구지꽃과 짝새와 당나귀가 그러하듯이 그리고 '프랑시쓰 쨈'과 '도연명'과

'라이넬 마리아 릴케'가 그러하듯이.

— 백석, 〈흰 바람 벽이 있어〉 (1941.4.《문장》 26호)

그럴 리가 없다. 윤동주의 〈별 헤는 밤〉이 실린 시집《하늘과 바람과 별과 시》는 손으로 세 부만이 필사되었다. 친구들에게 전해진 그 시집 중 한 부가 기적적으로 남아 해방 뒤 출간된 사정을 헤아려보면, 거기에 어떤 세속적 의도가 있을 수 없다. 우리말로 시를 쓸 수 없던 시절, 자신의 시가 온전히 전해져 살아남고 또 후대에 이토록 널리 애송되리라고는 생각도 못 했을 터다. 사적인 성공이나 명성을 바라 표절을 일삼은 것은 아닐 것이다.

코로나-19가 유행하기 전인 2020년 1월 초, 시인의 묘지 앞에 다시 섰다. 그새 묘지를 알리는 안내판도 세워졌고 낮은 울타리도 둘러 세워졌다. 부드러운 능선의 맞은편 설산은 여전히 깊은 적막 속에 잠겨 있었다. 그 너머 어딘가에 북한 땅이 있고 한반도가 있을 것이다.

시인의 묘지를 다녀온 뒤 룽징으로 돌아왔다. 윤동주의 시에 모두 세 번인가 등장한다는 어릴 적 동네 여자아이 순이. 그 이름과 같은 냉면집에서 연길냉면과 명태찜에 하얼빈맥주를 마셨다. 동북 지역에 오면 즐겨 먹는 음식들이다. 음식에 대한 기호만큼 사람들과의 유대감을 강하게 느끼게 해주는 것이 또 있을까. 그러자 대단한 미식가로 시에 음식 얘기를 많이 썼던 시인 백석이 떠올랐다.

백석의 압록강으로

윤동주의 두만강을 거슬러 올라 백두산을 넘으면 또 다른 경계의 강 압록강을 만나게 된다. 이 강은 내게 시인 백석과 함께 흐르는 강으로 여겨진다. 동주의 '겨울/두만강'이란 항을 염두에 두고 나 스스로 '여름/압록강'을 백석에 빗대곤 했다.

두만강에서 백두산을 오르고 가로질러 압록강으로 내려서지 못하고, 기차를 타고 창춘으로 간 뒤 거기서 다시 압록강변 마을인 지안으로 오는 데 꼬박 하루가 걸렸다. 우리의 KTX와 같은 뚱처动车가 대륙을 누비면서 이웃 도시들을 다만 한두 시간 만에 오가게 됐다. 오래전 만주에 온 백석은 어떤 차편으로 황량한 북방의 도시들을 헤매어 다녔을까.

지린성의 수도로 동북 지방 한복판에 자리 잡은 창춘은 동북아 근현대사에 매우 중요한 도시다. 청나라 후기부터 본격적으로 개발된 이 도시는 북방을 잇는 주요 철도 노선의 합류 지점이 되면서 그 가치가 높아졌는데 1935년 일제는 이곳을 만주국의 수도로 정하며 이름도 신경新京으로 바꾼다. 청나라 마지막 황제였던 푸이溥儀를 만주국의 왕으로 옹립한 일본은 이 도시를 거점으로 중국 침략의 교두보를 쌓았다. 복잡한 정세의 한복판에 놓인 창춘은 당시 조선인들에게도 매우 중요한 지명으로 부상한다. 많은 조선인이 출세나 일확천금, 너른 농토를 꿈꾸며 만주를 찾고 창춘을 찾았다. '비적 떼'로도 불린 무장 독립군들이 이 부근에서 활동했는가 하면, 그 독립군을 토벌하기 위해 일제가 창설한 만주군관학교 같은 곳이 세워진 곳도 신경, 즉 창춘이었다.

1930년대 후반, 우리말로 글을 쓰기 어려워진 조선 본토의 작가들은 이 도시에 와서 문필 활동을 이어갔다. 1938년 '국가총동원법'을 제정해 조선을 전시 체제로 바꾼 일본은 이듬해 1939년 '국민징용령'을 공포했다. 그해 10월이 되면 독립의 희망을 버린 이광수를 비롯한 중견 작가들에 의해 조선문인협회가 결성되어, 이름 좀 있는 작가라면 협회에 들어가 내선일체와 전시동원 체제를 선전할 것이 강요되었다. 우리말로 글을 쓰는 것이 불가능해진 암담한 상황에서 만주행은 문인들의 출구가 되었을 터다. 그런 작가들 가운데 "이 넓은 벌판에 와서 시 한 백 편 얻어가지고"* 고국으로 돌아오겠다며 만주로 향한 시인 백석이 있었다. 그해 10월, 다니던 신문사를 그만둔 백석은 이듬해인 1940년 2월 창춘에 도착한 것으로 알려졌다.

백석은 시인 박팔양朴八陽(1905-1988)과 평론가 이갑기李甲基 등의 도움으로 현재 창춘의 동삼마로 시영주택 35번지에 하숙을 정했다. 그곳은 거의 토굴과 같은 곳으로 생활하기에 몹시 불편하고 불결했던 모양이다. 이어서 창춘의 여러 곳을 전전했다고 하는데 정확한 거처와 이동 경로는 알 수가 없다. 일제강점기 말기에는 신의주 맞은편에 있는 압록강변의 항구도시 안동安東(현재의

---

* 　안도현, 《백석평전》(다산책방, 2014), 236쪽.

단둥)에서 세무 공무원으로 일했고 거기서 해방을 맞았다.

창춘에 도착해 백석이 처음 정착해 살았다는 동삼마로를 찾아갔다. 역에서 동삼마로까지는 시내버스로 채 열 정거장 남짓의 멀지 않은 거리였다. 동삼마로에 내리자 아득한 현기를 느끼지 않을 수 없었다. 주변이 온통 고층 빌딩으로 둘러싸여 있던 것이다. 만주국 시절에도 해마다 인구가 10만 명씩 늘어났다는 이 도시는 팽창에 팽창을 거듭하며 랴오닝성 선양, 헤이룽장성의 하얼빈 못지않은 메트로폴리스로 탈바꿈해왔다. 도시화와 함께 옛 시인의 자취는 흔적 없이 지워졌다. 아쉬움을 뒤로 한 채 버스를 타고 지안으로 향했다.

지안은 동북 지역에서 개인적으로 가장 좋아하는 도시다. 고구려의 첫 수도인 국내성이 있던 곳에다 광개토대왕비와 장군총, 유명한 고구려 벽화들이 있는 까닭만은 아니다. 산수가 온화하고 빼어난 도시의 남쪽으로 갈수록 압록강의 강폭은 매우 좁아져 맞은편 북한 땅이 손에 잡힐 듯 가까운 데다, 맛난 조선족 음식점도 많았다. 그러나 내가 더 사랑한 곳은, 지안에서 이른 아침 버스를 타고 압록강과 함께 흘러 단둥까지 향하던 구불구불한 시골길이다. 그 길에서 삼도하三道河 같은 조선족 마을을 만나기도 했다. 그렇게 강과 함께 흘러갔다. 차창 밖은 80년 전 조선에서 온 시인이 맞닥뜨린 풍경과 어쩐지 흡사해 보일 듯했다.

마침내 단둥. 백석의 제자 김희모에 의해 1942년경 백석이 이 도시에 거주했으며 안동 세관에 다녔다는 증언이 남아 있다. 백

수박이 열면 수박을 먹으며 팔며
감자가 앉으면 감자를 먹으며 팔며
까막까치나 두더지 돌벌기가 와서 먹으면 먹는 대로 두어 두고
도적이 조금 걷어가도 걷어가는 대로 두어두고
— 백석, 〈귀농〉 부분.

차창 밖 만주 벌판의 풍경에서,
오래전 시인이 만주 시절에 쓴 시의 구절들이 떠올랐다.

석이 해방을 맞은 곳이 단둥이었다. 지금의 단둥은 강 건너 신의주와 압록강 철교를 사이에 두고 국경 도시로서의 복잡함을 갖춘 도시다. 조선족 식당과 상점이 모여 있는 거리에서 장기나 마작을 하는 사람들을 보았고, 북한이나 한국으로 가는 여권이며 여행을 알선하는 여행사 포스터와 안내문도 보았다. 그 어느 식당에 주저앉아 또 명태찜에 백주白酒를 시켜 마셨다.

북한과 중국을 오가는 트럭과 차들이 압록강 철교 위를 질주했다. 그 크고 우람한 철교 옆으로는 한국전쟁 때 파괴돼 끊긴 옛 철교가 이제는 관광지가 되어 사람들을 불러들이고 있다. 해방이 되자 백석은 이 철교를 건너 경의선을 따라 격랑의 현대사 한가운데로 흘러 들어갔다. 그 길에 어떤 도시들이 있었던가. 안도현 시인은 백석의 평전 첫머리에, 흡사 그 도시들에 대한 '진혼鎭魂'을 하는 목소리로 기차역 이름 하나하나를 불러내고 있다.

신의주, 석하, 백마, 비현, 양책, 남시, 차련관, 동림, 선천, 로하, 곽산, 정주, 고읍. 운전 영미, 맹중리, 신안주, 만성, 숙천, 어파, 석암, 순안, 간리, 서포, 서평양, 평양, 대동강, 력포, 중화, 흑교, 황주, 심촌, 계동, 사리원, 신풍산, 마동, 청계, 흥수, 서흥, 신막, 물개, 남천, 평산, 한포, 금교, 계정, 려현, 토성, 개성, 봉동, 장단, 문산, 금촌, 일산, 능곡, 수색, 신촌, 경성.

— 안도현,《백석평전》, 11쪽에서

486킬로미터에 달한다는 그 길을 필자는 기차로 건너오지 못하고 배를 타고 인천으로 에돌아왔다.

해방된 조국에 돌아온 백석은 어떤 삶을 살았던가. 러시아 시인들의 시를 번역할 정도로 러시아어에 능했던 백석은 오산학교 시절 은사인 고당 조만식의 비서 일을 하다가 북한에서 그대로 한국전쟁을 맞았다. 북한에서의 그의 행적은 안도현의 《백석평전》과 김연수의 소설 《일곱 해의 마지막》을 통해 접할 수 있다. 그가 걸어간 험난했던 길, 몰락으로 치달으면서도 무언가를 소중히 끝까지 지켜낸, 강인했던 초식남의 삶을 그 책들이 들려주고 있다.

1988년 월북 예술인에 대한 대대적인 해금이 이루어지면서 백석의 시도 남한 독자들에게 처음 선을 보였다. 해금 직후 처음 인기가 높았던 문인은 시인으로는 정지용, 이용악, 김기림이 앞섰고, 소설가로는 이태준, 박태원, 이기영李箕永(1895-1984) 등이 조명되었던 것 같다. 백석 열풍은 비교적 서서히 일었음에도 2000년대에 이르러 가장 널리 읽히는 시인으로 자리매김하게 된다. 해금된 직후 친구가 권해준 시 〈남신의주유동박시봉방南新義州柳洞朴時逢方〉을 처음 접했을 때의 그 아득한 쓸쓸함과 아름다움, 감동을 지금도 잊지 못한다.

월북 문인 해금 당시만 해도 백석은 1950년대 후반 대숙청 시기에 임화, 이태준과 함께 숙청돼 탄광지대로 보내졌고, 노역을 하다가 얼마 뒤 생을 마친 것으로 알려졌다. 그런 백석에 대해 새로운 소식이 전해진 것은 2000년대 초반의 일이다. 1980년대 중반 북의 가족들과 찍은 것이라는 사진과 함께 시인이 1996년까지 생존했다는 사실이 뒤늦게 알려졌다. 이만저만한 충격이 아닐 수 없었다. 그러나, 1996년까지 생존해 있다는 사실보다 더 충격적인 것은 사진에 찍힌 시인의 모습이었다. 노년이 된 사진 속 시인은, 1930년대 칠판 앞에 서서 가득한 희망과 환희를 품고 먼 곳을 바라보던 젊고 씩씩한 모습과 너무나도 달랐다. 그 표정에는 노년에 이른 삶의 피로감과 고단함이 담겨 있었다. 그가 백석이 맞다면, 무엇이 그에게서 당당했던 기개와 총기, 환희의 표정을 앗아간 것일까? 단지 육체의 '늙음'만이었을까?

서서히 달아오른 시인 백석 열풍은 뜨거웠다. 그의 시에 등장하는 음식들만을 다룬 단행본이 나왔는가 하면, 평전과 소설도 출판되었다. 한국인이 가장 사랑하는 시인 첫머리에 이제 그가 꼽히고 있다. 급기야 백석이 직접 번역한 러시아나 외국 시인들의 시집까지 소개돼 읽히고 있다. 그가 번역한 시인들 중에 "가장 훌륭한 시는 아직 쓰이지 않았다 / 가장 아름다운 노래는 아직 불리지 않았다"라는 구절로 잘 알려진 터키 시인 나즘 히크메트Nazım Hikmet가 있음을 알고 또 한번 놀라기도 했다. 나즘 히크메트 외에도 백석은 알렉산드르 푸시킨Aleksandr Pushkin, 미하일 레르몬토프Michail Lermontov, 니콜라이 티호노프Nikolay Tikhonov, 드미트리 굴리아Dyrmit Gulia 등 러시아 시인들의 시를 번역했다.

백석의 시를 읽을 수 없던 시절에도 신경림 같은 시인은 어릴 적 읽은 시인을 잊지 못해 그를 시의 교과서로 삼았고, 안도현과 김연수, 김응교 같은 작가들도 그의 열렬한 추종자임을 밝혔다. 백석을 존경한 일본인 친구 노리다케 가쓰오則武三雄는 1963년 쓴 시를 통해 "벗, 백석이여, 살아계신가요 / 살아계십시오 / 백이라는 성과 석이라는 이름의 조선의 시인" 하고 그에 대한 그리움을 토로했다. 젊은 날 백석과 연인이었던 자야子夜 김영한金英韓 여사는 성북동 기슭에 키운 어마어마한 요정 부지를 법정스님法頂 (1932-2010)에게 시주하면서, 그 요정 전체가 백석의 시 한 줄만도 못하다는 유명한 말을 남겼다. 그를 알던 사람도, 한 번도 만나보지 못한 사람도 그를 흠모하게 만드는 매력이 시인에게 있었던 모양이다. 백석(의 시)에 대해 불만을 토로한 유일한 사람이 있다면, 일제강점기 카리스마 넘쳤던 시인이자 평론가였던 카프 서기장 임화林和(1908-1953) 정도가 아닐까 싶다.

그러나 백석을 가장 많이 흠모한 사람은 젊은 날 백석의 시를 열심히 필사했던 윤동주가 아니었을까. 윤동주나 백석 모두 "하늘이 이 세상을 내일 적에 그가 가장 귀해하고 사랑하는 것들은 모두 가난하고 외롭고 높고 쓸쓸하니 그리고 언제나 넘치는 사랑과 슬픔 속에서 살도록 만드신" 시인들은 아니었을까.

백석의 묘지에 대해선 알려진 것이 없고 당연히 찾아갈 수도 없다. 백석에 대해 많은 것이 소개되었지만, 그의 정확한 사망 경위조차 알지 못한다. 그럼에도 윤동주의 묘지를 통해 백석을 떠올리며 여기 소개하고자 했다. 통일이 된다면 가장 먼저 찾고 싶은 곳도 (연암 박지원의 묘지와 함께) 시인 백석의 묘지이기 때문이다.

윤동주와 백석에 대해 관심을 갖고 찾아보다가, 의미심장한 사실들을 알게 됐다. 백석을 배출한 평안북도 정주의 오산학교와 윤동주가 잠시 다닌 만주 룽징의 은진중학교. 우리 현대사에서 이 두 학교가 차지하는 위상에 관한 것이다.

1907년 여름 도산 안창호의 연설을 듣고 감명을 받은 남강南岡 이승훈李昇薰(1864-1930)이 그해 12월 평안북도 정주에 세운 오산학교는 춘원春園 이광수李光洙(1892-1950)를 비롯해 다석多夕 유영모柳永模(1890-1981), 조만식曺晩植(1883-1950), 염상섭廉想涉(1897-1963), 김억金億(1895-?) 등을 교사로 초빙해 평안도 일대 인재들을 양성한 학교였다. 이들에게 배운 사람들 면면이 또한 어마어마하다. 시인 김소월金素月(1902-1934)을 비롯해 시인 백석, 화가 이중섭, 기독교인 함석헌咸錫憲(1901-1989)과 한경직韓景職(1902-2000), 주기철朱基徹(1897-1944)이 이 학교 출신이다. 이승훈의 친척뻘 되는 후손인 이 학교 출신 이기백李基白(1924-2004), 이기문李基文(1930-2020) 역시 남한 역사학, 국어학의 거두가 된다.* 일제강점기를 거쳐 전쟁 뒤 남한 사회 각 분야에서 매우 중요한 역할을 담당했던 인재들이 오산학교에서 꿈을 키워온 것이다.

윤동주가 거쳐 간 룽징의 은진중학교는 함경도 지역 기독교

---

* 　김건우,《대한민국의 설계자들―학병세대와 한국 우익의 기원》(느티나무책방, 2017), 148쪽.

와 깊은 관련이 있다. 오산학교와도 연계된 서북 지역 기독교가 미국 북장로교 관할이었다면, 함경도와 간도 지역은 캐나다 장로회가 맡는 식으로 기독교가 뿌리내리게 되었다. 1920년 2월 룽징에 "하나님의 은혜로 진리를 배운다"는 의미의 은진중학교가 세워졌는데 1936년 부임한 교사 김재준金在俊(1901-1987)을 중심으로 수많은 인재가 배출됐다. 훗날 한국신학대학(한신)의 핵심을 이루는 강원용, 문익환, 문동환, 안병무, 그리고 윤동주와 송몽규 등이 은진중학교를 거쳐간 학생들이다.** 1960년대 이후 남한 민주화운동에 크게 기여한 사람들이 이곳에서 자라나고 있었다. 백석과 윤동주의 주변에 이러한 정신적·학문적 배경이 자리하고 있던 셈이다.

** 김건우, 앞의 책, 176-180쪽.

지안에서 만난 고구려의 묘지들

독립운동가이자 역사학자였던 단재 신채호는 오랫동안 꿈꾸던 중국 집안현(현재의 지안현)을 직접 답사한 뒤 《조선상고사》라는 책에 "집안현을 한 번 봄이 김부식金富軾의 고구려사를 만 번 읽는 것보다 낫다"고 썼다. 어떤 도시이기에 신채호는 이런 찬사를 보냈을까?

지린성 지안현은 압록강을 사이에 두고 북한과 마주하고 있는 크지 않은 도시다. 강폭이 좁아 북한 땅과 매우 가깝다. 지안이 우리 역사에서 특별했던 건 2000년 전 고구려의 정치, 경제, 문화의 중심지였던 국내성이 있던 곳이기 때문이다. 이곳에서 왕국의 기틀을 잡고 위세를 떨치던 고구려는 장수왕 15년, 서기 427년에 도읍을 평양으로 옮겼다. 평양 천도 이전 옛 고구려의 숨결을 더듬어볼 수 있는 곳이 여기다. 지안은 경주와 마찬가지로 무덤의 도시이기도 하다.

남아 전해지는 크고 작은 고분 수만 대략 1만 2000기나 된다.

400여 년간 고구려의 수도를 담당한 곳답게 지안에는 고구려 초기 유적이 많이 남아 있다. 시 동쪽 우산하 고분군에는 광개토대왕비를 비롯해 장군총, 〈수렵도〉나 〈무용도〉 같은 그림들이 나온 무용총 등이 산재해 있다. 7층의 피라미드형으로 조성된 장군총은 높이 14미터에 네 변의 길이가 각각 31.5-33미터에 달한다. 장수왕 혹은 광개토대왕의 무덤으로 추정되는 이 무덤은 지안 일대에 있는 고구려의 고분 중 가장 규모가 크고 비교적 훼손 없는 완벽한 형태로 남아 있다. 장군총에서 멀지 않은 곳에, 이제는 유리관과 누각을 세워 보존하고 있는 광개토대왕비를 만날 수 있다. 장수왕이 부친 광개토대왕의 업적을 기리기 위해 414년에 세웠다는 이 장엄한 비는 높이가 6.39미터로 사진으로 접한 모습보다 훨씬 압도적이다. 돌기둥 네 면에 모두 1774자의 예서체 글씨가 새겨져 있지만 많은 글자가 마모되어 있다. 20세기 초 일본의 건축가이자 도쿄대학 교수였던 세키노 다다시關野貞 일행이 이곳을 찾아 광개토대왕릉을 촬영한 유리 건판 사진을 본 적이 있다. 탁 트인 들판 한가운데 우뚝 선 높이 6미터가 넘는 비석은 그 자체로 엄청난 스펙터클을 보여주는 장소였을 것이다. 신채호가 낯선 땅 지안에서 느낀 감격과 흥분에도 광개토대왕비가 큰 인상을 남겼을 터다. 이 기념비적인 비석은 여기선 광개토대왕비라는 이름이 아닌 '호태왕비好太王碑'로 불린다.

광개토대왕비에서 멀지 않은 곳에 고구려 왕릉인 무용총舞踊塚이 있다. 궁릉 형식으로 된 무덤 안에 무수한 그림이 그려져 있는데, 유명한 수렵도를 비롯해 무용을 하는 고구려인들의 그림이 발견됐다고 하여 무용총이다. 보존을 이유로 원본 벽화를 보긴 어렵고 조악하게 인쇄된 사진들이 전시관에 진열되어 있었다. 사냥대회에 참가해 말을 타고 호랑이들을 사냥하는 사람들, 당시 복식과 풍속을 보여주는 그림들은 우리에게도 매우 친숙한 그림들이다.

가장 장엄한 무덤들은 시에서 북쪽으로 2.5킬로미터 떨어진 환도산성丸都山城에서 만날 수 있다. 해발 676미터의 환도산 능선을 따라 구축된 산성은 원래 있던 흔적 위에 새로 쌓은 돌무더기가 공존하는 모습이다. 산성에 올라서면 지안시 북부의 유려한 산세와 마을, 발아래 수십 기 무덤이 늘어선 풍경을 볼 수 있다. 그 모습이 자못 신비롭고 장엄하다. 동구고묘군洞沟古墓群 혹은 산성 아래 있다 하여 산성하귀족묘지山城下贵族墓地로 불리는 이곳은 고구려 귀족들의 무덤들로 추정된다. 이 산성과 묘지에, 한겨울 눈이 덮였을 때와 한여름 초록이 무성할 때 찾아왔다. 이 거대한 무덤군이 지안에서 본 가장 압도적인 풍경이었다.

지안시 역시 중국 동북공정의 주요 전략지가 되어 한중 간 총성 없는 역사 전쟁이 진행되는 곳이다. 여기서 멀지 않은 곳에 경술국치 이후 독립운동가들이 세운 경학사와 신흥무관학교 터가 있을 것이다. 해방 직전까지 단둥시 세관 직원으로 근무했던 백석이며 독립운동가들도 지안의 이 유적들을 보았을까? 또 어떤 사람들이 이 땅과 강, 무덤들을 보았을까? 흩어진 유적과 무덤들은 무엇을 증언하고 있는가? 역사는 말이 없다. 저 무수히 버려진 무덤들처럼.

12

식민지 시대에
리얼리스트로 사는 법

염상섭, 채만식, 최남선, 현진건

봄, 횡보 선생을 만나다

'사실주의'로 번역되기도 하는 '리얼리즘'은 문학의 한 사조, 장르이기에 앞서 세상을 바라보는 관점이자 삶의 태도까지를 아우르는 말이다. 리얼리스트로 산다는 것은 단순한 글재주를 의미하는 것이 아니라 땅에 굳건히 발을 딛고 부릅뜬 눈으로 현실을 직시하겠다는 인생관과 세계관에 가닿는다.

우리 근대 문학에서 '리얼리스트'라는 이름을 붙일 만한 첫 소설가는 누구일까? 횡보 염상섭을 거론한다면 별다른 이의 제기를 받지 않을 것이다. 본격적인 근대 문학가로 이광수와 김동인이 조금 앞서지만 초기의 김동인은 리얼리스트라기보다 탐미주의 문학을 펼친 작가였고, 이광수 역시 계몽적인 한계를 보였다. 그런 의미에서 염상섭의 소설들, 특히 1920년대 우리 소설의 '예외적인 성취'로 꼽히는 《만세전》이 가지는 의미는 크다.

"조선에 만세가 일어나던 전해의 겨울이었다"로 시작하는 염상섭의 《만세전》의 원래 제목은 《묘지》였다. 동경에 유학 중인 화자 이인화가 서울에 있는 (그다지 사랑하지 않는) 처가 위독하다는 급전을 받고 일본에서 서울까지 올라오는 여정을 중심으로 소설이 진행된다. 도쿄에서 고베, 시모노세키로, 거기서 배를 타고 부산, 대구로, 또 김천에 들렀다가 기차를 타고 대전과 서울 집에 도착하는 여정이 차분하게 이어진다. 그 귀로에서 여러 일본인, 조선인을 만나고 그들을 통해 조선의 현실을 관찰하고 고뇌하며 담담히 이야기를 펼쳐나간다. 나라 잃은 슬픔이나 분노는 온데간데없이 속물적인 욕심과 출세를 지향하는 사람들을 접하며, 경술국치 이후 당시 조선 상황을 "구더기가 우글우글하는 공동묘지"로 묘사하고 환멸을 분출하는 지식인 이인화의 관찰은 차분한 목소리에서 곧잘 격정으로 바뀌곤 한다.

1918년, 만세운동 한 해 전의 각종 통계 자료나 신문 기사, 사진을 통한 사실들은 쉽게 접할 수 있겠으나 당대 사람들이 느낀 감정이나 고민, 생각, 그리하여 당시 식민지 조선에 흐르던 갑갑했던 공기는 이런 소설 작품들을 통해서 느낄 수 있을 것이다. 이것이야말로 소설, 그중에서도 잘 지어진 리얼리즘 소설들이 안겨주는 값진 선물이 아닐까.

《만세전》의 농밀했던 심상을 안고 서울 도봉구 방학동에 있다는 횡보 염상섭의 묘지를 찾았다. 한 해 전 늦가을에 찾아가 엉뚱한 산자락을 뒤지며 헤매다 간신히 찾은 혜화동성당 방학동묘지 입구. 그러나 곧 어두워져 묘지의 문을 닫아야 한다며 다음에 오라고 묘지 관리인이 일러주었다. 겨울 지나 봄이 왔고 산천에 연둣빛, 분홍빛이 스미고 번지는 날을 맞아 다시 그곳을 찾았다.

관리원이 일러준 대로 큰길을 따라 대략 500여 미터를 오르니 길가 우측에 염상섭 묘지를 알리는 표지석이 발걸음을 멈추게 했다. 그 샛길을 따라 조금 더 올라가니 야트막한 산비탈 앞쪽에 작가의 묘지가 보였다. 둔덕으로 올라서서 묘지를 등지고 내려다보니 연둣빛 버드나무와 분홍빛 벚꽃이 온 산에 난만했다. 긴 겨울 지나 새롭게 돋아나는 대지의 빛깔은 몽롱하게 사람을 흥분시켰다. 연두는 초록보다 강했고, 분홍은 빨강보다 진했다. 봄물이 오른 공동묘지의 수풀 너머로 빽빽한 아파트촌이 우뚝 솟아 있었다.

염상섭이 묻힌 혜화동성당 묘지 인근에는 세종대왕의 딸인 정의공주 묘와 연산군 묘 등 왕릉들이 있는 북한산 둘레길 20길이 이어진다. 근처에 김수영문학관이 있고 간송 전형필의 묘지와 옛집도 있다. 혜화동 성당 묘지에는 홍성유 외 몇 분 소설가의 묘가 더 있다 했는데 찾을 엄두는 나지 않았다.

채만식蔡萬植(1902-1950)이나 이기영 같은 걸출한 리얼리즘 작가가 등장하고 박태원朴泰遠(1909-1986), 김유정金裕貞(1908-1937), 이태준李泰俊(1904-?) 같은 세련된 모더니스트들이 곧 등장하지만, 염상섭의 문학사적 위치는 한국전쟁 뒤까지 변함없이 지속된다. 채만식의 《탁류》와 더불어 일제강점기 최고의 리얼리즘 소설로 꼽히는《삼대》와 〈취우〉, 〈두 파산〉 등으로 염상섭은 말년까지 굳건한 문단 내 위치를 지켜갔다. 일제강점기와 한국전쟁 등의 격변기와 정확히 겹치는 일생을 통해 염상섭은 장편 16편과 160여편에 이르는 중단편 소설을 발표했다. 이들 소설은 시대의 감정과 역사의 울분을 여실히 보여주는 사회학적 소설로 승화되었다. 한국 근대 문학 여명기의 대표 주자들인 이광수, 최남선, 김동인 등이 일제 말기 어마어마한 친일파로 돌아서고, 카프 작가들마저 일본의 압력에 무릎 꿇어 친일 행적을 쌓아갈 때, 염상섭은 만주로 건너가 활동함으로써 친일 경력에서 어느 정도 자유로울 수 있었다.* 해방 이후에는 좌우익 양쪽 문학으로부터 비판적 거리를 두고 활동했고, 말년에는 학생들의 4·19 민주혁명을 옹호하기도 했던 그는 서라벌예대 교수와 학장을 역임했다. 말년까지 월세 집에 살며 생활고에 시달리다 1963년 직장암으로 67세에 사망했다. 광화문 교보문고 부근, 벤치에 한쪽 팔을 올리고 앉은 염상섭의 청동상을 마주할 때마다 고난의 시대로부터 놓여난 해방감이나 편안함 같은 것이 느껴지곤 했다.

채만식의 묘지는 어디 있는가?

군산과 채만식의 관계는 단단하다. 춘천과 김유정, 통영과 박경리, 장흥과 이청준李清俊(1939-2008), 청송과 김주영의 조합도 단단하지만, 군산과 채만식의 조합도 그 목록에 올릴 만하다. 서울

---

* 그러나 그가 편집자 겸 주필로 있던 《만몽일보》나 《만선일보》가 일제의 만주 기관지 성격의 신문이라 그 역사도 친일 이력에서 자유로운 것은 아니다.

중앙고등학교를 나온 데다 많은 작품이 서울과 다른 지역을 배경으로 하고 있지만, 대표작 《탁류》를 통해 그는 고향 군산과 단단히 연결되어 있다.

군산 원도심 일대를 걷다가 전주 쪽으로 향하던 길에 군산 임피면을 알리는 표지판이 보여 거의 충동적으로 차를 돌렸다. 작가 채만식이 태어난 곳, 과거에 옥구에 해당하는 곳이 임피다. 그의 묘지도 거기 있다고 들은 터라 한번 찾아보고 싶었다.

채만식은 일제 말기 (많은 작가가 그랬듯) 안타깝게도 친일 경력을 갖게 된 사람이다. 소설을 참 잘 쓴 작가로 염상섭과 함께 묵직한 리얼리즘 장편을 내놓은 드문 작가다. 군산이 배경인 《탁류》는 그 시야가 매우 넓은 느낌을 주고, 《태평천하》의 해학과 풍자는 타의 추종을 불허한다. 우리 문학사에서 《탁류》의 악인 장형보와 《태평천하》의 윤직원 영감은 오래오래 기억될 입체적인 캐릭터다. 일제강점기의 〈레디메이드 인생〉이나 〈치숙〉, 해방 뒤에 쓴 〈논 이야기〉며 여러 소설도 그가 꽤 탁월한 리얼리즘 작가임을 입증한다. 그러나 내가 채만식의 묘지를 향하며 떠올린 소설은 자신의 친일 경력에 대한 처절한 반성과 자조를 담은 〈민족의 죄인〉이다. 역시 탁월한 글쟁이인 이태준이 쓴 〈해방전후〉와 더불어 자신의 친일 경력에 관해 진지하게 성찰한 드문 작품이며, 해방 직후 문인들의 고뇌를 잘 보여주는 소설이기도 하다. 문단의 대부분을 차지했다고 할 만한 친일 경력 작가 중에 이 정도의 반성을 한 사람은 많지 않다. 시인 임화는 글이 아니라 문학좌

담회 같은 걸 열어 이 문제를 공론화함으로써 친일 문제를 돌파하고자 했다. 그러나 채만식, 아니 〈민족의 죄인〉의 화자는 극심한 생활고와 조여 오는 일제의 압박으로 말려들 수밖에 없던 친일 부역의 경력에 괴로워하며 스스로를 "민족의 죄인"으로 규정하고 낙향해 화병까지 얻어 앓아눕는다.

> 많은 수효의 영리한 사람들이 저의 이익과 안전을 도모하기 위하여 진심으로 일본 사람을 따랐다. 역시 적지 아니한 수효의 사람이 핍박을 받을 용기가 없어 일본 사람에게 복종을 하였다. 복종이 싫고 용기가 있는 사람은 외국으로 달리어 민족 해방의 투쟁을 하였다. 더 용맹한 사람들은 외국으로 망명도 않고 지하로 숨어 다니면서 꾸준한 투쟁을 하였다. 용맹하지도 못한 동시에 영리하지도 못한 나는 결국 본심도 아니면서 겉으로 복종이나 하는 용렬하고 나약한 지아비의 부류에 들고 만 것이었다.
>
> ─ 채만식, 〈민족의 죄인〉에서

낙심한 채 해방기를 보내던 채만식도 전쟁의 암운이 드리운 1950년 6월 11일, 고향이 가까운 전북 이리(익산)에서 폐결핵으로 사망했다. 결핵은 당시 치료가 가능한 병이었지만 가난에 찌든 채만식은 그럴 돈조차 마련하지 못해 쓸쓸하게 세상을 떠났다.

예전에 서울에서 군산에 갈 때면 한참을 에돌아가는 장항선 기차를 이용하곤 했다. 종점인 장항역 부근에 선착장이 있었고

거기서 통통배를 타고 금강 하구의 물길을 건너면, 그때까지만
해도 활기가 넘쳐나던 군산 째보선창에 닿았다. 십수 년 전부터
그 일대가 정비되고 해망동 달동네가 철거되더니 부두가 새만금
쪽 비응항으로 옮겨갔다. 장항과 군산 사이에는 긴 다리가 놓였
다. 그 원도심 일대에 몇 해 전 '탁류 길'이 조성되고 소설 《탁류》
를 기념하는 기념물과 전시관, 문화 프로그램이 생겼다.

소설 내용도 그렇지만, '탁류'라는 표현은 깊은 울림이 있다.
잿빛의 탁한 바다. 이 바다에 서양 배들이 출몰하기 시작했고 김
제평야의 풍부한 곡식과 염전에서 얻은 소금이 배에 실려 바다를
건너갔다. 침략과 수탈의 바다. 이를 은유하는 데에 '탁류'만큼
맞춤한 표현이 어디 있을까. 이것이 코발트빛 동해와는 다른 탁
한 서해의 감수성이다.

임피에서 한참을 헤맸는데 채만식의 묘지를 찾을 수 없었다.
관광 안내판에는 작가의 생가며 그의 집필실, 그의 묘지까지 제
법 크게 그려져 있는데 내비게이션으로도 검색이 안 되었다. 좁
은 임도를 오가며 상주사라는 절 부근을 헤매다 돌아 나왔다. 군
산 시내에는 《탁류》를 테마로 한 순례길과 박물관이 조성돼 있는
데, 정작 고인의 묘지는 이렇게 버려지다시피 하여 관심을 못 받
고 있다. 친일 이력이 문제가 된 것일까? 종종 문학 답사단이 군
산으로 기행을 오며 그 코스에 채만식의 묘를 답사하는 모양이
다. 그 모임에 끼어야 작가의 묘지를 만날 수 있을까?

우리 문학사의 불행, 친일문학

불행하게도 친일 혐의에서 자유로운 작가를 찾기란 상당히 어려운 일이다. 평론가 한형구에 의하면, 조선어로 된 매체가 모두 폐간되고 총독부 기관지인 《매일신보》만 남게 되는 1941년에 이르러 친일문학, 전시문학이 작가들에게 강요되었다고 한다. 작가들은 "절필을 하거나, 아니면 살아남기 위해 일본어로 창작을 수용하는 반민족 행위, 혹은 조선어를 통해서나마 내용적으로 체제에 협력하는 전시 부역 행위"* 등을 감당해야 했다.

제2차 세계대전이 끝난 뒤 나치 부역자들에 대한 재판이 집행되었던 프랑스에서 탁월했던 소설가이자 시인이었던 로베르 브라실라크Robert Brasillach는 파리 근교에서 총살되었다. 많은 문인이 그의 사면을 바랐지만 그를 용서해서는 안 된다는 여론이 더 컸다. 부와 명예만큼이나 말과 글로 부역한 사람들에게도 큰 벌을 줘야 한다는 당시 프랑스인들의 인식을 반영한 처사였다.

20세기 최고 철학자로 불린 마르틴 하이데거Martin Heidegger가 프라이부르크대학교 총장을 지내며 잠시 나치에 동조한 이력은 오랫동안 서양 철학계를 괴롭혔다. 전쟁이 끝난 뒤 프랑스 군정은 그를 "나치에 복종하지 않은 (나치의) 동행자"라고 애매하게 규정했고, 한때 하이데거의 철학을 "가장 아름다운 철학"이라 불

---

* 한형구, 〈작품 해설〉, 《채만식 단편선―레디메이드 인생》(문학과지성사, 2004), 358쪽.

렀던 레비나스를 비롯한 후배 철학자들은 평생 그를 용서하지 않았다. 글을 쓰고 사유를 펼치는 일의 준엄함이 여기에 있다.

춘원春園 이광수李光洙(1892-1950)는 한국전쟁 때 납북된 뒤 생사가 불투명한 작가다. 출세작인 《무정》이래 대한민국 대표 작가의 자리를 내놓은 적이 없던 춘원의 친일 행적과 전쟁기의 실종은 우리 문학사의 큰 불행이 아닐 수 없다. 생전에 춘원을 잘 알고 지냈던 수필가 피천득皮千得(1910-2007)은 〈춘원〉이라는 수필에서 "춘원은 마음이 착한 사람이다. 그는 남을 미워하지 못하는 사람이다"라고 먼저 밝힌 뒤, "그는 산을 좋아하였다. 여생을 산에서 보내셨더라면 얼마나 좋았을까. 그는 아깝게도 크나큰 과오를 범하였었다. 1937년 감옥에서 세상을 떠났더라면 얼마나 다행한 일이었을까"**라며 춘원의 친일 행적을 안타까워했다.

이광수의 뒤를 이은 김동인金東仁(1900-1951)의 친일 행적은 더욱 처참했다. 한국전쟁이 일어나자 김동인은 미처 피란을 가지 못하고 빈집에 남겨져 지병으로 사망했다. 누구도 돌보지 않는 쓸쓸한 죽음이었다. 이들의 비극은 개인의 비극으로만 끝나지 않는다. 적극적인 친일 부역자였던 이들이 여러 지면에 남긴 부역의 글들은 우리 문학사의 가장 불행한 흉터로 남게 되었다.

이광수, 홍명희洪命憙(1888-1968)와 함께 조선의 3대 천재로 불린 육당 최남선은 한국전쟁에서도 살아남았다. 말년에 천주교로

** 피천득,《인연》(샘터, 2002), 151쪽.

개종한 그의 유해는 천주교 용인공원묘원에 묻혔다. 용인의 천주교 묘지에서는 김수환金壽煥(1922-2009), 정진석 추기경을 비롯해 김영랑, 박완서, 최인호, 전혜린, 유재하, 황병기 등의 유명인 묘지를 만날 수 있는데, 거기서 만난 묘지 중 가장 넓고 화려하게 조성된 묘지가 육당의 묘였다. 천주교 묘원임에도 불구하고 유교적 풍습이라 할 수 있는 묘지 앞 석물을 배치한 것이나, 훗날 적극적으로 친일에 가담한 그가 3·1 만세운동을 위해 쓴 〈기미독립선언문〉이 새겨진 비석을 묘 앞에 세운 것에도 많은 생각이 들었다.

일제강점기 또 한 명의 탁월한 리얼리스트였던 현진건의 경우는 특별하다. 시인 이상화와 함께 대구 출신인 현진건은 임시정부에서 활동하다 체포돼 사망한 친형 현정건으로 인해 항일의식을 갖게 되었다. 동아일보 기자로 있을 때, 베를린올림픽 금메달리스트 손기정 선수의 사진에서 가슴에 일장기를 떼어내 1년간 옥살이를 한 것은 현진건의 가장 적극적인 항일운동이었다. 일제에 부역하지 않은 지식인들에게 돌아오는 극심한 생활고와 압박은 현진건의 죽음을 앞당겼을 것이다. 유언에 따라 화장하여 지금의 서초구 인근에 매장되었으나 강남이 개발돼 묘소가 사라지면서 그 유해가 한강에 뿌려졌다고 한다. 현진건의 묘지는 사라졌지만 2005년 독립운동의 공적을 인정받아 대통령 표창을 추서 받았다. 더 많은 현진건, 이상화, 이육사가 있었다면 우리 문학사는 얼마나 풍요롭고 행복했을까.

남한만의 문학이 탄생한 자리

김동리, 서정주, 황순원, 조지훈

남과 북에 단독정부가 세워진 1948년 무렵이면 작가들의 월남과 월북 행적이 어느 정도 마무리된다. 분단된 남한 문단의 주도권을 잡은 이들은 조선문학건설중앙협의회(문협)의 중추 세력을 이룬 청년문학가 김동리金東里(1913-1995), 조연현趙演鉉(1920-1981), 서정주 등이었다. 1930년대 중반부터 순수문학론을 펼쳐 논객으로서의 입지를 굳힌 김동리는 해방 뒤 평론과 결의문, 조직과 언론 활동에서 발군의 능력을 발휘하면서 우파 문단의 실세가 되었다. 청년 시절부터 절친했던 김동리, 조연현, 서정주의 지향은 순수문학론으로 요약될 수 있으나 전쟁 시기에서는 전시문학론을 펼치고 국방부 소속 문총구국대와 종군작가단 활동을 하는 등 지극히 정치적인 모습을 보인다. 폭력과 야만, 분단과 전쟁이 휩쓴 격변의 세월 속에 '순수'가 애초 가능하기나 한 것이었을까?

　전쟁 이후부터 1990년대 목전까지 세 사람은 우리 문단을 쥐고 흔든 가장 큰 세력을 형성했다. 문단의 등용문이 된 잡지 《현대문학》을 쥐고 있던 조연현의 권력이 앞서는가 싶었지만, 1954년부터 서라벌예대 문예창작과 교수와 학장을 역임한 김동리의 권력도 무시하지 못할 것이었다. 막역한 친구 사이였던 세 사람은 한국문인협회 이사장직을 번갈아 맡는 과정에서의 암투를 통해 1970년대 초 갈라서게 된다. 상대에 대한 비방과 후배 문인 줄 세우기, 지방 문인들을 동원하며 치른 금품선거의 타락 속에서 그들이 주창한 순수문학의 이상을 발견하긴 쉽지 않다. 세 사람이 한국문인협회 권력을 장악했던 시대는 박정희, 전두환의 군사독재 시기와 정확히 겹친다. 일군의 젊은 문인들이 불의에 저항해 싸울 때 그들은 독재자들을 찬양하고 악법을 지지하며 권력에 영합하는 모습을 보였다. 남한의 문학은 다양성을 추구하는 대신 이들의 순수문학론과 반공 이데올로기로 표준화되어왔다. 한국문인협회의 막강한 권력은, 1974년 자유실천문인협의회라는 대안적인 문학 단체가 발족할 때까지 견제 없이 지속되었다.

　김동리의 묘지는 그의 두 번째 부인인 소설가 손소희의 묘와 함께 경기도 광주 오포면 신현동에 있다. 그가 사망했을 때 평생 친구였던 서정주는 "무슨 일에서건 지고는 못 견디던 한국문인 중의 가장 큰 욕심꾸러기. 어여쁜 것 앞에서는 매양 몸살을 앓던 탐미파 중의 탐미파"라는 추모의 글을 남겼다. 묘한 여운이 느껴진다.

전남 고창의 선운사에서 불과 10여 킬로미터도 안 되는 거리에 서정주 시문학관이 있다. 폐교가 된 봉암초등학교 선운분교를 개보수해 2001년 11월 개관한 시문학관은 그의 생가와 이웃해 있고 맞은편 야산에는 그의 묘지가 있다.

탁월한 시인이긴 했지만 친일은 물론 이승만, 박정희, 전두환으로 이어지는 독재를 일관되게 찬양한 대표적 인물이 서정주였다. 이승만을 기리는 전기를 썼고, 박정희 정권에서는 베트남 파병을 촉구하는 시를 발표했으며, 광주민주화운동을 폭력으로 진압한 전두환 정권에 와서는 아예 방송에 나와 그를 지지하고 그의 생일을 축하하는 시를 지어 올리기도 했다. 그의 〈자화상〉이나 〈국화 옆에서〉 같은 시가 아무리 탁월하다 해도, 가미카제 특공대를 찬양한 시나 독재에 아부한 행적을 떠올리면 그 시들에 당최 동화될 수가 없다.

경기도 양평의 소나기마을은 황순원黃順元(1915-2000)의 단편 〈소나기〉를 모티브로 해 조성된 문학공원이다. 황순원이 재직했던 경희대학교와 양평군이 결연을 맺어 마을을 조성하면서 다른 곳에 있던 작가의 묘지도 이곳으로 옮겨왔다. 평안남도 대동군 출신으로 한국전쟁을 피해 월남한 황순원이 고향을 그리며 쓴 소설이 〈소나기〉다. 그런 작가가 평소 양평 부근이 자신의 고향 마을과 비슷하다는 얘길 하며 이곳을 자주 찾았다는 게 여기에 문학관이 들어서게 된 이유라고 한다.

독립운동에 헌신한 부친 황찬영의 장남으로 태어난 황순원의 삶은 1915년생 동갑내기로 사망 연도(2000년)까지 똑같은 서정주의 삶과 사뭇 달랐다. 일본 와세다대학 영문과를 나온 유학파로 일본어에 능통했음에도 일제의 압박 아래 은둔하여 한글로 글쓰기를 멈추지 않았다. 지주계급 출신으로 몰려 북한 정권에서 위협을 받아 월남하게 된 그의 문학 역시 기본적으로 반공문학의 성격을 띠고 있고, 토속적이며 설화적인 세계에 천착했다는 점에서 김동리, 서정주와 비슷한 경향을 보인다. 그러나 황순원이 달랐던 점은 정치와는 늘 일정한 거리를 두고 권력의 중심에 서는 것을 멀리했다는 것이다. 작품으로만 말하겠다는 그의 신념은 잡문이나 다른 글도 멀리하고 인터뷰를 사양하는 등의 원칙으로 철저히 지켜졌다. 김동리와 서정주가 추구했던 순수문학을 올곧게 실천한 사람은 오히려 황순원이 아니었을까 싶다.

황순원과 부인의 합장묘는 소나기마을의 문학관 앞뜰에 마련돼 있다. 깊은 산속 후미진 곳이 아니라 사람들 발걸음이 잦은 장소에 있는 묘지다. 이보다 더 삶과 가까운 묘지를 본 적이 없다.

민주, 노동 열사들이 잠들어 있는 마석 모란공원과 멀지 않은 곳, 마석역 뒷산에 시인 조지훈趙芝薰(1920-1968)의 묘소가 있다. 모친의 묘를 자주 찾고자 1968년 묘를 이장했는데 같은 해 시인도 세상을 등져 모친의 묘지 아래 묻히게 되었다. 외진 곳에 있는 묘지지만 한때는 지인과 제자들이 많이 찾았을 터다.

경북 영양의 유림 집안 출신에다 국회의원을 지낸 부친을 둔 조지훈 역시 한국전쟁기에는 문총보국대를 포함해 각종 반공 문학 단체에서 활동했고 기본적으로는 우파의 자리에 입각해 있었다. 그러나 전쟁 뒤 불의한 현실에 목소리를 높여온 그는 비판적 지식인의 역할에 주저함이 없었다. 기질적으로 세속적 이해나 권력에 타협하기를 거부했고 대의명분에 입각한 선비 정신을 강조해 그 자세가 그대로 삶에 배어 나왔다. 반공 보수주의자였지만 선배 문인들과 달리 이승만과 공화당 정권도 신랄하게 비판했고, 과거의 친일파가 친미파로 변신해 권력 주변을 어슬렁거리는 것에도 강한 혐오와 불신을 표했다. 부패한 자유당 정권을 뒤집어엎고 싶어 했던 그는 정권 말기에는 대학생들이 혁명의 선두에 서기를 요청했다고도 한다.[*] 4·19 민주혁명을 지지하는 교수들의 시국선언문을 기초하고, 1965년 한일협정 비준 반대성명을 주도하는 데 앞장섰던 조지훈은 안타깝게도 1968년, 48세 이른 나이에 유명을 달리했다.

전쟁 뒤 남한 문단의 주도권을 장악한 이들 문인들은 상아탑 안에서도 후학을 양성하며 이후 한국 문단을 좌지우지했다. 김동리가 나중에 중앙대학교에 합병되는 서라벌예대 문예창작과를, 조연현과 서정주는 동국대학교 국문과를 근거지로 해 제자들을 키우고 등단시키며 세를 키워나갔다. 이문구를 비롯해 박상륭, 천승세, 김주영 등 소설가가 김동리가 교수로 있던 서라벌예대 출신이고, 조정

---

[*]   김건우, 《대한민국의 설계자들—학병세대와 한국 우익의 기원》(느티나무책방, 2017), 251쪽.

래, 정채봉, 문정희 등은 조연현과 서정주의 동국대학교 국문학과 출신이다. 경희대학교 국문과 교수가 된 소설가 황순원의 제자로는 조세희, 전상국, 한수산, 고원정, 정호승, 류시화, 이문재, 이성부 등이 있으며 조지훈은 고려대학교 국어국문학과를, 같은 청록파 시인인 박두진은 연세대학교 국어국문학과의 교수가 되어 학맥을 형성해갔다. 20세기 후반의 한국 문학과 문학사가 그들 품에서 나왔다고 해도 과언이 아닌 것이다.

나이든 죽음, 천수를 누린 죽음에는 비극성이 없다고들 한다. 살아서 부와 명예를 누린 사람의 죽음이 대체로 그러할 것이다. 그렇다 해도 작가들이 남긴 글과 작품이 모두 그의 유서이자 말빚(구업口業)이 된다. 작가들에겐 글을 쓰며 살아가는 일이 죽음보다 더 무겁고 준엄한 일일지도 모른다.

13

1950년대가 묻힌 자리
— 망우리 묘지 2

이인성, 이중섭, 채동선, 차중락, 함세덕, 박인환

1950년대가 묻힌 자리

시인 김수영金洙暎(1921-1968)은 친구 박인환의 시를 폄훼하며 1956년 봄 친구의 장례식에 가지 않았다. 친구였던 정지용의 시에 곡을 붙인 채동선蔡東鮮(1901-1953)의 가곡 〈고향〉은 정지용이 월북함으로써 금지곡이 된다. 1946년에 월북한 인천 출신 극작가 함세덕咸世德(1915-1950)은 4년 뒤 전쟁이 터지자 인민군과 함께 서울로 왔으나 며칠 뒤 폭사해 사망하고 만다. 일제강점기부터 천재 화가로 불린 이인성李仁星(1912-1950)은 경찰관과 시비가 붙은 끝에 어처구니없는 죽음을 맞는다. 화가 이중섭은 일본에 있는 가족들을 그리워하다가 개인전마저 경제적으로 실패하자 무연고자가 되어 한 병원에서 눈물과 한숨 속에 쓸쓸히 사망한다. 이인성, 이중섭과 달리 정규 미술교육을 받은 적이 없는 박수근朴壽根(1914-1965)은 돌담이나 맷돌, 고목 껍질 같은 질감의 화풍을 창조해 우리네 농촌 풍경을 그리기 시작한다.

그 무렵 서울 번화가와 시장, 골목에는 소형 카메라를 목에 건 한 청년이 전쟁 뒤 서울 풍경을 흑백사진에 차곡차곡 담아가고 있었다. 신선회 멤버였던 사진가 한영수韓榮洙(1933-1999)다. 태어난 지 여섯 달 된 아이를 둘러업은 우리나라 최초의 여성 영화 감독 박남옥朴南玉(1923-2017)은 야심작 〈미망인〉을 찍으며 배우와 스태프들을 위해 밥을 짓기도 했다. 정비석鄭飛石(1911-1991) 소설 원작의 영화 〈자유부인〉은 대박을 터뜨렸으나 구구한 논란을 불러일으킨다. 매릴린 먼로Marilyn Monroe와 루이 암스트롱Louis Armstrong이 공연을 위해 잠시 한국을 다녀가기도 했다. 한명숙이란 가수가 〈노란 샤쓰의 사나이〉라는, 이제껏 들어보지 못한 노래를 들고 나오자 1950년대는 비로소 끝난 것처럼 보였다. 전쟁이 끝난 뒤, 명동의 대폿집 '은성'에 모인 예술가들은 폐허를 노래하며 스스로 폐허가 되어갔다. 궁핍과 객기, 허무와 요절이 유행처럼 번졌다. 그것이 필자가 그리고 상상해보는 1950년대다.

"'아아 50년대!'라고 말하지 않으면 안 된다"*고 말한 시인도 있었지만, 1950년대는 늘 낯설다. 일제강점기와 1960년대와 1970년대의 중간 지대인 1950년대가 어떤 시대였던가를 물으면 누구도, 어떤 책도 속 시원한 답을 주지 못하는 것 같다. 상대적으로 캄캄한 어둠과 폐허의 안개에 잠긴, 잘 보이지 않는 시대가 1950년대다. 누군가 금지하기라도 한 듯, 누구도 기억하고 싶지 않다는 듯 모두 1950년대에 대해 말하지 않는 것 같다.

그런 1950년대가 묻혀 있다고 생각되는 곳이 망우리 묘지다.

* 고은, 《1950년대》(청하, 1989), 19쪽.

물론 망우리는 유관순, 방정환, 오세창, 한용운 등 일제강점기가 묻힌 곳이기도 하고, 김말봉金末峰(1901-1962)이나 계용묵桂鎔默(1904-1961), 차중락車重樂(1942-1968) 등 1960년대가 묻힌 곳이기도 하다. 그러나 이 묘지에서 무엇보다 1950년대의 죽음을 본다. 그 시작에는 전쟁 발발과 함께 사망한 함세덕과 이인성이 있고 끝에는 죽산 조봉암의 묘지가 있다. 전쟁의 포탄이 직접적으로 그들을 쓰러뜨린 것은 아니지만 전쟁이 그들의 죽음과 무관하다고 할 수 있을까? 인간사의 가장 야만적인 형태인 '전쟁'이라는 제도는 가장 연약하고 소심하며 감수성이 풍부한 예술가들을 누구보다 먼저 희생양으로 삼았다. 1950년대는 어떤 시대였던가?

미술, 좌절과 요절의 시대
— 이인성과 이중섭

1950년대는 문학보다는 미술의 시대가 아니었을까 싶다. 손창섭孫昌涉(1922-2010), 장용학張龍鶴(1921-1999), 김성한金聲翰(1919-2010) 등의 소설가가 인간에 대한 불신과 절망에 빠져 허우적거리고 있을 때, 미술은 색다른 길을 모색하고 있었다. 이중섭이 마지막 활동을 이어가던 무렵, 박수근은 자신만의 '동양적 서양화'를 그리기 시작했고 김환기金煥基(1913-1974), 장욱진張旭鎭(1917-1990), 천경자千鏡子(1924-2015) 등이 두각을 나타내기 시작했다. 이들 화가는 동양 회화의 전통과 인상파적 서양 화풍의 결합을 시도하며 1950년대를 미술의 시대로 만들어갔다.

망우리 묘지에는 이인성과 이중섭이라는, 동시대를 살았으며 근대 서양 회화의 새로운 경지를 개척했고 안타깝게 요절했다는 점에서도 닮은 두 천재 화가가 함께 잠들어 있다. 이인성이 가난한 집안에서 태어나 자수성가한 반면 이중섭은 평안남도의 부농 집안 출신이라는 점, 같은 시대를 살았음에도 서로 교류가 없었다는 점을 증언이라도 하듯, 그들 묘지도 망우리에서 산 능선을 중심으로 각각 반대편에 떨어져 있다.

이중섭, 박수근 등에 비해 오늘날에는 상대적으로 덜 알려졌으나, 1930년대까지만 해도 이인성李仁星(1912-1950)은 "마라톤 영웅 손기정이나 무용가 최승희만큼 유명한 존재"로, "당시 어른들은 그림 그리는 아이에게 '너 이인성 될라고?' 하며 농을 건"넬 정도였다고 하니* 그 명성이 어떠했는지 미뤄 짐작할 만하다. 1912년 대구 출생인 이인성은 동경 유학 때 만난 의사 집안 출신인 김옥순과 결혼한 뒤 안정적으로 작품 활동에 몰입했다. 당시 일본이 한국의 화풍을 일본에 동화시키고자 연 '조선미술전람회'에서 1935년 〈경주의 산곡에서〉로 최고상을 받는 등 여러 차례 수상하며 입지를 굳혀갔다. 그러나 향토색 짙은 이 작품은 일제가 조선을 미개한 식민지로 이미지화하려는 의도에 부합했다

---

* 김영식,《그와 나 사이를 걷다》(골든에이지, 2009), 54쪽.

는 평가를 받기도 한다. 〈경주의 산곡에서〉와 1934년 작 〈가을 어느 날〉만 봐도 그 강렬한 색감과 원시적 이미지가, 향토성을 표현한 것인지 낯선 이국의 풍광을 표현한 것인지 쉽게 판단할 수 없다. 그럼에도 두 작품은 평론가들에게 늘 높은 평가를 받아왔다. 1998년 〈경주의 산곡에서〉가 이중섭의 〈흰 소〉를 제치고 '근대 유화 베스트 10'의 1위를 차지한 바 있다.[**]

첫 부인이 병사한 뒤 폭음과 주사를 일삼던 이인성의 고삐 풀린 기행은 계속되었고, 이것이 화근이 되었다. 전쟁 발발 뒤인 1950년 11월의 어느 밤. 심야 통행금지가 시행되던 때 술을 먹고 밤길을 가다가 검문하던 경찰관에게 "조선의 귀재 이인성을 모르느냐!"고 호통을 쳤는데, 나중에 그가 환쟁이에 불과하다는 걸 안 경찰이 화가 치밀어 이인성을 찾아가 그를 권총으로 쏴 죽였다는 것이다.[***] 어처구니없는 죽음이고 이인성의 중뿔난 성격을 보여주는 일화이기도 하다. 도산 안창호의 빈 묘지 터 가까운 곳에 그의 묘지가 있는데, 그 앞에는 "근대 화단의 귀재―화가 이인성"이라 새긴 바위가 놓여 있다.

능선을 중심으로 이인성 묘지 반대편, 관리사무소 부근에 이중섭 묘지를 알리는 이정표가 산 아래쪽을 가리킨다. 산길을 따라 내려가다 보면 체육시설이 마련된 용마천 약수터와 만나고,

---

[**] 김영식, 앞의 책, 50쪽.
[***] 김영식, 앞의 책, 54-55쪽. 이러한 일화는 이인성의 저격 사건에 작가적 상상력을 보탠 최인호의 에세이 〈누가 천재를 쏘았는가〉에 의존하고 있다.

거기서 오른쪽으로 꺾어 들어가면 한 그루 소나무가 곁에 서 있는 이중섭 묘와 만나게 된다. 소나무와 봉분, 아담한 자연석이 한데 어우러져 묘를 아늑하게 꾸며주고 있다.

그에 대한 글이나 자료를 접할 때마다 인간 이중섭이 (남겨진 사진과 달리) 몹시 유약하고 소심한 사람이라는 느낌을 받곤 한다. 따뜻하고 행복해 보이는 아이들을 그린 그림들이나, 선이 굵고 박력 있는 소 그림들에서조차 그의 슬픔과 나약함이 읽힌다.

1916년 평안남도 부농 집에서 태어나 오산학교를 나왔고 1935년 도쿄로 유학을 떠난 이중섭은 거기서 후배인 야마모토 마사코를 만나 1945년 한국에 건너와 결혼했다. 전쟁과 궁핍을 겪으며 병에 걸린 부인이 어쩔 수 없이 아이들을 데리고 1952년 일본으로 돌아가자, 이듬해 친구인 시인 구상이 만들어 준 선원증을 갖고 일본에 건너가 가족들을 만나고 돌아왔다. 한국에 돌아와 혼자 남겨진 이중섭은 가족을 그리며 외롭고 처절하게 작품 활동을 이어갔다. 가족을 만날 여비를 벌기 위해 1955년 서울 미도파 백화점 화랑과 대구에서 연 개인전이 끝내 경제적으로 실패로 돌아가자 이중섭은 극심한 우울증에 빠지게 된다. 곧 식음을 전폐하고 건강이 크게 악화된 뒤 정신분열증까지 도져 1956년 병원에서 쓸쓸히 사망하고 만다. 병원에서 무연고자로 방치돼 있던 그의 시신은 친구들에게 발견돼 홍제동에서 화장된 뒤 이곳 망우리에 묻혔다. 묘지 옆 소나무의 오롯함과 후배 차근호가 새긴 조각품의 다정함이 어울려 외로웠던 화가의 묘를 따뜻하고 품위 있는 공간으로 만들어주고 있다.

　이인성, 이중섭보다 훨씬 후배로, 한참 유명세를 쌓던 중 병마에 시달리다 1973년 자신의 작업실에서 스스로 목숨을 끊은 조각가 권진규權鎭圭(1922-1973)의 묘지도 망우리에 있다. 1922년 함경도 함흥에서 태어난 권진규는 한국 근대 조각을 대표하는 거장으로 점토로 빚은 테라코타의 흉상을 통해 내면적인 구도의 자세를 형상화하였다. 그러나 국내 미술계의 조각에 대한 몰이해에 불화하고 번민하다가 절망 속에 자살로 생을 마감했다.

음악, 우울한 선율의 시대
― 채동선과 차중락

　"넓은 벌 동쪽 끝으로 옛이야기 지줄대는 실개천이 휘돌아 나가고"로 시작되는 노래 〈향수〉는 월북(혹은 납북) 시인 정지용의 시에 곡을 붙인 노래로, 시인이 1988년 해금되면서 노래로 만들어질 수 있었다. 그런데 똑같은 시인이 지어 그 역시 노래로 불린, 비슷한 제목의 〈고향〉이란 곡이 있다는 것을 아는 사람은 많지 않을 것이다. 다만 몇 소절을 듣고 "이 노래!" 하고 고개를 갸웃할 사람도 있을 것이다. 곡조는 익숙한데 알고 있는 가사와 다르기 때문이다. "고향에, 고향에 돌아와도, 그리던 고향은 아니려뇨"라는 원래 가사가 아니라, "그리워, 그리워 찾어와도, 그리운

옛님은 아니뵈네"라는 가사로 불린, 그 노래다.

정지용의 시에 곡을 붙인 원곡은 해방 뒤 교과서에 실릴 만큼 사랑받는 가곡이었으나 시인이 월북하면서 금지곡이 되었다. 작사가가 월북하자 황급히 아동문학가 박화목朴和穆(1924-2005)에게 부탁해 제목부터 〈망향〉으로 바꾸고 가사도 바꿔 부르다가, 1964년 이은상李殷相(1903-1982)이 새로 가사를 붙인 〈그리워〉로 바꾼 것이 오랫동안 애창곡으로 불리게 되었다. 1988년 작사가 정지용이 해금되면서 비로소 원곡 가사를 되찾게 된다. 하나의 시에 다양한 곡조가 시도되는 경우는 흔하지만, 하나의 곡에 몇 개 다른 가사를 붙인 것은 세계 음악계에도 매우 드문 일이라고 한다.*

작곡가 채동선은 시인 정지용과 일본 와세다대학 동창이었다. 그가 생전에 발표한 가곡이 모두 열두 곡인데 그중 여덟 곡이 정지용의 시에 곡을 붙인 것이라고 한다. 그의 시를 몹시 아끼고 그 시들에서 영감을 얻은 듯하다. 1901년 전남 벌교의 부호 출신인 채동선은 서울로 올라와 제일고보(경기중학)에 입학해 홍난파로부터 바이올린을 배운다. 처음부터 음악가가 되겠다는 뜻은 없었으나, 일본 유학을 떠난 뒤 음악의 열정을 버리지 못하고 독일로 유학해 바이올린과 작곡을 공부했다. 1929년 귀국독주회로 활동을 시작하였으나 일제의 압박이 심해지자 친일 부역의 길 대신 낙향하여 농사일을 돕는 틈틈이 작곡을 해왔다.

* 　김영식, 앞의 책, 84쪽.

음악계의 친일 부역은 다른 예술 장르와 비교하더라도 더욱 처참한 수준이었다. "울밑에 선 봉선화야"를 읊은 홍난파洪蘭坡 (1898-1941)는 물론이고 현재명, 조두남趙斗南(1912-1984), 김동진金東振(1913-2009), 박시춘朴是春(1913-1996), 안익태安益泰(1906-1965) 등의 친일 행적은 말로 다 설명할 수 없을 정도였다. 오래 애창된 가곡인 〈선구자〉(윤해영 시, 조두남 곡)나 〈희망의 나라로〉(현재명 시, 곡) 같은 곡이 모두 작곡가들의 친일 논란에 휩싸였다. "지난 날 강가에서 말달리던 선구자"가 만주의 일본군을 지칭한다거나, "자유 평등 평화 행복 가득 찬" "희망의 나라"가 일제를 뜻한다는 해석이 나올 정도다.[**]

창씨개명과 친일 활동을 거부한 채동선은 친일 작곡가들과 원만한 관계를 유지할 수 없었다. 또한 김순남 같은 좌파 음악가들과도 거리를 유지했다. 해방 뒤 우리 음악 발전에 힘쓰며 많은 곡을 지었고, 특히 전통 민요를 양악 악보로 채보한 공적은 매우 큰 것이었다. 전쟁 발발 뒤 피난지 부산에서 병환이 깊어져 1953년 2월 2일, 53세로 사망한 채동선은 이곳 망우리 묘지에 묻혔으나, 2012년 5월 그의 고향 전남 벌교의 채동선기념관 뒤편 부용산 자락으로 이장되었다고 한다.

망우리 공원묘지에는 가수 배호와 함께 1960년대 대중음악계의 황태자로 군림하며 "오빠 부대의 원조"로 불린 가수 차중락의

[**] 〈굿모닝가곡 ― 재미와 감동이 더해진 100년의 드라마〉(2021년 10월 8일, 예술의전당 콘서트홀 공연) 팸플릿에서.

묘지도 있다. 차도균車道均(1940-), 윤항기尹恒基(1943-)와 함께 "한국의 비틀스"로 불리던 록그룹 키보이스의 멤버였던 차중락은 솔로로 데뷔한 뒤 엘비스 프레슬리의 노래를 번안한 〈낙엽 따라 가버린 사랑〉을 불러 크게 히트했다. 살인적인 일정과 과로에 시달린 끝에 1968년 9월 29일 공연 도중 쓰러진 차중락은 끝내 다시 일어서지 못했다. 그의 인기가 얼마나 대단한 것이었는지는 1969년 그의 묘지 앞에 모인 소녀 팬들의 사진을 통해 확인된다.[*] 그로부터 2-3년 뒤인 1970-71년 어간, 인기 절정의 미국 록 뮤지션들인 짐 모리슨Jim Morrison, 지미 핸드릭스Jimi Hendrix, 재니스 조플린Janis Joplin이 모두 27세에 사망했다. 그래서 27세는 뮤지션들에게 저주의 나이로 불린다. 차중락이 사망했을 때 그의 나이도 27세였다.

문학, 반목과 망각의 시대
― 함세덕과 박인환

망우리에 잠든 유명인들 이름 속에 '함세덕' 세 글자를 처음 접했을 때의 놀람을 어떻게 설명해야 할까. 1988년 월북 문인들이 해금되었을 때 처음 들어본 작가 중 한 명이 극작가 함세덕이

---

[*] 정종배, 《망우리공원 인물열전》(지노, 2021), 431쪽.

었다. 월북한 사람의 묘지가 어떻게 남한 땅에 있을 수 있지?

찾아보니, 1946년 월북한 함세덕이 한국전쟁이 터지자 곧바로 인민군 선무반과 함께 서울로 내려왔는데 갖고 있던 수류탄을 잘못 다루는 바람에 폭사했고 여기 망우리에 묻히게 되었다는 것이다. 기구한 운명을 품은 묘지가 아닐 수 없다.

그의 묘지는 죽산 조봉암의 묘지 맞은편 동원천 약수터 방향으로 한참 내려가야 만날 수 있다. 70여 년 전 사망한 사람의 무덤이지만 묘비는 반들반들한 검정 대리석인데, 김영식의 책에 따르면 1988년 해금된 뒤 그의 가족이 1991-1992년 사이 세운 것으로 추정된다고 한다. 비석 뒤편에 연보가 새겨져 있는데, "1950년 6월 29일 서울에서 전사하다"라는 글귀 중 '전'자가 뭔가 예리한 것으로 훼손된 흔적이 보였다.

1915년 인천 출생인 함세덕은 일제강점기에는 유치진만큼이나 명성이 드높았던 극작가였다. 대표작 〈동승〉을 읽고 꽤 아름다운 희곡이라 생각했는데 그의 출세작이었다. 〈무의도기행〉, 〈고목〉도 잘 쓴 작품이다. 그러나 함세덕 역시도 일제 말기에 친일 부역의 길을 걷게 된다. 1941년 이후 친일 극단에 참여했고 도쿄에서 연극 수업을 받았으며 친일 희곡 〈에밀레종〉을 창작했다. 해방 후에는 발 빠르게 변신해 좌익 극단을 조직하고 좌익 계열의 조선연극동맹에 참여했다. 이 시기에 쓴 〈대통령〉이란 희곡은 원래 제목이 〈이승만〉이었다.

묘지를 나서기 전, 여름에 한번 찾은 적이 있는 시인 박인환

여름의 망우리와 늦가을 망우리는 땅과 숲의 느낌이 달랐다.
한겨울이나 새봄의 느낌도 다를 것이다. 저편으로 건너간 사람들의 세상에도
계절은 흐르고 삶과 죽음은 다시 되풀이되는 것일까? 알 수 없다. 저편의 삶.

의 묘지를 다시 찾았다. 180센티미터의 훤칠한 키에 잘 차려입은 양복과 세련된 헤어스타일의 미남자였지만 그의 묘지는 모더니스트로서의 개성이나 감수성을 전혀 표현해주지 못한 채 여느 봉분과 다를 바가 없었다. 묘지 앞에 서니, 그와 절친한 사이였지만 누구보다 그를 폄훼하기도 했던 시인 김수영이 박인환 사망 10주기 즈음 썼다는 글이 떠오른다.

> 나는 인환을 가장 경멸한 사람의 한 사람이었다. 그처럼 재주가 없고 그처럼 시인으로서의 소양이 없고 그처럼 경박하고 그처럼 값싼 유행의 숭배자가 없었기 때문이다. 그가 죽었을 때도 나는 장례식에를 일부러 가지 않았다. 그의 비석을 제막할 때는 망우리 산소에 나간 기억이 있다. (…) 인환! 너는 왜 이런, 신문 기사만큼도 못한 것을 시라고 쓰고 갔다지?
>
> — 김수영, 《김수영 전집 2》, 〈박인환〉(1966.8)에서

다른 글에서 김수영은 "죽은 인환이가 해방 후에 종로에서 한 2년 동안 책가게를 한 일이 있다"고 증언하며, 박인환이 책을 팔기보다 시인, 문인들과 교류하기 위해 운영했던 서점 마리서사를 회상하고 있다. 그러면서 "마리서사를 빌려서 우리 문단에도 해방 이후에 짧은 시간이기는 했지만 가장 자유로웠던, 좌우의 구별 없던, 몽마르트 같은 분위기가 있었다는 것을 자랑삼아 이야기해 보고 싶었다"*고 회상한다.

서구 취향에 도시적 서정을 읊은 박인환은 기질적으로는 진보주의자였다고 한다. 그가 시의 스승으로 삼은 사람도 월북한 시인 오장환이었다. 휘문고보와 도쿄 메이지대학을 중퇴한 오장환은 종로 관훈동에 '남만서점'이라는 책방을 연 바 있고, 식민지 지식인의 절망, 허무, 퇴폐를 병적인 정서의 시로 읊었다. 해방 뒤엔 계급혁명의 꿈을 담은 인민시를 발표하다가 1948년 월북한 뒤 50년대 초 신장결핵을 치료하기 위해 모스크바에 갔다가 그곳에서 사망한 것으로 알려졌다.[**] 박인환이 오장환에 경도된 것도 그의 시에 담긴 슬픔의 정서와 리듬 때문이었다. 낙원동에 연 책방 마리서사도 오장환에게 물려받은 것이었다. 신경림이 언급하듯 박인환은 어쩌면 오장환을 따라 "북으로 갔을 법한 사람"이었다. "당시의 남쪽이라는 것이 친일파, 민족반역자, 모리배, 사기꾼으로 득시글거렸기 때문"이지만, 박인환은 "지식을 행동으로 옮길 만큼 용기있는 사람은 못"[***] 되어 남쪽에 남았을 것이라고 추측한다.

　　박인환과 가까운 문우였던 시인 김규동金奎東(1925-2011)은 그에 대해 다음과 같은 증언을 하고 있다. "정직하고 선량하면서도 치열하고 순수했던 사람, 따스한 인간의 체온을 가졌던 사람" "사람도 잘 사귀고 활동적이면서, 감격도 잘 하고 눈물도 잘 흘

*　　김수영,《김수영 전집 2.— 산문》(민음사, 2003), 105-110쪽.
**　신경림,《신경림의 시인을 찾아서》(우리교육, 1998), 171-181쪽.
***　신경림, 앞의 책, 233쪽.

렸으며""책을 읽어도 대충대충 읽는 법"이 없었고, "영화를 좋아해서 그 무렵 많이 들어온 외화치고 거의 안 보는 것이 없었"던 로맨티스트.[*] 그런 그가 1956년 소설가 이상李箱(1910-1937)의 기일을 기념한다고 사흘간 폭음을 한 탓에 급성 알콜중독성 심장마비로 요절하고야 말았다. 그의 나이 29세였다.

1988년 11월, 월북 문인과 그들 작품에 대한 금지가 풀리면서 초중고 국어 시간에 이름을 들어보지 못했던 작가와 작품들이 대거 소개됐다. 1989년에는 대학에 월북 작가들을 다루는 수업들이 개설되었다. 이태준, 박태원, 이기영, 한설야韓雪野(1901-?), 김남천金南天(1911-1953) 같은 소설가와 정지용, 김기림金起林(1908-?), 이용악李庸岳(1914-?), 임화, 백석 같은 시인들의 이름을 처음 들은 것도 그때였다. 이전까지 남한의 교과서나 책에는 그들 이름이 "이○준, 박○원, 정○용"처럼 소개되었다. 1988년 해금 이전까지 월북 작가의 작품을 소지하거나 읽은 사람은 사상이 불순한 사람, 심지어 간첩으로 엮일 수도 있었다. 1980년 전북 군산에서 일어난 '오송회' 사건은 한 고등학교 교사가 월북 시인 오장환의 시집 필사본을 갖고 있던 것이 빌미가 되어 조작된 사건이었다. 모두 1950년대 벽두에 일어난 전쟁과 분단에서 비롯된 일이었다.

1950년대 문인과 예술가들의 아지트였다는 명동의 대폿집

---

[*] 신경림, 앞의 책, 236쪽.

'은성'도 그 이름만 풍문으로 남기고 있다. 1950년대가 확실하게 남긴 것이라곤 망우리의 쓸쓸한 무덤들뿐이다.

4부

나라를 세우는 일,
바로 세우는 일

14

중도
혹은 사잇길의 무덤들

이준, 김병로, 이시영, 신익희, 여운형

북한산 둘레길에서 만난 무덤들

서울 같은 메가시티가 장엄하고 유려한 북한산, 도봉산, 관악산, 남산 등의 품에 안긴 것은 이만저만한 축복이 아닐 수 없다. 세계 유명 도시 중 이처럼 높고 빼어난 산악의 품에 안긴 도시를 떠올리기는 쉽지 않다. 이 산이 주는 넉넉함과 편안함 때문인지 예부터 서울에 적을 둔 시인묵객, 지식인 중에는 특히 북한산 허리에 집을 마련하고 산 사람이 적지 않았다. 오봉과 인수봉, 백운대, 숨은벽 같은 봉우리를 오르내리는 일이야 힘들겠지만, "낮은 산이 낫다"는 말처럼 편안하게 산책할 수 있는 둘레길의 매력은 말로 다 설명할 수가 없다.

그 길의 매력에 빠져 시간 나는 대로 북한산 둘레길을 찾아 걸었다. 도봉산 입구의 김수영 시비에서 쌍문동 김수영문학관까지 걸어보겠다는 맘으로 둘레길 18, 19구간을 먼저 걸었다. 18, 19구간을 지나 (세종대왕의 셋째 딸인) 정의공주 묘와 연산군 묘가 있는 20구간 '왕실묘역길'을 지나면, 그 끝 지점부터 둘레길 1구간이 다시 시작된다. 1구간 시작점에 3·1 만세운동의 민족대표 중

한 사람인 천도교 교주 손병희의 묘가 있고, 거기서 20분 정도 더 걸으면 몽양 여운형의 묘를 만날 수 있다. 근처 솔밭공원을 지나 보광사 입구에 다다르면 거기부터는 이름조차 '순례길'인 완만한 2구간 산길이 이어진다. 국립4·19민주묘지 뒤편 산길을 따라 걸으면 곧 독립운동가 신숙申肅(1885-1967), 김도연金度演(1894-1967), 서상일徐相日(1887-1962), 김창숙, 양일동梁一東(1912-1980), 이명룡李明龍(1873-1956), 신하균申河均(1818-1975), 유림柳林(1898-1961) 등의 묘소를 알리는 이정표들을 만나게 된다. 그 부근에 대한민국 초대 부통령 이시영과 초대 대법원장 김병로金炳魯(1887-1964), 1907년 헤이그에서 밀사로 활약한 이준 열사 묘가 있다. 이준 열사 묘역 부근부터 둘레길 3구간이 시작된다. 정릉 쪽으로 향하는 3구간 초입에서는 대한민국 초대 국회부의장이었던 해공海公 신익희申翼熙(1894-1956)의 묘지를 만날 수 있다.

이승만을 빼고 제1공화국의 삼부요인 묘지가 다 모여 있는 셈이다. 대한제국 초대 검사 이준과 대한민국 초대 부통령, 초대 대법원장, 초대 국회의장 등 '초대初代' 인사들 묘역이 있다는 이 부근 1.3킬로미터 구간을 특별히 '초대길 코스'라 부르기도 한다. 4·19 카페거리 끝에 위치한 크리스천아카데미는 국립통일교육원으로 바뀌었는데, 그 맞은편에는 이제까지 둘레길 산책로에서 만났던 분들의 흉상이 나란히 선 '근현대사기념관'을 만날 수 있다.

대한민국 초대 검사, 이준

이준 열사의 묘는 순례길 구간에서도 상징적인 장소다. 이준은 1859년 출생으로, 1861년생 손병희나 1869년생 이시영보다 앞선 사람이다. 개화기와 대한제국 시기를 산 사람이니 이 묘역에서 가장 오래전의 인물인 셈이다. 격한 이데올로기 대립이 없던 시절이고 나라의 운명이 풍전등화 같던 때 대의를 위해 순국했으니 그에 대해선 남북을 막론하고 후한 평가를 한다. 그래서일까, 이준 열사 묘는 순례길 구간에서도 비교적 상부에 위치해 있고, 산 중턱 5000여 평의 너른 터에 넉넉하게 조성되어 있다.

묘지로 향하는 산길 초입에 작은 홍살문이 반기고 그로부터 열사의 어록이 새겨진 돌비석들을 따라 올라가다 보면 갑자기 시야가 탁 틔면서 시골 분교 운동장만 한 공간이 나타난다. 병풍처럼 버티고 선 석축과 열사의 묘가 입구 맞은편에 펼쳐져 있다. 석축에는 헤이그에 그를 밀사로 보낸 고종의 교지와, 박정희가 1973년 12월 썼다는 "순국대절殉國大節"이라는 글씨, 청나라 위안스카이袁世凱의 추모시 등이 대리석에 조각돼 붙어 있다. 석축 끄트머리에 열사와 부인 이일정 여사의 묘가 나란히 누워 있다.

1895년 갑오개혁에 의해 생긴 법관양성소를 법관 1기생으로 졸업한 이준은 한성재판소의 검사보가 되었다. 그 뒤 독립협회를 통해 을사늑약 반대 운동에 앞장선 그는, 법에 따라 비행을 저지른 고관대작들을 탄핵하는가 하면 을사늑약에 반대한 사람들

헤이그의 밀사로만 알았던 이준의 뜻밖의 직함은 '초대 검사'였다.
개인의 부와 안위를 넘어, 불의에 맞서 싸우고 공공의 선을 위해 봉사하는
법조인들이 오늘날 얼마나 있을까? 이준은 그런 법조인이었다.

을 석방하려 하다가 갖은 모함과 수모를 당했다.[*] 1905년 을사늑약으로 권력을 상실한 고종은 마침 네덜란드 헤이그에서 러시아 황제 니콜라이 2세가 소집하는 제2회 만국평화회의가 열리는 걸 알게 됐고, 이를 절호의 기회로 생각했다. 그 회의에 밀사를 보내 을사늑약의 부당성을 알리고 이것의 파기를 주장하고자 한 것이다. 그 적임자로 눈에 띈 것이 이준과 이상설, 이위종이었다.

"대황제는 칙령을 내린다"로 시작되는 고종의 밀지는 이준, 이상설, 이위종이 헤이그 평화회의에 참석해 "본국의 제반 힘든 사정을 일일이 설명하고 모든 참석자에게 알려, 우리의 외교권을 다시 찾고 우리의 열방과의 우의를 다시 회복케 하고자 한다"는 의지를 담고 있다. 초라해진 황제가 전제군주의 위엄을 차리며 내린 글의 목소리가 측은하게 여겨진다.

고종의 밀지를 받은 이준은 어렵게 국내에서 자금을 모은 뒤 블라디보스토크로 넘어가 의정부 참찬을 지낸 이상설을 만났고, 거기서 기차를 타고 시베리아를 건너 상트페테르부르크의 러시아 공사관 참서관으로 있던 이위종과 합류했다. 그들이 함께 베를린을 거쳐 헤이그에 도착한 것이 1907년 6월 25일의 일이다.

만국평화회의 기간 동안, 그들은 회의장 인근에서 성명서를 배포하고 각국 주요 정치인을 만나는 등 활발한 활동을 펼치며 세상을 깜짝 놀라게 하는 듯싶었다. 그러나 그들의 면담 요청과

---

[*] 김형민, 《딸에게 들려주는 한국사 인물전 1》(푸른역사, 2019), 144쪽.

회의 참석은 외교권이 없다는 이유로 번번이 거절당했고, 그들의 목소리는 신문에 한 줄도 실리지 못했다. 이들의 존재를 뒤늦게 알게 된 일제가 두루 손을 써둔 탓이다. 이에 좌절한 이준은 7월 14일 묵고 있던 데용호텔에서 싸늘하게 식은 시신으로 발견되었다. 위인전과 교과서는 분을 참지 못한 자결로 설명하고 있으나, 지병이었던 뺨의 악성 종기가 도져 사망했다는 것이 정설이다. 헤이그의 꿈은 그렇게 좌절되었다.

장례를 마친 열사의 유해는 쓸쓸히 헤이그의 한 묘지에 묻혔다. 1962년 건국훈장이 추서되고 이듬해 9월 열사의 유해가 55년 만에 한국으로 돌아와 국민장을 치른 뒤에야 여기 수유리 묘역에 안장돼 오늘에 이르고 있다. 이준 열사의 묘는 북한의 애국열사릉에도 가묘로 조성돼 있다고 한다. 그의 아들 이용李鏞(1888-1954) 역시 항일운동에 투신하다 해방 뒤 남한만의 단독정부 수립을 반대해 월북했고, 북한에서 고위 관료를 지내다 1954년 사망했다. 열사의 가묘는 아들 이용의 묘와 나란히 있다고 한다. 남과 북에서 동시에 숭모하는 드문 인물인 것이다.

세 밀사가 함께 찍힌 사진은 우리에게 꽤 낯익은 이미지다. 사진이 찍힌 1907년 당시, 이준은 49세였고 이상설이 38세, 이위종은 24세였다. 가운데 앉은 사람이 이상설, 왼쪽에 선 덩치 큰 신사가 이준이고 오른쪽에 선 사람이 이위종이다. 위계나 격식 같은 게 전혀 느껴지지 않는 사진이다. 낯선 땅 헤이그에서의 20여 일. 세대가 다른 사람들이 오직 하나의 목적을 위해 애쓰고 분

투하는 장면이 그려졌다.

　이준 열사 묘역에서 만난 뜻밖의 단어는 이정표에 새겨진 '초대 검사'라는 수식어였다. 초대 부통령, 초대 대법원장, 초대 국회의장 묘지들과 함께 '초대길'로 엮고자 한 표현이겠지만 그 수식어가 필자를 쿡 찔렀다. 아, 그가 검사였구나. 매국노와 탐관오리들을 탄핵하다 면직당한 의혈 법조인이었구나. 나라의 운명이 한 치 앞을 내다보기도 어려웠던 시절의 법과 정의가, 풍요와 번영을 구가하는 오늘의 그것과 얼마나 같거나 다를까. 지금 우리는 그의 시대보다 더 바른 법과 정의 안에 살고 있는가? 이준처럼 개인의 안위를 넘어 불의와 타협하지 않는 법조인들이 오늘날 얼마나 있을까? 묘역을 나서며 그런 질문들을 던져보았다.

대통령의 조력자들에서 대통령의 반대자들로

　이런 질문은 곧바로 이준의 무덤과 가까운 초대 대법원장 김병로의 묘 앞에서 다시 되뇌어졌다. 1887년 전북 순창에서 태어난 김병로를 떠올리면 곧바로 소환되는 단어는 '인권변호사'다. 건국 이후 초대와 2대 대법원장을 지냈지만, 더 기억할 만한 그의 이력은 일제강점기 국내외 독립지사들을 무료 변론한 일이다. 독립운동가들을 변호한 김병로는 "그들이 독립에 대한 마음을 품었다는 이유로 그들을 처벌한다면 조선인 모두를 처벌해야 할 것"이라는 유명한 변론을 남겼다. 어린 나이에 최익현의 의병에도 참가했고, 신간회 등의 활동에도 적극 가담한 것을 보면 그의 이런 이력이 새삼스럽지 않다.

김병로와 함께 일제강점기 3대 인권변호사로 불린 허헌許憲(1884-1951), 이인李仁(1896-1976)은 이름이나 호에 모두 '어질 인仁' 자가 있어 '삼인三仁'으로 불렸다. 해방 뒤 좌익 노선을 지지하며 월북해 북한에서 고위직을 지낸 허헌과, 우익 지향으로 이승만 단독정부를 지지하며 남한에서 초대 법무부 장관을 지낸 이인과 달리, 김병로는 좌우 어느 쪽에도 치우치지 않은 중도의 길을 걸었다고 할 수 있다.* 초대 대법원장이 된 뒤 그는 자신을 임명한 이승만과 사사건건 대립하며 사법부의 독립성을 지켜나갔다. 친일파 청산에 소극적이었던 이승만이 해방 뒤 반민족행위처벌법 개정을 통해 친일파들의 공소시효를 단축하려 하자 이에 반대했고 반민특위가 해산되자 이에 분개했다. 국회프락치사건, 부산정치파동 등 민감한 사안이 있을 때도 이승만과 대립했다. 전쟁 중 부인이 빨치산에게 살해됐음에도 불구하고, 형법이면 충분하다는 논리를 들어 이승만이 밀어붙인 국가보안법 폐지를 주장하기도 했다. 반공보다 인권과 법 원칙을 중요시한 법조인이었던 그는 이승만에게는 눈엣가시 같은 존재였지만, 오늘날 사법부 독립

* 해방 후 대한민국 법조계의 상황과 좌익, 중도 법조인들이 월북하거나 사라진 과정, 이 과정을 통해 이후 남한 사회 파워 엘리트들의 형성 과정을 깊이 있게 추적한 김두식의 《법률가들》(창비, 2018)을 추천하고 싶다.

을 지킨 어른으로 존경받고 있다. 이후 쿠데타로 권력을 잡은 박정희의 군부에도 협력하지 않은 그는 윤보선, 허정과 손잡고 야당 활동을 이어가다 1964년 별세했다.

김병로의 묘 가까이에 이시영의 묘소가 있는데, 그보다 먼저 묘 입구에 있는 17위 무후無後 광복군 합장묘를 만나게 된다. 이들 대부분은 임시정부 정규군인 광복군 소속으로 태항산 등 중국 각지에서 항일투쟁을 벌이다 순국한 20대 지사들이라 후손이나 연고자가 없다.

무후광복군 묘소 옆으로 난 길을 따라 가파른 돌계단을 걸어 오르면 성재 이시영의 묘를 만나게 된다. 이시영, 이회영을 위시한 여섯 형제는 내로라하는 갑부 집안의 형제들이었다. 을사늑약으로 국권을 빼앗기자 형제가 모두 재산을 처분해 가족 50여 명을 이끌고 만주로 넘어가 독립운동에 헌신한다. 신흥무관학교를 세워 청산리전투, 봉오동전투 승전의 밑거름이 된 독립군 투사들을 키워낸 두 형제는, 그러나 노선을 달리해 각자의 방식으로 독립운동에 뛰어들었다. 형 이회영이 무정부주의 노선의 독립운동을 펼치는 동안, 이시영은 임시정부의 수립부터 생사고락을 함께하며 임정의 대명사가 되다시피 했다. 그러한 공을 인정받아 이시영은 해방 후 제1공화국의 부통령으로 당선되었다. 대통령 이승만도 그를 존중해 부통령 후보로 그를 지목한 것이다.

사회주의 북한과 타협이 어렵다고 생각한 이시영은 하는 수 없이 단독정부 수립을 지지하며 부통령에 올랐지만, 그 역시 이승만의 반대자가 되는 데는 오랜 시간이 걸리지 않았다. 전쟁 중인 1951년 국민방위군 사건 등 일련의 상황을 지켜보면서 이승만 정권에 깊이 실망한 그는 부통령직을 공식 사퇴하기에 이른다. 이듬해 1952년 제2대 대통령 선거에 이승만의 상대로 출마했다가 2위로 낙선한 그는 1953년 4월 부산에서 별세하였다.

1894년 경기도 광주 명문가 출신인 신익희 역시 3·1 만세운동 이후 임시정부에서 주요 직책을 맡아 활동하다가 해방 뒤 남북협상에 대한 의견을 달리하며 임정 동지들인 김구, 김규식, 조소앙 등과 다른 길을 걷게 된다. 이승만의 남한 단독정부 수립을 지지한 그는 1948년 5월 선거에서 제헌의회 의원으로 선출된 뒤 초대 국회의장이 되었다. 그러나 정부 수립과 동시에 신익희도 이승만의 반대자로 돌아선다. 초대 정부에 임시정부 인사들을 기용할 것을 제안했지만 이승만이 거부하자 곧 야당 지도자로 변신한 것이다. 전쟁 중 이승만 정부가 사사오입 개헌안을 통과시키자 신익희는 더욱 투철한 반대자가 되고 이후 자유당에 맞서는 민주당을 창당해 1956년 제3대 대통령 선거에 후보로 나서게 된다. 또 다른 유력 대선 후보였던 조봉암과 단일화를 논의하던 중 호남 유세를 위해 이동하다가 기차 안에서 뇌출혈로 별세했다.

김병로와 이시영, 신익희 모두 가까운 거리에 묘택을 두고 있다. 일제강점기엔 온몸으로 일제에 항거했고, 해방 뒤엔 이승만의 제1공화국에서 삼부요인이 되었으나 결과적으로 모두 이승만의 반대자가 되었다. 그들의 묘지와 가까운 곳에 이승만의 제1공

이름을 널리 알린 항일지사들 못지않게, 이름없는 지사들, 후손이나 연고자가 없어
찾는 이조차 없는 지사들에 대한 지속적인 관심이 필요하다.
그런 지사들 17위가 묻힌 수유리의 무후광복군 합장묘.

화국의 막을 내리게 한 4·19 희생자들의 묘지도 있다. 나라를 세우는 일, 그 나라를 바로 세우는 일에 많은 희생이 뒤따랐다.

몽양 여운형, 좌절된 중도의 꿈

1946년이 되고 1947년이 되면서 좌와 우의 분열과 광기는 한층 극심해져갔다. 소련군이 점령한 북쪽 지역에서 토지개혁과 계급적 위협으로부터 밀려난 지주, 종교인들이 남쪽으로 내려왔고, 친일파, 민족반역자들이 다시 득세하는 현실에 회의를 느낀 사람들과 조여오는 탄압을 피하고자 했던 좌파 지식인들이 월북을 감행했다. 남과 북에 각각 단독정부를 세워 그 안에서 권력을 획득하고자 했던 지도자들에 의해 사회가 재편되었다. 극단의 말들이 난무하고 극단의 행동들이 횡행하면서, 1948년이 되면 좌우합작과 중도의 길을 걸었던 이들의 입지는 더욱 줄어들었다. 그 와중에 몇몇 정치 지도자들이 괴한들의 총탄에 쓰러졌다. 그중에서도 몽양 여운형의 암살은 중도 세력의 괴멸을 의미했다.

1947년 7월 19일 승용차에서 피습당해 서거하기 전, 여운형은 1945년 이래 이미 10여 차례 이상 테러를 당했다. 위험한 상황도 꽤 많았다. 그나마 무사했던 것이 기적이었지만 끝내 그를 겨누는 총탄을 피하지 못했다. 서울 혜화동 로터리에 가면 여운형이 암살당한 장소를 알리는 표지석이 도로변 한쪽에 있다.

여운형은 해방 뒤 가장 먼저 국가적인 장례를 치른 인사가 되었다. 1947년 여운형의 장례식에 참여한 인파는 60만 명에 달했는데, 당시 인구를 감안할 때 그 뒤 어느 정치인, 인물의 장례도 여운형의 추모 열기를 능가한 일이 없다고 한다. 재미 사학자 이정식도, 여운형의 장례식 인파가 3·1 만세운동의 촉매제가 된 고종의 장례식보다 훨씬 많았다고 말했다. 베를린올림픽 금메달리스트 손기정孫基禎(1912-2002)과 역도 선수 김성집金晟集(1919-2016)이 여운형의 관을 운구했다.* 여운형의 둘째 아들이 손기정과 친구였던 인연도 있지만, 손기정이 1936년 베를린올림픽의 출전 여부를 논의한 사람도 여운형이었고 손기정이 베를린에서 금메달을 땄을 때 사진 속 가슴의 일장기를 지우고 신문을 발행한 사람도 당시《조선중앙일보》사장이던 여운형이었다.

여운형 그 자신도 '스포츠맨'이었다. 상반신을 탈의한 근육질 몸에 팔짱을 낀 사진과, 유니폼을 입은 상하이 YMCA 야구단 코치로 찍힌 사진들이 이를 말해준다. 우리나라 1세대 야구인인 데다 손기정 같은 선수를 키워낸 여운형은, 또한 권투를 통해 일본인들을 맘껏 두들겨 패라며 청년들을 자극해 조선에 권투 붐을 일으키기도 했다. 해방 후에는 초대 조선체육회 회장을 역임하기도 했으니 '조선 체육의 아버지'라는 말이 틀린 말도 아니다. 여운형에게 스포츠는 민족의식과 독립의식을 고양하기에 좋은 수

---

*   김종훈,《항일과 친일의 역사 따라 현충원 한 바퀴》(이케이북, 2020), 300쪽.

단으로 여겨졌던 모양이다.

상대에게 호감을 주는 외모에 영어, 중국어, 일본어에 능통한 외국어 실력, 뛰어난 패션 감각을 지녔다는 여운형을 단순히 인간적인 매력으로만 설명할 일은 아니다. 그는 늘 가장 영향력 있는 정치인, 독립운동가의 지위를 고수해왔다. 3·1 만세운동 직후 일제가 독립운동 세력의 분열을 꾀하고, 유화책으로 식민정책을 전환하고자 그해 11월 27일 일본 도쿄의 테이고쿠호텔 연설회에 여운형을 초대한 일이 있다. 주변의 만류를 무릅쓰고 이에 응한 여운형은 제국의 수도 일류 호텔에 모인 일본인들 앞에서 조선 독립의 당위성을 요목조목 설파해 일본을 뒤흔들어 놓았다. 그 연설은 크게 보도되었고, 일본 제국의회 해산과 하라타카시 내각의 붕괴를 촉진했다.* 여운형이 어떤 사람인지를 보여준 전설과도 같은 사건이다.

해방 뒤 이승만과 김구, 김일성과 박헌영 등이 전면에 등장하기 전, 또 그들이 미국과 소련을 등에 업고 신탁통치 문제와 여러 사안을 통해 극단적인 방향으로 시국을 몰아가기 전까지 가장 영향력이 컸던 정치인이 여운형이었다. 8월 15일, 패망한 일제가 조선에 치안권을 넘겨주며 재조선 일본인들의 안전한 철수를 타진한 인물도 여운형이었는데, 일제가 그를 가장 영향력 있는 지도자로 파악하고 있었다는 방증인 셈이다. 해방 직후 여운형이 세

---

* 김종훈, 앞의 책, 296쪽.

운 '건국준비위원회(건준)'가 보름 만에 전국에 145개 지부를 설치한 것만 보아도 그의 영향력을 짐작할 만하다. 그러나 여운형의 꿈은 남과 북에 미군과 소련이 진주하며 서서히 허물어진다. '건준'은 불법화되었고 좌우합작, 중도의 길을 모색한 여운형은 극단으로 치닫는 정치적 광기로부터 차츰 영향력을 상실해갔다. 결말은 비극적인 피살이었다.

현대사의 중요한 사건들이 실제와 달리 진행되었다면 역사가 어떻게 바뀌었을까를 가정한 《만약에 한국사》란 책에는, 여운형이 암살당하지 않고 미군정에 의해 민정장관이 되었다면 어떠했을까를 가정한 글이 있다. 암살당한 바로 그날은 그가 미군정 민정 추진 최고책임자였던 E. A. J. 존슨을 면담하러 가는 길이었는데, 이는 미군정이 위임하는 실권인 민정장관직을 여운형에게 타진하고자 한 자리였다고 한다. 미군정 입장에서도 극우로 치닫는 남한 내 세력들에 부담을 느끼고 있던 터라 여운형에게 실질적인 권한을 맡기는 것이 현명하다고 판단했던 것이다. 이런 계획은 여운형의 암살과 함께 모두 물거품이 되었다.**

여운형을 암살한 자는 한지근韓智根(1929-)이라는 21세의 청년이었고, 그 뒤에 백색테러 단체 '백의사白衣社'가 있다는 사실도 널리 알려져 있다. 배후가 누구인지에 대해선 의견이 분분하다. 이승만이라는 설, 김구라는 설, 김일성이라는 설도 있다. 백의사

** 김연철 외, 《만약에 한국사》(페이퍼로드, 2011), 65-66쪽. 이정식이 발굴한 존슨 회고록에 실린 내용이다.

의 일원으로 '장군의 아들'로 불린 김두한金斗漢(1918-1972)은 어느 인터뷰에선가 자신이 한지근에게 권총을 주었고 여운형 암살에 자신이 깊이 관여했음을 떳떳하게 밝혔다고 한다. 김구의 죽음이 그러하듯 그 무엇도 확실하게 밝혀진 것이 없다. 배후를 밝히는 일을 누군가 꼭꼭 숨겼거나, 아니면 그 일에 관심이 없었다고 해야 할 것이다. 단독정부를 밀어붙인 극우 정권의 묵인 아래 남한에서 암묵적인 테러와 암살이 용인되던 시절이었다. 여운형이 독립 관련 서훈을 받은 것도 2005년 3월에 와서다.

여운형의 묘소는 북한산 둘레길 1구간의 중간, 솔밭공원역 부근에 있다. 빌라가 늘어선 주택가 한가운데 아담한 언덕에 조성돼 있다. 어찌 된 일인지 묘소를 찾을 때마다 입구 문이 굳게 잠겨 있었다. 묘소 앞 가게에 물으니 연중 그 문이 열리는 날은 별로 없다고 한다. 선생의 추모일에만 유관 단체들이 찾아와 행사를 하느라 문을 연다고 했다.

북한산 아래 마을엔 우리 현대사의 굵직굵직한 자취를 남긴 유명인들의 집과 흔적이 곳곳에 남아 있다. 김수영문학관을 찾으면, 예민했던 시인이 쫓겨난 독재자 이승만을 두고 "그놈의 사진을 떼어서 밑씻개로 하자"고 외치며 "어서어서 썩어빠진 어제와 결별하자"고 뇌던 시와 만난다. 김수영문학관과 정의공주묘역 가까운 곳에는 일제강점기 일본으로 유출되려는 문화재들을, 사재를 털어가며 사들여 보존한 간송 전형필의 옛집과 묘지가 있다. 쌍문역 부근 정의여고 앞에는 평화주의자 함석헌이 말년까지 살았던 집이 있고, 한신대 부근에는 문익환文益煥(1918-1994) 목사가 살았던 '통일의 집'이 있다. 최근에는 한국 민주화 운동의 대부로 불린 김근태를 기리는 도서관도 개관했다. 가벼운 차림으로 둘레길 숲 사이로 난 사잇길을 걸으며 무시로 만나게 되는 옛사람들 묘 앞에 마음으로 향을 사르고 와도 좋을 것이다.

국립묘지에는
누가 잠들어야 하는가

국립대전현충원에 묻힌 이들

현충원에서 만나는 현대사의 민낯

카자흐스탄 크즐오르다에 잠들어 있던 홍범도 장군의 유해는 2021년 광복절 고국으로 돌아와 국립대전현충원의 독립유공자 묘역에 안장되었다. 장군의 묘에 넉넉히 떼가 자리 잡았을 거라 생각하고 그 열흘 뒤 대전으로 향했다. 대전역에 내려 버스를 타니 계룡산 동학사 두세 정거장 앞이 대전현충원이었다. 계룡산 자락에 현충원이 있는 셈이다.

국립대전현충원에 앞서 서울 동작동의 국립서울현충원을 먼저 찾아갈 수도 있을 것이다. 박은식, 이상룡, 지청천池靑天(1888-1957), 양기탁, 노백린盧伯麟(1875-1926) 등 임시정부 요인들을 비롯해 이회영, 박열朴烈(1902-1974), 나석주羅錫疇(1892-1926), 김상옥金相玉(1889-1923), 남자현, 김익상金益相(1895-1942) 등 애국지사들, 한국전쟁에 희생된 수많은 국군 장병의 묘가 거기에 있다. 또 이승만, 박정희, 김영삼, 김대중 등 역대 대통령들 묘지도 거기에 있다.

그러나 서울현충원은 일그러진 우리 현대사의 민낯을 마주하게 되는 곳으로도 여겨진다. 독립군을 토벌하던 일본 간도특설대 출신 군인들과, 애국지사들을 체포 고문해 출세 가도를 달린 친일 부역자들 다수가 그 묘지의 가장 좋은 자리를 차지하고 있기 때문이다. 박은식, 양기탁, 이상룡, 남자현 등 독립지사의 묘가 친일파로 공인된 이응준李應俊(1890-1985), 신태영申泰英(1891-1959) 등이 묻힌 장군 제2묘역 아래 조성돼 있다는 것도 신문으로 읽어 알고 있다.* 그 현장을 보고 싶은 마음이 좀처럼 들지 않았다. 거기다 도무지 존경할 수 없는 역대 대통령들의 묘지는 어떤가. 존경과 추모의 마음은 강요하고 부추긴다고 생기는 것이 아니다.

　한국전쟁 뒤 수십만 명 전사자의 유해를 모시기 위해 1955년 서울 동작동 일대에 조성한 '국군묘지'가 1965년 '국립묘지'로 명칭이 바뀌고 2006년에 국립서울현충원으로 승격되었다. 국립서울현충원의 안장 공간이 포화 상태에 이르자 1975년부터 장소를 물색해 새롭게 조성하기 시작한 국립대전현충원은 1985년 문을 열었다. 100만 평에 달하는 국립대전현충원은 국립서울현충원의 두 배에 달하는 크기로 담당 부처도 국방부에서 국가보훈처로 바뀌었다. 계룡산 줄기의 광활한 묘역에 묻힌 많은 묘지를 제한된 시간 안에 만나기 위해 민원안내실에 들러 묘지 번호와 위치를 안내받았다. 긴 하루, 지난한 여행이 될 것 같았다.

---

*　〈국립묘지 묻힌 친일파 63명. 독립운동가는 공원에 냉대〉,《한겨레》, 2016년 6월 28일.

독립유공자 묘역에서 만난 분들 1
― 나운규, 곽낙원, 김인, 조문기

현충탑과 현충광장을 지나 경찰관묘역 고갯길에서 독립유공자 2묘역과 3묘역을 내려다보는 마음이 먹먹했다. 이토록 많은 사람이 독립과 민주화에 헌신했다는 사실이 자못 놀라웠다.

2묘역에서 가장 먼저 만난 고인은 우리나라 초창기 영화의 명작 〈아리랑〉을 만든 영화감독 나운규羅雲奎(1902-1937) 지사(2-257번)다. "1902년 함북 회령에서 출생, 1937년 8월 9일 서울에서 서거"라는 짧은 생몰연대가 비음에 적혀 있고 기단에는 그의 활약상이 적혀 있다. 단지 초창기 영화감독으로만 알려진 나운규에 대해 새로운 사실들을 많이 알게 됐다. 3·1 만세운동에 참여한 일, 홍범도 장군 휘하 독립군에서 활동하다 2년간 옥고를 치른 일, 1926년 〈아리랑〉을 제작(원작, 감독, 주연)하고 〈아리랑〉의 노랫말을 만들어 채보한 일, 〈임자 없는 나룻배〉, 〈오몽녀〉 등 28편의 영화를 제작해 1993년 건국훈장 애국장에 추서된 이력도 적혀 있었다.

2묘역에서 백범 김구의 가족 묘지도 만났다. 백범의 어머니 곽낙원郭樂園(1859-1939) 지사와 백범의 장남 김인金仁(1918-1945) 지사가 그들이다. 할머니와 손자의 묘지(771, 772번)가 다정하게 이웃해 있었다. 임시정부 살림을 도맡아 하던 곽낙원과 부친의 지도 아래 첩보 활동을 펼친 김인. 그러나 두 지사 모두 꿈꾸던 해방을 못 보고 각각 1939년과 1945년에 폐병으로 사망했다.

　3묘역에서는 조문기趙文紀(1926-2008) 지사의 묘(3-705)도 기억할 만하다. 1945년 7월 24일, 일제강점기 가장 마지막에 치러진 부민관 의거의 주인공이 조문기였다. 부민관은 현재 덕수궁 옆에 있는 서울시의회 본관 건물로, 1975년 이전에는 국회의사당으로도 쓰였다. 그날 그곳에서 국가공인 친일파 박춘금과 그가 참가한 정당의 친일행사가 열린 것이다. 이 행사에 조문기와 유만수柳萬秀(1924-1975), 강윤국姜潤國(1926-2009) 등 청년들이 폭탄을 터뜨린 거사가 부민관 의거다.

　이러한 행적에도 불구하고 해방 뒤 단독정부 수립을 반대한 까닭에 그의 삶은 순탄치 않았다. 공산주의자가 아니라는 판결을 받고도 1년 6개월의 징역을 살았고, 전쟁 뒤 이승만 암살음모 사건에 연루돼 또다시 고문을 당했는데 이 역시 날조임이 밝혀져 풀려났다. 낙심한 조문기는 친일 청산에 남은 인생을 바쳤으나 독립유공자로 이름 올리기를 거부했다.* 극심한 생활고를 보다 못한 사위가 그를 독립유공자로 등록하면서 1982년에야 건국포장을 받았다. 친일 청산에 헌신해 1991년 민족문제연구소 2대 이사장에 취임,《친일인명사전》편찬에 힘을 쏟다가 2008년 81세 나이로 별세했다. "이 땅의 독립운동가에게는 세 가지 죄가 있다. 통일을 위해 목숨 걸지 못한 것이 첫 번째요, 친일 청산을 하지

---

*　조문기 지사와 관련해서는, 김종훈,《항일과 친일의 역사 따라 현충원 한 바퀴》(이케이북, 2020)의 관련 내용을 참고했다.

못한 것이 두 번째요, 그런데도 대접을 받고 있는 것이 세 번째다." 그의 묘 기단에 적힌 글귀다.

국립대전현충원에 이런 애국지사들만 잠든 것은 아니다. 민족문제연구소가 《친일인명사전》에서 발표한 친일파 명단이 모두 4400여 명에 이르는데, 이 중 서울현충원에 35명, 대전현충원에는 33명이 잠들어 있다.** 사회적 합의의 수준으로 봐도 도저히 이해하지 못할 사람들도 여러 명 묻혀 있다는 것이다.

대전현충원 장군 제1묘역에 묻힌 김창룡金昌龍(1916-1956)이 대표적인 예다. 강준만이 "김창룡을 알면 이승만과 1950년대가 보인다"던 사람이다. 육군 특무부대장으로 무소불위의 권력을 휘두르던 김창룡은 1956년 1월 30일, 현재 용산구 원효로의 한 골목에서 같은 부대에 근무했던 한 무리의 군인들로부터 살해당했다. 권력을 등에 업은 그의 악명 높은 비행이 초래한 결과였다.

함경도 영흥 출신인 김창룡은 일제 만주국에서 정보요원으로 일하며 악랄한 방법으로 항일 지사들을 소탕하며 승승장구하던 인물로, 해방 뒤 북한을 탈출해 남한에 정착한다. 자신의 특기를 발휘해 좌익 색출을 명분으로 이승만의 정적을 제거하는 데 앞장선 김창룡은 이승만이 아끼는 사람이 되었다. 김구 암살범 안두희는 1992년 증언에서 김창룡이 그에게 김구를 제거할 것을 세뇌시켰다고 말한 바 있다. 1956년 그가 살해됐을 때 이승만은 직

** 김종훈, 위의 책, 18쪽.

접 병원으로 달려왔고 그를 중장으로 추서하며 이른 시일 안에 범인을 잡으라고 지시하기도 했다.[*]

일본의 야스쿠니 신사에 묻히는 게 목표[**]라던 신태영申泰英(1891-1956)을 비롯해, 국가공인 친일파로 확인된 김백일金白一(1917-1951), 신응균申應均(1921-1996), 이응준李應俊(1890-1985), 이종찬李鍾贊(1916-1983), 김홍준金洪俊(1915-1946), 백낙준白樂濬(1896-1985), 백선엽善燁(1920-2020) 등이 어떻게 서울과 대전의 현충원에, 그것도 애국지사들 머리맡에 묻힐 수 있을까. 백범의 혈육이 묻힌 묘지와 멀지 않은 곳에, 백범의 암살에 관여한 정치군인이 묻힐 수 있을까. 이들에 대한 파묘 논쟁이 끊이지 않는 이유다.

독립유공자 묘역에서 만난 분들 2
— 함석헌, 이효정, 부춘화, 그리고 김준엽과 장준하

홍범도 장군 묘지에서 멀지 않은 제3묘역 3-329번 묘지에 함석헌 선생이 잠들어 있다. 1901년 신의주 부근 용천에서 출생한 함석헌은 평안북도 정주의 오산학교 출신이다. 1921년, 조만식의 후임으로 다석 유영모가 오산학교 교장으로 취임하면서 유영모는 함석헌의 평생 스승이 된다. 같은 학교 교사로 있던 춘원 이광

[*] 김창룡 관련 내용은, 원희복, 《르포히스토리아》(한울, 2016), 68-69쪽의 내용을 요약했다.
[**] 김종훈, 앞의 책, 43쪽.

284

수가 일본에서 가져온《톨스토이 전집》을 빌려 읽은 유영모는 이후 기독교에 노자 사상을 접목시킨 독특한 '무교회주의' 철학을 펼쳤고 이는 애제자 함석헌에게도 큰 영향을 미쳤다. 두 사람의 사제의 연은 함석헌이 무교회주의 원칙에서 벗어나 퀘이커교에 관심을 갖게 된 1960년대까지 이어졌다.[***]

오산학교 졸업 후 일본 유학을 떠난 함석헌은 유명한 무교회주의 철학자 우치무라 간조의 강연에 깊이 감명 받아 자신의 사상을 심화시켰다. 1928년 모교인 오산학교 역사 교사로 부임한 함석헌은 유명했던 잡지《성서조선》에도 관여해 역시 무교회주의자였던 김교신金敎臣(1901-1945)과 함께 활동하다 일제의 탄압으로 서대문형무소에서 복역하게 된다.《성서조선》에 연재한 〈성서적 입장에서 본 조선역사〉는 이후 그의 책《뜻으로 본 한국 역사》의 근간이 되었다. 성서와 동양 고전을 융합한 함석헌의 탈권위적 사상은 일제와 공산주의, 미군정, 이승만, 박정희, 전두환 독재에 차례로 맞서는 원동력이 되었다. 유영모와 함석헌의 철학은 1960-1970년대 〈국민교육헌장〉을 입안해낸 철학자 박종홍이나, 김동리의 형으로, '화랑도', '신라정신'의 기초를 닦은 김범부 등 국가주의 철학자들의 대항 철학으로 그 역할을 해왔다. "우리는 민족중흥의 역사적 사명을 띠고 이 땅에 태어났다"라는 어마어마한 말이 아무 고민 없이 우리 생각을 지배하던 때에 그들의 유

*** 다석 유영모의 묘지는 강원도 평창의 대미산 자락에 있다.

연한 탈권위적 사유는 국가주의 철학과 맞섰던 것이다.

함석헌은 우리나라 최초로 노벨평화상 후보로 추천될 만큼 세계적으로도 널리 인정받는 평화사상가였다. 국립묘지는 애국지사나 전몰용사는 물론, 이런 철학자나 문학가, 예술가도 함께 모셔야 마땅하다. 프랑스의 팡테옹이나 영국의 웨스트민스터 사원처럼 말이다.

독립유공자 제4묘역에 있는 김준엽金俊燁(1920-2011)의 묘지를 찾아가다가 같은 묘역에 잠든 여성 독립운동가인 이효정李孝貞(1913-2010)과 부춘화夫春花(1908-1995) 지사의 묘지를 만났다. 1913년 경북 봉화의 항일운동 집안에서 태어난 이효정은 광주학생운동에도 참가했고, 노동운동을 통한 항일운동을 전개하다 검거돼 서대문형무소에서 옥살이를 했다. 남편이 월북하는 바람에 빨갱이 가족으로 낙인찍혀 삼엄한 감시 속에 평생을 살아왔고 노점상을 전전하며 자식들을 키워야 했다. 2006년 93세에 건국포장을 받은 이효정은 2010년 타계해 이곳에 영면했다. 시인 이육사의 먼 친척이자 문학소녀였던 이효정은 70세를 넘긴 나이에 등단해 두 권의 시집을 내기도 했다. 묘비에 〈불이 타고 있네〉라는 자작시가 새겨져 있었다. 젊은 날은 뜨겁게, 노년은 아름답게 살다 간 사람이었다.

부춘화 지사는 제주 해녀들의 항일운동을 이끈 지도자였다. 1931년부터 1932년까지 제주 구좌읍 일대에서 230여 회의 시위를 벌이다 일본 경찰에 붙잡혀 수개월 옥고를 치렀다.

김준엽의 묘지(4-397) 앞에 섰다. 김준엽 하면 함께 떠오르는 이름은 그의 평생 동지였던 장준하張俊河(1918-1975)다. 1940년대 초 각각 일본신학교와 일본 게이오대학에 재학 중이던 장준하와 김준엽은 1944년 1월 20일 징집돼 학병으로 입대한다. 목숨을 걸고 학병을 탈출한 두 청년은 천신만고 끝에 광복군을 찾아가 독립운동 대열에 합류한다. 이후 미군 전략정보기관의 훈련을 받아 연합군의 한반도 상륙작전의 일원이 되기도 했다. 광복군의 핵심인 이범석 부대 소속으로, 두 청년은 임시정부와 우익 민족주의의 적자라는 자부심을 키워왔다.*

이들은 사회주의에 반대하는 우익 정치인에 가까웠다. 특히 장준하는 노골적으로 우익 반공주의자의 면모를 보이며 단독정부 수립에 찬성할 정도로 처음엔 이승만 노선에 가까웠다. 그러던 그가 반공에서 통일지상주의로 전환한 것이 1960년대 중반부터다. 1953년 그가 창간한 《사상계》는 반공과 독재에 저항하면서 통일과 민주주의를 향한 열망을 대변해왔다. 《사상계》는 최근 《교수신문》의 설문조사에서 전후 가장 영향력 있는 잡지 1위에 꼽힐 만큼 시대를 풍미한 잡지였다.

장준하는 그렇게 박정희에게 눈엣가시가 되어갔다. 목숨 걸고 학병을 탈출해 독립을 위해 싸운 장준하에게 독립군 토벌대 장교 출신인 데다 쿠데타로 집권한 박정희는 용서하거나 타협할

---

* 김건우, 《대한민국의 설계자들 — 학병세대와 한국 우익의 기원》(느티나무책방, 2017), 17-25쪽.

수 없는 인물이었을 터다. 장준하는 입버릇처럼 말했다고 한다. "대한민국에서 대통령 될 자격이 없는 사람이 셋 있는데 첫째는 오카모토 미노루, 둘째는 다카키 마사오, 셋째는 박정희다." 오카모토 미노루나 다카키 마사오 모두 창씨개명을 한 박정희의 일본식 이름이었다. 이러한 날카로운 언변과 영향력이 문제가 된 것일까. 1975년 장준하는 신원 불명의 사람과 포천 약사봉으로 등산을 갔다가 의문의 실족사를 당한다. 2012년 천주교공동묘지에서 지금의 파주로 묘를 이장하는 과정에서 시신을 부검해보니, 실족 전에 이미 그가 혼수상태에 있었다는 결과가 나왔고, 두개골에서 무언가에 맞은 흔적도 발견되었다. 수차례 진상조사에도 불구하고 결론은 끝없이 유보되고 있다. 파주의 한적한 곳, 국가대표 축구선수훈련장 바로 옆 '장준하공원'에 그의 묘지가 있다.

광복군 총사령관 지청천池靑天(1888-1957)과 이범석李範奭(1990-1972)의 부관을 지낸 김준엽은 해방 뒤 임시정부의 환국 때 돌아오지 않고 중국에 남아 중국과 공산주의 연구에 몰두하다 중화인민공화국이 수립되기 전인 1949년 1월에 귀국했다. 이후 학문에서 그가 쌓은 업적은 대단한 것이어서 "오늘날 한국학계에서 중국 연구는 사실상 김준엽이 기초를 모두 놓았다고 해도 전혀 과장이 아니"라는 말이 통용된다고 한다.[*] 고려대학교 총장으로 부임한 1982년부터 3년간 학도호국단을 폐지하고 총학생회를 부활

[*]   김건우, 앞의 책, 263쪽.

하는가 하면, 데모 주동 학생에 대한 정부의 제적 압박을 거부해 대학의 자율성과 교권을 지켜낸 교육자였다. 1987년 6월항쟁 이후 헌법 개정이 이루어질 때, 개정헌법 전문에 (박정희 정권이 빼버린) "임시정부의 법통을 계승한다"는 문장을 명기할 것을 강력히 주장해 관철시키기도 했다.[**] 박정희, 전두환 정권의 등용 제의에 타협하지 않고 오롯이 학자의 길을 걸어갔던 김준엽은 2011년 91세에 사망한 뒤 이곳 국립대전현충원에 안장되었다. 강직한 선비이자 교육자였던 그의 묘지에는 "그립습니다"라는 다섯 글자가 새겨져 있다.

해방 뒤 이승만과 박정희가 택한 길이 '친일'을 감내하고라도 갈 수밖에 없던 어쩔 수 없는 선택이었고, 그들을 부정하는 것은 북한 체제를 옹호하는 일이라는 논리가 지배적이었다. 그러나 항일운동에 투신하면서도 공산주의에 반대하고 독재에 격렬히 저항하며 통일을 모색했던 장준하, 김준엽 등 정통 우파의 길도 있었다. 이렇듯 조금 다른 길을 걸은 사람들을 무자비하게 공산주의자로 몰아 말살한 친일 부역자들이 사회를 쥐고 흔든 것이야말로 우리 현대사의 큰 불행이 아닐 수 없다. "모든 통일은 좋은가? 그렇다. 통일 이상의 지상명령은 없다." 7·4 남북공동성명 직후 장준하가 남긴 말이다. 우리에게 다른 길이 왜 불가능했겠는가.

대전현충원에 묻힌 고인 중 아주 특별한 삶을 산 또 한 사람

***

[**] 김건우, 앞의 책, 264-265쪽.

을 만났다. 한국전쟁 당시 지리산 빨치산 토벌대장을 지낸 경무관 차일혁車一赫(1920-1958)이 경찰관 502묘역(502-943)에 잠들어 있다. 1920년생인 차일혁은 1936년 일본인 고등계 형사를 폭행한 뒤 그 처벌을 피하고자 중국으로 망명해 이후 조선의용대에 입대했다. 1945년까지 중국공산당에 속한 팔로군에 들어가 항일 무장 항쟁에 참가했지만 공산주의자가 아니었던 그는 해방 뒤 남한으로 건너와 경찰에 투신하게 된다. 한국전쟁 당시에는 반공 유격대를 결성해 빨치산 소탕 작전에 헌신한다. 그를 유명인사로 만든 사건은 1953년 휴전 직후 빨치산 지도자이자 남부군 총사령관이었던 이현상李鉉相(1906-1953)을 사살하는 공을 세운 일이었다. 그는 사살한 이현상을 능욕하기보다 그의 시신을 화장해 섬진강 부근에서 장사를 지내주었다. 이현상 사살의 공으로 차일혁 부대는 막대한 상훈을 받았지만 이러한 사실이 알려지자 그에게는 좌천과 핍박의 수난이 뒤따랐다.

특별한 이력은 또 있다. 1951년 빨치산들의 은신처를 없애고자 지리산의 사찰들을 소각하라는 명령을 받았지만, 차일혁은 자신이 담당한 구례 화엄사를 소각하지 않고 사찰 문짝만 떼어 소각하는 기지를 발휘함으로써 천년 고찰을 지켜냈다. 그 공로가 인정돼 사후 조계종과 문화재청으로부터 감사장과 보관문화훈장을 받았으며, 화엄사 경내에는 그를 기리는 공덕비도 세워졌다. "절을 태우는 데는 한나절이 족하지만, 절을 세우는 데는 천 년 이상의 세월로도 부족하다." 공덕비에 새겨진 차일혁 경장의 말이다. 이런 행동이 상부의 심기를 불편하게 한 까닭에 그의 삶도 고단할 수밖에 없었다. 팔로군 경력과 토벌대장 복무시의 활동 때문에 수시로 용공분자로 몰려 조사를 받았고, 승진마저 좌절된 채 지방경찰서의 한직을 전전하던 그는 1958년 38세의 나이로 별세했다. 좌우의 논리로 설명할 수 없는 인물이다.

'상상의 공동체'를 구성하는 것들
— 국가사회공헌자묘역의 묘지들

베네딕트 앤더슨Benedict Anderson의 저서 《상상된 공동체》는 민족이나 국가 같은 개념이 생겨난 것이 불과 두어 세기도 안 된 일로, 그것이 처음부터 존재한 것이 아니라 철저히 '상상되고 고안된' 공동체에 불과하다는 주장을 펼친다. 신과 종교, 절대 권력(왕)의 시대가 붕괴하면서 그 빈자리를 장악한 것이 민족과 국가 등 허구적인 개념이라는 것이다. 국립대전현충원의 '국가사회공헌자묘역'을 거닐며 '상상된 공동체' 개념이 떠올랐다.

현충원 중앙 상단부의 국가원수묘역에는 현재 유일하게 최규하 전 대통령이 영면해 있다. 그 묘역을 등지고 오른쪽으로 내려서면 곧 국가사회공헌자묘역과 만난다. 계단을 올라가면 묘역 초입부터 뜻밖의 이름들을 만나게 된다. 프로레슬러 김일과 아시아의 물개로 불린 수영 선수 조오련, 마라톤 영웅 손기정까지 모두

한 시대를 풍미했던 스포츠 스타들이다.

프로레슬링과 복싱이 가장 인기 있는 스포츠이던 시절, 김일은 온 국민의 우상이었다. 안토니오 이노키, 자이언트 바바 같은 일본 선수들과의 경기에서 '박치기 왕' 김일의 경기는 늘 해피엔딩과 권선징악의 내러티브를 보여주는 영웅 서사로, 스포츠라기보다 예능 프로에 가까웠다. 한 프로레슬러가 "프로레슬링은 쇼다"라고 폭로하며 레슬링의 몰락을 가져왔다고 하지만, 1980년대 야구, 축구 같은 종목이 프로 스포츠가 되면서 레슬링의 인기는 필연적으로 추락할 수밖에 없었다. 김일 옆에 묻힌 조오련의 묘지와 묘역 상부 손기정의 묘지 앞에서도 '상상된 공동체'를 떠올렸다. 스포츠야말로 공동체의 이데올로기를 감정적으로 고양시키는 제도가 아니던가. 올림픽이나 월드컵이 스포츠를 통해 장벽을 허무는 세계인의 축제라고 하지만, 실은 배타적인 민족주의와 국가주의를 공고히 하는 역할을 더 많이 해왔을 것이다.

대전현충원의 묘지 중 가장 많은 생각을 하게 한 묘지는 지난 2010년 10월 10일 사망한 북한 최고위급 출신 인사 황장엽의 묘지다. 1997년 남한으로 망명하기 전까지, 그는 북한에서 김일성, 김정일 다음가는 최고의 권력자이자, 북한 체제의 근간이 된 주체사상을 확립한 사상가로 알려졌다. 그런 그가 어떻게 남한의 국립현충원에 묻히게 되었는가. 황장엽과 함께 망명한 측근의 회고록에 따르면, 국제무대에서 그의 실언이 화근이 되어 김정일을 격분케 했고 1990년대 사회주의권 붕괴와 맞물려 그가 담당한

국제 사업이 연이어 실패하면서 정치적 위기감을 느꼈다는 것, 이를 두려워해 그가 남한으로 망명했다는 것이다.

문제는 그가 사망한 뒤 이 묘역에 묻히게 된 사정에 있다. 현행법상 황장엽은 국립묘지 안장 대상이 되지 못했으나 당시 정부가 훈장 추서를 추진하면서 황장엽에게 1등급 훈장인 국민훈장무궁화장을 수여했다. 훈장을 받아 현충원에 안장된 것이 아니라, 현충원에 안장하기 위해 훈장을 추서한 것이 문제였다.[*] 주체사상을 체계화해 북한 독재정권의 기틀을 마련하고 북한의 인권악화를 초래한 장본인이 단지 탈북해 북한 정권을 비판한 활동을 펼쳤다는 이유만으로 국립현충원에 안장될 수 있는 것인지 묻지않을 수 없다. 북한이라는 가장 억압적인 '상상된 공동체'를 만드는 데 앞장선 그인데 말이다.

서울현충원에 묻힌 〈애국가〉의 작곡가 안익태도 떠올려 봄직하다. 그가 작곡했다는 환상곡 〈에텐라쿠〉는 "일본 천황 즉위식 때 축하 작품으로 연주된 것으로, 천황에 대한 충성을 주제로 한 일본 정신이 배어 있는 작품"으로 《친일인명사전》에 소개돼있다.[**] 안익태는 1942년 일본이 세운 만주국 건국 10주년을 기념해 〈만주 환상곡〉을 작곡한 장본인이기도 했다. 최근 독일 나치시대 기록 필름에서 안익태가 베를린 필하모닉을 지휘하고 있는 모습이 담긴 동영상이 발견돼 그의 친나치 이력도 조명받았

---

[*] 〈주체사상 '대부' 황장엽, 어떻게 대전현충원에 묻혔나〉 오마이뉴스, 2021년 8월 9일.
[**] 김종훈, 앞의 책, 88쪽.

다. 권력에 아부한 그의 이력은 해방 뒤에도 이어져 1955년 '이승만대통령 탄신 80회 기념음악회'를 지휘하기 위해 한국을 방문했고, 이를 계기로 제1호 문화포장을 받았다.* '상상된 공동체'를 구성하는 가장 첨단의 국가國歌를 만든 작곡가 안익태. 그것도 핍박받는 동포와 민족을 위해서가 아닌, 제국의 '공동체'를 위한 행적이었다. 〈애국가〉를 바꿔야 한다는 주장이 끊임없이 제기되는 까닭이 여기에 있다.

국가사회공헌자 묘역에는 이들 외에도 익숙한 정치인과 관료들 이름을 다수 만날 수 있다. 오제도, 민복기, 신현확, 김상협, 이만섭 등 국무총리, 국회의장, 대법관 등을 지낸 사람들이다.

현충원 정문 쪽을 향하다 공무원 묘역 부근에서 '세월호 순직교사 묘소'라는 노란색 팻말이 발걸음을 멈추게 했다. 세월호 묘역에서 중앙광장 반대편으로 다소 멀리 떨어진 장병 제3묘역에는 천안함 사건으로 순국한 46명의 용사 묘역이 마련돼 있고, 장병 제4묘역에는 연평해전에 희생된 전사자 묘역도 조성돼 있다. 모두 우리 사회를 크게 뒤흔든 사건들이었고, 좌우 진영 논리에 의해 추모보다는 의혹과 비난, 조롱이 난무했던 사건들이다.

천안함 46위의 묘지는 특별히 그 주변으로 울타리가 쳐져 있어 삶의 마지막 순간을 함께 한 장병들을 모시고 있고, 묘역 앞에는 검정 대리석의 추모비와 해군 함정을 부조한 조각품도 새겨져

* 　김종훈, 앞의 책, 89쪽.

있다. 천안함 사건에 대한 분열된 국론에도 불구하고 고통 속에 죽어간 망자들에 대한 추모의 마음은 한결같아야 할 것이다.

이는 세월호 사건에 대한 우리 사회의 부끄러운 자화상에도 마찬가지로 적용된다. 특별히 마음을 아프게 한 두 묘지는 기간제였다는 이유로 순직 인정이 늦어진 교사들의 묘지다. 죽음 앞에서조차 기간제 교사라는 차별이 적용되었던 그 잠깐의 머뭇거림이 씁쓸했다.

조상과 후손을 공유하고 혈연 지연으로 끈끈히 연결된 민족과 국가라는 공동체는 그 무엇보다 앞선 가치로 보인다. 그러나 미국, 중국 같은 나라도 단일민족이 아니며 다민족 국가가 대부분이라는 것. 또 민족과 인종, 종교 간의 갈등을 부추겨 끔찍한 전쟁의 화마를 불러일으킨 비극이 얼마나 많았는지는 가까운 역사를 조금만 들춰보아도 알 수 있다. 보완돼야 할 담론이긴 하지만 '상상된 공동체'가 통찰하고자 한 바는 새겨볼 만하다.

파주 적성면 북한군묘지에서

우리 국토에 있는 많은 묘지를 찾아다녔지만 가장 충격적인 묘지를 만난 것은 휴전선이 멀지 않은 파주시 북단에서였다. 북한군과 중공군 묘지들이 거기 있다는 얘길 듣고서였다. 북한군묘지가 우리 땅에 있다고? 쉽게 상상할 수 없는 일이었다.

파주에 일이 있어 갔다가 문득 북한군묘지가 떠올라 차를 돌렸다. 내비게이션에 '북한군묘지'라고 치니 뜻밖에도 그 항목이 검색되었다. 내륙 깊숙한 안쪽, 북한 땅이 멀지 않은 곳, 차들이 쌩쌩 달리는 길가에 묘지를 알리는 입간판이 보였다. 파주시 적성면 탑곡리 산 56-1번지. 남방한계선에서 남쪽으로 약 5킬로미터 떨어진 37번 국도변이었다. 차들만 달리는 외진 곳이라 인적이 드물었다. 한글과 영어로 쓰인 안내판을 먼저 읽었다.

이곳은 6·25전쟁에서 전사한 북한군과 중국군 유해, 6·25전쟁 이후 수습된 북한군 유해를 안장한 묘지이다. 대한민국 정부는 제네바협약과 인도주의 정신에 따라 1996년 6월에 묘지를 조성하였으며, 총면적 6,099m²로 1묘역과 2묘역으로 구분되어 있다. 2묘역에 안장되었던 중국군 유해 541구는 총 3회에 걸쳐 본국으로 송환되었다.

오솔길을 걸어 안으로 들어서니 갑자기 드러난 너른 평지에 제2묘역이 조성돼 있었다. 맞은편에 조붓한 평야와 야트막한 산이 바라다 보이는 비탈에 일정한 간격으로 바닥에 놓인 작고 네모난 묘지석이 정렬되어 있었다. 어지럽고 숨이 막혔다.

묘지석에 표시된 묘비명을 보니, 좌상단에 북한군 ○○ 같은 일련번호가 매겨져 있고 하단에는 시신이 수습된 장소의 지명이 새겨져 있었다. 묘지석에 적힌 대부분의 이름은 '무명인'이다. 그런 공동묘지가 층을 이뤄 두 군데 부지에 조성돼 있었다. 한쪽의 묘지 자리가 빈 것을 보니, 아마도 송환된 중국군의 묘지들이 있던 자리인 듯싶었다.

길을 돌아 제1묘역으로 가보니 그곳은 잔디가 패여 흙이 듬성듬성 드러나 있고 대리석 묘비엔 소위, 중위, 상위 등 군 계급이나 개인 이름이 적힌 묘지들도 보였다. 전장에서 죽어간 이들도 있고, 전쟁 뒤 다양한 경로로 남파돼 사살되거나 사망한 '무장공비'나 간첩들도 있을 터였다. 김신조와 함께 내려온 1·21 사태의 무장공비들,

전쟁이 할퀴고 간 우리 땅 곳곳에 조성된 적군의 무덤들을 제네바협약과
인도주의 정신에 따라 이곳에 통합해 묻었다. 분단의 비극과 전쟁의 참화,
적개심과 공포의 감정까지, 말이 없이 많은 말을 하는 무덤들이 거기 누워 있었다.

남해안 침투 반잠수정 안의 사체들, 낙동강 전투에서 사망한 무명 군인 묘지도 있었다. 방송과 신문에서 접한 역사가 여기 묻힌 것이다.

1950년대, 한국전쟁이 할퀴고 간 뒤 우리 땅에는 이러한 적군묘지들이 곳곳에 산재해 있었다고 한다. 그 묘지들을 1996년에 이곳에 통합해 안장했다는 것이다. 그 자신 북에서 쫓겨 내려온 데다 한국전쟁에 종군기자로 참전했으며, 박정희와도 친분이 두터웠던 시인 구상은 대표작인 《초토의 시》(1956) 연작의 여덟 번째 시로 〈적군 묘지 앞에서〉라는 시를 남겼다. 자못 비극적이면서도 숭고한 느낌을 자아내는 시다.

오호, 여기 줄지어 누워 있는 넋들은 / 눈도 감지 못하였겠구나. // 어제까지 너희의 목숨을 겨눠 / 방아쇠를 당기던 우리의 그 손으로 / 썩어 문드러진 살덩이와 뼈를 추려 / 그래도 양지 바른 두메를 골라 / 고이 파묻어 떼마저 입혔거니, // 죽음은 이렇듯 미움보다도, 사랑보다도 / 더욱 너그러운 것이로다.

— 구상, 〈적군 묘지 앞에서〉 앞부분

북한군묘지, 혹은 적군묘지라 불리는 이 묘지들은 안내판에 언급된 대로 인도주의를 표방한 제네바협약에 따라 조성되었다. 이 협약에 의해 유럽을 비롯한 여러 국가가 끔찍한 전쟁의 아픔과 상흔을 씻고 이런 적군의 묘지들을 조성한 것으로 안다.

인민군, 무장공비, 간첩 등의 단어는 본능적으로 상당한 위협과

거부감을 불러일으키는 말들이다. 방송과 교육이 주입한 반공 이데올로기의 영향이 아니더라도, 전쟁 중에 우릴 향해 총을 겨누었던 적군이나 분단 뒤 휴전선을 넘나든 간첩, 무장공비들은 분명 경각심과 두려움을 갖게 하는 존재들이었을 터다. 그들의 묘지 앞에서 느낄 수 있는 감정은 두 가지일 것이다. 그런 과거에 대해 천만 배로 보복해 응징해야겠다는 증오의 감정과, 다시는 그와 같은 피와 살육의 역사를 되풀이하지 말아야겠다는 성찰의 감정.

개인적으로는, 우리 땅에 이런 묘지가 있음에 대한 충격과 분노를 넘어, 우리가 이제 그와 같은 "묘지도 만들어줄 만큼 포용력을 갖게 됐"고, "우리가 이제 민족의 정체성을 잇기에 충분한 능력을 갖췄다는 자신감의 발로"*라고 보는 견해에 고개를 끄덕인다. 파주에 이 묘지가 조성되기 전, 우리 땅 곳곳 양지바른 데 민간인들에 의해 만들어졌다는 적군묘지들이 인간의 존엄을 생각해 만들어진 장소들이었다는 것을 떠올리면서 말이다.

---

*　　김영식, 《그와 나 사이를 걷다》(골든에이지, 2009), 68쪽.

16

새는
좌우의 날개로 난다

전태일, 이소선, 조영래, 김근태, 백기완, 문익환, 박종철

모란공원에 끌리는 이유

일 년 만에 모란공원에 갔다. 2020년 가을에 간 뒤 다시 찾아간 것이다. 그 사이 백발의 투사 백기완과 소설가 남정현, 춤꾼 이애주 등이 돌아올 수 없는 길을 떠나 이곳에 고단한 육신을 누였다.

모란공원은 1966년에 묘지로 조성되기 시작해, 1969년부터 안장이 시작되었으며 현재까지 약 1만 3000기의 무덤이 들어섰다.* 모란공원이 본격적으로 민주주의의 성지로 자리 잡기 시작한 것은 1970년 노동자의 당연한 권리를 주장하며 당신의 한 몸을 불사른 청년 전태일全泰壹(1948-1970)이 이곳에 묻히면서부터였다. 그 뒤 민주화운동에 헌신한 열사들이 멸한 육신으로 이 묘지를 찾았다. 여기 묻힌 민주, 노동, 인권운동 관련 열사들 묘지가 대략 150여 기라고 한다.

1989년 여름 중국의 천안문 사태로 세상이 떠들썩하던 무렵,

---

* 박래군,《우리에겐 기억할 것이 있다》(클, 2020), 220쪽.

책을 읽다가 무엇엔가 끌린 듯 버스를 타고 모란공원을 처음 찾았다. 그 네댓 해 뒤 한겨울 문익환 목사가 별세했을 때 또 무엇엔가 끌린 듯 묘지를 찾았고, 깊은 땅속에 내려진 관 위에 흙을 뿌렸다. 그렇다. 모란공원은 내게 '무엇엔가 끌린 듯' 찾아가는 장소였다. 개인적으로 아는 이의 묘가 있는 것도 아니고 누가 가 보라고 등을 떠민 것도 아니었다.

숨 막히는 자본주의 시스템의 한 부속품이 되어 직장생활을 하는 동안, 모란공원은 내게 잠시 잊힌 곳이 되었다. 이따금 신문에서 노동운동가, 민주화 인사들이 유명을 달리해 모란공원에 잠들었다는 기사를 접할 때 그 묘지가 아스라이 떠올랐을 뿐이다. 2018년 여름, 노회찬 의원이 그 공원에 잠들었다는 기사를 보고 다시 '무엇엔가 끌린 듯'한 느낌을 받았다.

전태일과 노동열사들의 묘

1970년 청계피복노조 노조원이었던 전태일이란 청년이 몸에 시너를 뿌리고 자신을 불살랐을 때 폭압과 패배주의에 웅크리고 있던 민주주의에의 열망이 다시 점화되었다. 많은 양심 있는 지식인들이 그의 분신으로 깨어났고, 민주주의에 대한 갈망이 솟구쳐 올랐다. 폭력적인 수단으로 연명하던 군사정권의 명을 재촉한 것도 이 사건이었다. 1970년대는 그렇게 시작되었다.

1948년 대구의 찢어지게 가난했던 집안에서 태어나 초등학교도 마치지 못한 전태일. 17세에 서울에서 식모살이하는 어머니를 찾아 동생과 함께 상경한 뒤 꿈에 부풀어 평화시장 봉제공장의 시다(재단사 보조)로 일자리를 얻게 된 전태일. 그러나 함께 일하는 여공과 동료들이 하루 15시간 이상의 장시간 노동과 열악한 환경, 그로 인한 호흡기질환, 소화불량, 영양실조에 걸리는 모습을 지켜본 전태일. 업주의 재량에 따른 저임금에 문제의식을 갖게 된 전태일. 근로기준법이 있음을 알게 되어 그것을 독학으로 읽다시피 한 전태일. 법과 현실과의 괴리를 느끼며 바보회, 삼동회 등의 조직을 만들고 노동환경 실태조사를 하며 관청과 사업자에게 근로조건 개선을 요구하다 끝내 해고당한 청년 노동자 전태일. 근로기준법을 준수할 것을 요구하며 1970년 11월 13일 청계천 노동자집회 중 근로기준법 책자와 함께 자신의 몸을 불사른 22세의 청년 전태일. "근로기준법을 준수하라! 우리는 기계가 아니다! 일요일은 쉬게 하라! 노동자들을 혹사하지 말라! 내 죽음을 헛되이 말라!" 아무런 문학적 수사나 꾸밈이 없는 그의 마지막 외침은 잠들어 있던 노동운동과 민주화운동을 화들짝 깨운 포효였다.

전신 3도 화상을 입어 생명이 위독해진 가난한 청년 노동자의 몸은 당시 어떤 병원에서도 받아주지 않았고, 그가 기독교인이었음에도 불구하고 어느 교회 목사도 자살한 청년을 위해 기도해주지 않았다. 전태일은 어머니 이소선에게 "어머니, 내가 못다 이룬

일, 어머니가 꼭 이루어주세요"라는 말을 남기고 11월 13일 밤 10시에 숨을 거두었다.

전태일의 죽음은 당시 엄청난 사회적 반향을 불러일으켰다. 서울대학교 법대를 위시해 수많은 대학에서 그를 추모하는 집회가 열렸고, 이후 많은 지식인이 이를 계기로 민주화운동에 뛰어들게 된다. 비로소 우리 사회가 반독재 운동만이 아닌 노동운동에도 눈을 돌리게 된 것이다. 사업장마다 노동조합을 만들기 위한 싸움이 시작되었고, 야학 활동을 통해 노동자들이 당연히 누려야 할 권리가 공유되기 시작했다.

그의 죽음으로 가장 강인한 투사가 된 것은 그의 어머니 이소선이었다. 아들 전태일이 그랬던 것처럼, 이소선 역시 노동자들의 권익을 위해 남은 생을 바쳤다. 아들의 분신 뒤, 공안기관과 노동부 관료들의 돈다발과 회유, 협박을 물리친 이소선은 노동운동으로 수감된 노동자들을 뒷바라지하고 흩어진 열사들의 유가족을 모아 단체(유가협)를 만드는가 하면 그 역시 수도 없이 옥고를 치르며 아들의 뜻을 지켜갔다. 전태일의 어머니에서 노동자들의 어머니가 된 것이다. 2011년 9월, 아들보다 41년을 더 살면서 아들의 뜻을 이어받아 핍박받는 노동자들을 돌보다 작고한 이소선 여사의 묘는 모란공원의 전태일 묘 옆에 마련되었다.

전태일의 정신을 기리는 전태일기념관은 서울 종로2가 청계천변에 있다. 그 전시장에서 한 장의 사진이 눈에 들어왔다. 전태일의 분신 뒤 불의에 분노해 일어섰던 대학생들의 집회 사진이다. 분신 이튿날인 11월 14일 서울대학교 법대 학생회가 집회를 열었고, 곧 서울대학교 상대, 문리대, 21일에는 연세대학교, 고려대학교, 숙명여자대학교, 23일에는 각 대학 학생들의 성토대회가 이어졌다. 종교계도 기도회와 항의 집회를 열었다. 숨죽였던 민주화에의 열망이 터져나온 것이다. 그때 전태일의 뜻과 죽음에 공명하고 분노했던 청춘들은 지금 어디서 무얼 하고 있을까.

모란공원에는 전태일의 뒤를 이어 열악한 노동 환경을 개선하고 노동자의 권리를 되찾고자 싸운 수많은 노동열사들이 잠들어 있다. 1986년 분신한 박영진을 비롯해 송철순, 문송면, 김봉환, 배재형, 윤주형 등* 대한민국의 가파른 경제성장 이면에 감춰져 있던 노동자들의 장시간 저임금 노동과 열악했던 환경을 개선하고자 싸운 사람들이었다. 2018년 12월 태안화력발전소에서 비정규직 노동자로 일하다 사망한 김용균도 모란공원에 잠들어 있다.

조영래와 김근태의 묘
─ 고뇌하는 지식인들이 걸어간 길

전태일의 묘에서 멀지 않은 곳에 전태일과 인연이 깊은 또 한 사람이 깊은 침묵과 고요 속에 잠들어 있다. 1980년대 대표적인

---

* 박래군, 앞의 책, 227-231쪽.

인권변호사이자 최초로 전태일의 평전을 쓴 조영래다. 한자와 어려운 말로 된 근로기준법을 독해하기 힘들었던 전태일은 평소 "대학생 친구가 있었으면 좋겠다"는 말을 입버릇처럼 했다고 전해진다. 전태일은 사후에 수많은 대학생 친구들의 마음을 움직였는데 그중 한 사람이 조영래였다. 1948년생인 전태일보다 한 살 많은 나이에 같은 대구 출신이지만 서로 일면식도 없었다. 초등학교조차 마치지 못한 전태일과 달리 우리나라 최고의 엘리트 코스를 밟은 조영래는 생면부지의 전태일의 삶을 조명하고 기억하고자 수배 기간 중 《전태일 평전》*을 집필했다.

어릴 적부터 불의를 참지 못했고 소외되고 가난한 사람들을 그냥 지나치지 못한 조영래는 서울 경기고등학교 3학년이던 해에 한일회담 반대시위를 주도해 정학 처분을 받았으나 이듬해 서울대학교를 전체 수석으로 입학했다. 대학에서도 6·8 부정선거 규탄, 3선 개헌 반대 운동에 앞장섰으며, 서울대학교 법대를 졸업하고 일찌감치 사법고시에 합격해 변호사 활동을 시작한 조영래는, 부와 명예가 보장된 삶을 버리고 독재정권에 맞서 싸우며 핍박받는 사람들 편에 선 인생을 살았다.

김근태, 장기표, 손학규 등과 함께 1970년대 서울대학교 운동권을 이끈 조영래는 서울대생 내란음모 사건, 민청학련 사건 등 굵직한 공안사건의 피의자로 수배를 받아 도망 다니는 틈틈이 전

---

* 일본에서 먼저 출판되었고, 이후 익명의 저자가 《어느 청년노동자의 삶과 죽음》이란 제목으로 출판되어 읽히다가 조영래 사망 1년 뒤에야 그의 저작임이 밝혀졌다.

태일의 삶과 죽음을 기록해나갔다. 1980년 수배가 풀린 뒤에는 '민주사회를 위한 변호사 모임'(민변)을 조직했고, 수많은 인권, 민주, 노동 관련 변호를 담당하며 대표적인 인권변호사의 길을 걸었다. 1987년 대선에서 군사독재의 종식을 이루지 못하자 줄담배로 이를 달랬는데, 이것이 폐암으로 발전된 모양이다. 1990년 12월 12일, 43세의 나이로 그도 유명을 달리했다. 전태일이 노동자의 귀감이었듯, 조영래는 폭력으로 점철된 군사독재 시절에 양심 있는 지식인이 가야 할 길을 보여준 삶을 살았다. 어두운 죽음의 시대를 함께 살다간 두 사람은 가까운 곳에 곁을 두고 함께 묻혀 있다.

조영래와 경기고, 서울대 동창으로 그와 함께 박정희 시절 대표적인 학생운동 지도자였던 김근태도 민주주의의 신념을 일관되게 지켜간 삶을 살았다. "5년 6개월에 걸친 2차례의 투옥, 26차례의 체포, 7차례의 구류, 죽음의 문턱을 넘나들었던 고문"** 등 그의 삶은 민주화의 가시밭길을 그대로 보여준다. 전두환 정권 시절, 민청련 의장을 지내다 체포되어 유명한 고문 기술자 이근안에 의해 죽음의 문턱까지 갔던 고문을 경험하기도 한 김근태. 1985년 남영동 대공분실로 끌려가 이근안을 비롯한 5명의 경찰관에게 22일 동안 고문을 당한 사실은, 소문으로만 떠돌던 독재정권의 폭력이 어떠한 것인지를 만천하에 드러내주었다.

** 두산백과 '김근태' 항목.

이근안은 김근태와 남영동에서 처음 만난 순간, "지금은 네가 당하고 민주화가 되면 내가 그 고문대 위에 서줄 테니까 그때 네가 복수를 해라"*라는 말을 남겼다고 한다. 전두환 독재가 무너져 5공화국이 청산되고 고문의 실상이 속속 폭로되자 이근안은 사표를 제출한 뒤 수배자 신세가 되었다. 10년 10개월을 숨어 지낸 이근안은 2000년 자수해 7년 형을 언도받았으나 2005년 가석방되었다. 제도권 정치인이 된 김근태는 수감된 이근안을 찾아가 면회를 하고 사과도 받아냈지만, 평생을 고문 후유증에 시달리다가 딸의 결혼식도 보지 못한 채 2011년 12월 30일 지병으로 별세했다. 향년 64세. "당신이 옳았습니다"라 적힌 팻말을 따라가면 '민주주의자 김근태의 묘'를 만날 수 있다.

백기완과 문익환의 묘 앞에서
― 어른이 없는 시대

1987년은 그 어느 해보다 뜨거운 겨울을 예고했다. 종신 집권을 향한 전두환의 꿈이 좌절되며 유신헌법 이후 15년 만에 직선제 대통령선거가 치러진 것이다. 그 겨울에 이상한 헤어스타일에 검정 두루마리를 펄럭이던 한 후보가 뜨겁던 대선판에 출마해 뜻

---

* 박래군, 앞의 책, 181-182쪽.

밖의 관심과 지지를 받았다. '백기완 현상'이라 불릴 만한 사건이었다. 1960년 조봉암이라는 진보 정당 정치인이 사법살해 당한 뒤, 아마도 처음 대통령 후보로 서게 된 진보 정당, 재야운동권 후보였을 것이다. 야권 후보 단일화와 군부독재의 종식을 촉구하며 중도에 사퇴했지만 백기완이란 이름 석 자는 사람들에게 또렷이 각인되었다. 그 뒤 거의 모든 반독재, 민주화운동 집회에 그가 있었다. 비정규직, 해고 노동자들의 집회에도, 이라크파병 반대 운동에도, 한미자유무역협정(FTA) 반대 운동, 용산참사 규명 운동, 밀양 송전탑 반대 운동에도 백기완이 있었다. 그렇게 그는 민주화 진영의 든든한 어른이 되었다. 2016년 겨울 촛불집회에도 여든이 넘은 나이로 참가한 백기완은 폐질환으로 투병하던 중 2021년 2월 15일 향년 88세의 나이로 생을 마감했다.

백기완은 시인이기도 했다. 황해도 은율 출신으로 그의 조부와 부친 모두 독립운동에 헌신한 집안이었다. 그러한 가풍을 이어받아 1950년대부터 농민운동, 노동운동, 반독재 운동에 뛰어들어 오랜 옥고를 치렀고 틈틈이 《장산곶매 이야기》 등 수많은 소설과 수필을 짓기도 했다. 민주화 집회에서 가장 많이 불렸으며, 얼마 전 홍콩과 미얀마의 반독재 항쟁에서도 널리 불린 민중가요 〈임을 위한 행진곡〉의 원작자가 백기완이다. 백기완의 부음을 들었을 때 확실히 한 시대가 저물었음을 뼈저리게 느꼈다. "쫄지 마!"라 외치며 한 시대를 오롯이 버텨왔던 어른들이 모란공원으로, 망월동으로 한 줌 흙이 되어 사라져갔다. 세상에 리영희도 백기완도 김근태도 노회찬도 이외수도 없다. 참 쓸쓸한 세상이다. 그리고 또 한 어른, 문익환도 없다.

문익환 목사의 장례 때는 직접 장례 행렬을 따라 이곳 모란공원에 왔다. 1994년 초겨울이었다. 1989년 북한에 다녀와 체포돼 옥고를 치른 뒤 활동을 이어가던 문익환 목사가 급작스레 심장마비로 별세한 것이다. 향년 77세였다. 1987년 6월 항쟁의 기폭제가 된 이한열의 장례식 노제에서 수많은 노동, 민주열사들을 한 명 한 명 호명하며 역사에 남을 명연설을 한 문익환은 당시 재야운동권의 상징적인 인물이었다. 그런 그가 1989년 3월 25일 민간인 신분으로 북한을 방문해 김일성과 악수하고 포옹을 나누던 장면은 충격 그 자체였다.

문익환 목사의 삶과 인생에 대해 좀더 확실히 알게 된 것은 훨씬 뒤의 일이다. 만주 명동촌의 윤동주 생가에 갔을 때, 윤동주, 송몽규와 함께 사진에 찍힌 청년 문익환의 모습을 접했을 때다. 문익환은 잡지 《사상계》를 이끌다 1975년 의문의 죽음을 당한 장준하와도 각별한 사이였다. 목회자의 길을 걷던 문익환을 민주 투사로 만든 것도 장준하의 의문의 죽음이었다. 이듬해 1976년 3·1 민주구국선언 사건으로 처음 투옥된 때가 그의 나이 59세였다. 이때부터 '늦봄'이라는 아호를 쓰며 민주화운동에 투신한 문 목사는 1994년 77세 나이로 사망할 때까지 생애 마지막 17년 중 11년 반을 교도소에서 보내야 했다.* 진보적인 장로교 목사였던 김재준이 이끈 한국신학대학교에서 교수를 역임하며 구약성서 번역 등 성서학자로도 이름을 날리던 문익환은 함석헌, 장준하와 진보적 개신교 대표로 활동했고, 가톨릭계의 김수환 추기경, 지학순 주교, 함세웅, 문규현 신부와도 두터운 친분을 이어갔다.

문익환의 1989년 방북사건은 수십 년 반공 이데올로기에 젖어 있던 남한에서 격렬한 찬반 논쟁을 불러일으켰다. 김일성과 북한 체제에 철저히 이용당했다는 것이 비판자들의 논리고, 오히려 그가 북한 체제와 주체사상에 비판적 입장을 견지하고 이를 지켜왔다는 주장이 반대의 논리다. 방북 이후 그가 이끈 범민련이 북한에 끌려다니자 범민련을 해체하고 새로운 기구를 만들려 했던 데서 이런 사실이 뒷받침된다. 문익환이 김일성과 이룬 합의가 1991년 남북기본합의서, 2000년 6.15 남북선언으로 거의 그대로 이어진 걸 보면, 그의 방북이 소영웅적 행동에 그친 것만은 아닐 것이다. 문익환이 사망한 몇 달 뒤인 1994년 7월, 북한의 김일성 주석도 사망했다. 그들에게는 시간이 많지 않았던 것이다.

백기완과 마찬가지로 문익환도 시인이었다. 어린 시절, 동네 친구 윤동주에게 시를 보여주었는데 윤동주로부터 "이게 시야?"라는 말을 들은 뒤 시인의 길을 포기했다던 문익환. 노년에 민주화운동에 몰두하며 낭만적이고도 격렬한 저항시들을 썼고 이를 몇 권 시집으로 묶기도 했다. 그 시들 가운데 칠순의 문익환이 일

* 나무위키, '문익환' 항목.

본 감옥에서 사망한 친구 윤동주를 회상하며 쓴 시 〈동주야〉가 있다. 70세 노구로 11년의 옥고를 치른 문익환은 감옥에서 나오면 이곳 모란공원을 찾아와 자신보다 나이가 어린 열사들 묘지마다 찾아다니며 절을 하고 기도를 올렸다고 했다.[*] 〈동주야〉에서 "너마저 늙어간다면 이 땅의 꽃잎들 / 누굴 쳐다보며 젊음을 불사르겠니"라고 읊은 그 마음이 고스란히 전해진다. 문익환은 평생의 동지이자 동반자였던 아내 박용길 장로와 합장되어 모란공원 좌측 상부에 잠들어 있다.

박종철과 어두운 죽음의 시대

모란공원 민주열사 묘역의 우측 상부에 박종철 열사의 빈 무덤이 있다. 박정희 독재가 막을 내린 뒤 더욱 어둡고 캄캄했던 전두환 독재정권을 지내온 사람들에게 '탁' 치니 '억' 하고 죽었다는 공안 당국의 발표는 곧이곧대로 받아들일 수 있는 말이 아니었다. 1987년은 그의 사망 소식과 함께 시작돼 그렇게 서서히 불타올랐다. 황사가 자욱했을 잿빛 봄, 4월 13일에 독재자는 종신 집권의 야욕을 노골적으로 드러냈고, 학생들에 이어 넥타이 부대들이 반독재 대열에 합류하면서 온 나라가 뜨겁게 불타올랐다.

---

[*]　박래군, 앞의 책, 235쪽.

여름의 초입에, 연세대학교 학생 이한열이 머리에 최루탄 파편을 맞고 사망하면서 군사독재는 막을 내리는 듯했다. 그러나 세상은 쉽게 바뀌지 않았다. 그해 연말 대통령 선거는 군사독재가 더 연장되는 결과로 이어졌다. 1987년 겨울은 쓸쓸하게 저물었다.

87체제의 서막을 알린 박종철의 고문치사 사건. 경찰은 고문당해 사망한 이 대학생의 시신을 유족과 상의도 없이 화장해버렸다. 부산의 공무원이었던 부친 박정기는 아들의 유골을 임진강에 뿌리며 "철아 잘 가그래이, 이 애비는 아무 할 말이 없데이" 하며 울먹였다. 아들의 무덤을 만들지 못한 것이 한이었던 부친은 1989년 3월 3일 이곳 모란공원에 시신이 없는 초혼장으로 아들의 묘를 마련했다. 전태일의 어머니 이소선과 마찬가지로, 아들의 죽음 이후 투사로 변신한 박정기도 2018년 8월 아들 곁에 묻혔다.**

재야운동의 어른이었던 계훈제를 비롯해, 최초의 필화사건이 된 소설 〈분지〉의 작가로 '문학계의 리영희'로 불린 소설가 남정현, 또 오재영, 강은기, 김진균, 홍성엽, 최종길, 안치웅, 최우혁, 우종원, 김성수, 한희철, 김상원, 권재혁, 허원근, 김경숙. 그리고 아직도 기억이 생생한 2009년 용산참사 때 희생된 (사망 355일 만에 장례가 치러진) 철거민 다섯 명의 묘지도 모란공원에 있다. 그들의 행적과 삶을 자세히 소개하지 못하는 것이 아쉽기만 하다.

** 박래군, 앞의 책, 241쪽.

모란공원 제2묘원에 묻힌 사람들

민주열사 묘역과 가까운 모란공원 제2묘원에는 수필집《인연》으로 유명한 피천득의 묘가 있다. 1910년생인 피천득은 도산 안창호의 흥사단에 참여했고 안창호, 이광수와도 인연이 깊었다. 2002년 월드컵 때 붉은악마 티셔츠를 입고 찍은 사진이 있을 만큼 우리와 가까운 시대를 살았던 작가다.

김옥균과 함께 갑신정변의 주역으로 참여했으며 태극기를 처음 고안해냈으나 일제강점기 골수 친일 부역자로 변신한 박영효의 묘도 제2묘원에 있다. 헌신적인 의료와 봉사하는 삶으로 '한국의 슈바이처'라 불린 장기려 박사, 1960-1970년대 한국의 대중문화를 이끈 작곡가 박춘석, 코미디언 김희갑의 묘도 여기에 있다.

어떻게 살 것인가,
물으러 묘지에 갔다

김수환, 법정, 장일순, 김종철, 권정생

묘지에서 묻고 답하는 것들

묘지는 그런 곳이다. 가서 마음을 내려놓는 곳. 가서 한껏 감상에 젖는 곳. 풀리지 않는 고민으로 삶이 막혀 있을 때 가서 한참 울다 오는 곳. 그렇게 다시 살아갈 힘을 얻고 오는 곳. 우리 안에 가뭄처럼 메마른 눈물의 샘을 퍼올려 마음을 씻고 정화해 오는 곳. 효율과 경쟁만을 부추기는 도시와 가상공간을 벗어나 성찰과 정화의 의식을 치르는 장소가 묘지다.

"어떻게 살 것인가?"를 묻고 답을 얻기에 좋은 곳도 침묵으로 답해주는 묘지가 적당하다. 비탄과 절망에 빠진 사람들에게 "공동묘지에 가서 20분만 걸어보라. 그러면 당신의 슬픔이 완전히 사라지지는 않더라도 거의 가라앉음을 느끼게 될 것이다"[*]라고 말한 에밀 시오랑의 권고대로, 묘지의 사잇길을 걷노라면 한없이 고요하고 겸손해질 수 있다.

***

[*] 정수복,《파리의 장소들》(문학과지성사, 2010), 163쪽에서 재인용.

큰 화해와 실천하는 삶을 가르쳐준 선생님들

어느 해 초겨울 서울 성북동의 길상사에 갔을 때 그 절집 앞에 붙은 플래카드에 처음엔 충격을, 그다음엔 마음이 환해짐을 느꼈다. "아기 예수님의 탄생을 진심으로 축하합니다." 불교 사찰에서 보내는 성탄 축하 메시지라니. 겉으론 사랑과 용서, 자비를 가르치지만 실제로는 무자비한 배타성을 강요하는 것이 종교의 본질 아닌 본질이라 생각해온 내게 그 메시지는 수수께끼 같은 것이었다. 길상사의 성탄 메시지에 화답이라도 하듯 명동성당에도 음력 사월 초파일 무렵에는 석가모니의 탄신 축하 메시지가 붙는다고 들었다. 천주교 조각가 최종태가 조각한 길상사 경내의 관음보살상은 성모마리아 상을 닮기도 했다. 그러한 큰마음은 김수환과 법정 같은 성직자들이 있었기에 가능한 것이었다.

서슬 퍼렇던 군사독재 시절, 이들 종교지도자들은 사회 참여적인 발언을 주저하지 않았고 도피해 다니는 민주 인사들에게 피난처를 제공해주기도 했다. 김수환 추기경과 지학순 주교, 강원용 목사, 문익환 목사, 법정스님 등은 사회 참여와 정신적 가르침, 종교적 실천으로 어두웠던 시절 민중들에게 한 줄기 빛을 전해준 성직자들이었다.

우리나라 최초의 추기경인 김수환 스테파노 신부는 1922년 대구의 독실한 천주교 집안에서 출생한 뒤 어머니의 뜻에 따라 신학교에 입학했고, 일본의 조치대학에서 성직자의 길을 내디뎠다. 일제강점 말기 학도병으로 징집당해 생사의 갈림길에 서기도 했던 추기경은 1951년 가톨릭 신부가 된 뒤 안동, 김천, 대구 등에서 사목하다 1966년에 주교, 1968년 대주교로 서임돼 서울대교구장이 되었고, 1969년 교황 바오로 6세에 의해 추기경에 임명되었다. 한국 최초이며, 세계 최연소 추기경이었다.

그러나 추기경이 된 김수환 앞에는 1970-1980년대 군사독재라고 하는 캄캄한 암흑이 버티고 서 있었다. 김수환 추기경은 처음부터 민주화운동에 동참하고자 하지는 않았다. 당시 상황이 나라의 어른이자 종교 지도자로서 그냥 눈 감고 있을 수 없을 정도로 엄혹했던 것이다. 평화시장 노동자 전태일이 분신했고 강압적인 유신헌법이 발효되는가 하면 언론 탄압, 긴급조치 발동, 인권유린, 급기야 광주에서 학살이 벌어지는 등 침묵할 수 없는 상황이 이어졌다.

여기에는 1962년부터 1965년까지 총 4차에 걸쳐 열린 제2차 바티칸공의회라는 배경을 염두에 두어야 한다. 가톨릭 역사상 가장 중요한 사건으로 기록될 이 공의회에서는 교회가 전통에만 머무는 것이 아니라 개혁과 현실 참여에도 적극 임해야 한다는 〈현대 세계의 사목 헌장〉이 도출되었다.[*] 지금은 상상조차 할 수 없는 일이지만, 과거엔 우리 성당도 라틴어로 미사를 집전해야 했는데 모국어(한국어)로 미사가 가능해진 것이 이 공의회를 통해

---

* 　김건우, 《대한민국의 설계자들—학병세대와 한국 우익의 기원》(느티나무책방, 2017), 203쪽.

서였다. 이후 가톨릭이 민주화운동에 참여하게 되는 정당성이 이 〈사목 헌장〉으로부터 부여된 것이다.

김수환 추기경은 독재자들을 향한 신랄한 비판을 주저하지 않았다. 생중계로 진행된 신년 미사에서 대통령 박정희를 공개적으로 비난하는가 하면, 신군부에 의한 광주민중항쟁 진압을 비난하며 그 같은 엄청난 유혈 사태를 일으킨 책임자를 엄단해야 한다고 촉구했다. 세계교회협의회 활동을 거쳐 아시아기독교협의회 회장이 된 강원용 목사와 마찬가지로, 바티칸 교황청이 임명한 김수환 추기경도 군사정권이 함부로 건드릴 수 없는 사람이었다. 강원용의 크리스천아카데미가 그러했듯이 김수환이 버티고 있던 명동성당 역시 민주화 인사들의 은신처 역할을 했다. 그 절정이 1987년 여름이었다. 6월항쟁 당시 명동성당에 피신한 시위대를 연행하고자 경찰이 투입되자 추기경이 "경찰이 들어오면 맨 앞에 내가 있을 것이고, 그 뒤에 신부들, 그 뒤에 수녀들이 있을 것이오. 그리고 그 뒤에 학생들이 있을 것이오"라고 하며 학생들을 지켜낸 일은 지금도 유명한 일화로 남아 있다.

독재정권의 몰락 이후에도 시대의 어른으로 목소리를 냈던 김수환 추기경은 2009년 2월 16일 서울성모병원에서 86세의 일기로 선종했다. 생의 말년에 보수 정당을 지지하며 참여정부에 쓴소리를 한 탓에 추기경에 대한 지지를 철회하는 사람들도 있었지만, 그것으로 추기경의 삶이 폄하될 순 없을 것이다. 추기경의 묘지는 천주교 용인공원묘원 내 성직자묘역 중앙에 마련돼 있다. 2021년 선종한 정진석 추기경도 그 묘역에 잠들었다. 세계 종교사에 유례없이 자생적으로 가톨릭을 받아들이고 키운 것이 우리 천주교 역사였다. 초대 교회 성인들이 잠든 경기 광주의 천진암, 지학순 주교 등이 잠든 충북 제천의 배론성지와 더불어 천주교 용인공원묘원도 가톨릭 역사를 증언하는 장소가 되었다.

서울대교구장을 사임하기 전인 1997년 12월, 김수환 추기경은 길상사 개원법회에 참석해 축사를 했고 이듬해인 1998년에는 법정스님을 명동성당에 초청해 종교 간 화해를 도모했다. 김수환 추기경과 법정스님은 꽤 가까웠다. 법정스님의 에세이《무소유》를 읽고, 그 책이 아무리 무소유를 말한다 해도 그 책만큼은 소유하고 싶다는 말을 추기경이 남겼다고 한다. 법정스님은 추기경이 선종한 이듬해인 2010년 3월 11일, 79세 나이로 입적했다.

1932년 전남 해남에서 태어난 법정은 효봉스님, 자운스님 등을 통해 출가해 계를 받았다. 서울 봉은사에서 불경 번역 사업을 진행하던 중 함석헌, 장준하와 함께 1971년 유신철폐개헌 서명운동에도 참여했고 다양한 민주화운동에 참여했다. 함석헌이 발행한《씨알의 소리》편집위원으로 활동하며 김수환 추기경, 강원용 목사와도 교류하며 활동 영역을 넓혔다.

법정이 대중에게 널리 알려지게 된 것은 그의 저술을 통해서였다.《불교신문》편집국장과 역경국장을 지낸 법정은 1970년대 송광사 뒷산에 작은 암자인 불일암을 짓고 청빈한 삶을 실천하며 홀로 살았다. 그 행적과 사유를《무소유》(1976년) 등의 에세이

불일암 가는 맑은 숲길. 다비식을 거쳐 산골한 법정스님의 유해는
강원도의 오두막 뜰과 송광사 불일암 앞마당 후박나무 아래 뿌려졌다.
무소유를 설파하셨지만 생전에 훌륭한 길과 자연, 마음을 소유하고 계셨던 듯하다.

에 간결하고 쉬운, 맑고 깊은 문장으로 그려냈다. 《무소유》는 국민 에세이로 널리 읽혔다. 19세기 미국 사상가 헨리 데이비드 소로가 쓴 《월든》이 그랬듯이 폭주 기관차처럼 질주하는 산업화 사회에서 《무소유》가 던진 '느림'의 화두는 적잖은 반향을 불러일으켰다.

불일암에서의 생활이 대중에게 노출되자 법정은 더 깊은 산골 오두막을 찾아 강원도로 옮겨갔다. 그의 거처는 누구에게도 알려지지 않았다. 법정의 책에서 토머스 머튼 신부를 인용한 "우리는 홀로 있을수록 함께 있다"는 글에 크게 공명한 적이 있다. 과잉 연결된 사회, 그래서 온전히 자신과 독대할 줄 모르는 동시대인들에게 큰 울림을 주는 말이었다.

시인 백석의 연인이었던 김영한 여사로부터 성북구 산 중턱의 대원각 부지를 시주받아 길상사를 연 것이 1996년의 일이다. 《무소유》를 읽은 김영한 여사가 오래전부터 스님에게 대원각 부지를 시주하며 절을 지어달라 요청했으나 받아들이지 않다가 10년 만에야 수락했다고 한다. 길상사를 연 뒤에도 대부분 시간을 산골 오두막에 들어가 스스로 노동하고 공부하며 청빈한 삶을 실천한 법정도 2010년 세상을 떠났다. 스님의 마지막 길을 함께 하기 위해 길상사와 송광사에 모인 수많은 추모 인파를 보여주던 텔레비전 생방송 장면이 눈에 선하다.

어떤 이들은 법정이 받았을 거액의 인세나 그가 시주받은 길상사 등을 들어 스님의 '무소유'를 폄훼하곤 한다. 곡기도 끊고

옷도 입지 않으며 오두막에조차 거하지 않았어야 무소유가 실천된다는 것일까? '무소유'라는 것이 아무것도 갖지 않고 산다는 걸 의미할까? 그것은 조롱이자 언어도단일 뿐이다. 무소유는 불필요한 소유를 멀리하고 집착을 경계하라는 의미로 보아야 한다. 우리가 집착하는 소유란 것이 대부분 필요에 의해 생긴 것이 아니며, 불필요한 것조차 욕망하게끔 만드는 것이 자본주의의 생리가 아닌가. 부질없는 집착을 버리라는 의미에서 보자면, 법정의 무소유는 불교의 근본 교리와도 잘 맞는다.

천주교 용인공원묘원에서 김수환 추기경 가까운 곳에 묻힌 최인호崔仁浩(1945-2013) 소설가가 생전에 법정과 대담집을 낸 적이 있다. 책의 마지막 장 주제가 '죽음'이었다. 스님에게 죽음이 무섭지 않냐고 최인호가 묻자 스님이 대답했다. 죽음을 끝으로 생각하면 안 된다고. 새로운 삶의 시작으로 생각해야 한다고. "이런 생각들이 확고해지면 모든 걸 받아들일 수 있어요. 거부하려 들면 갈등이 생기고 불편이 생기고 다툼이 생기는데, 겸허하게 받아들이면 편안해집니다."[*] 그 대담 얼마 뒤 두 사람 모두 유명을 달리했다. 다비식을 거쳐 산골한 법정의 유해는 강원도의 오두막 뜰과 송광사 불일암 앞마당 후박나무 아래 뿌려 모셔졌다.

* 법정·최인호,《꽃잎이 떨어져도 꽃은 지지 않네》(여백미디어, 2015), 176쪽.

더불어 사는 지혜를 가르쳐준 선생님들

장일순의 이름을 아는 사람이 이제는 많지 않은 것 같다. 눈에 띄는 업적을 남긴 유명인도 아니고 이렇다 할 저작도 남기지 않았으며 대중을 인도한 종교적 지도자도 아니었다. 그러나 내로라하는 유명인, 작가, 종교인이 존경해마지 않았고 보이지 않는 곳에서 시대를 이끌어간 사람이 장일순이었다. 다음 글이 장일순을 이해하는 데 도움이 될 것이다.

> 시인 김지하의 스승이고 《녹색평론》 발행인인 김종철이 단 한 번을 보고 홀딱 반했다는 사람, 목사 이현주가 부모 없는 집안의 맏형 같은 사람이라 했고, 《나의 문화유산답사기》의 유홍준이 어디를 가든 함께 가고 싶다 했던 사람, 소설가 김성동과 〈아침이슬〉의 김민기가 아버지로 여기고, 판화가 이철수가 진정한 뜻에서 이 시대의 단 한 분의 선생님이라 꼽는 사람. (중략) 그의 장례식에 조문객이 3천 명이나 모였다는 사람.
>
> ― 최성현, 《좁쌀 한 알》, 표지 글에서

장일순을 이야기할 때 반드시 언급해야 할 사람이 있다. 김수환 추기경과 신학대학 동기로 비슷한 시기 사제 서품을 받고 바티칸공의회의 〈현대 세계의 사목 헌장〉을 실천한 지학순 주교다. 1965년 원주대교구가 설립되면서 그곳의 주교가 된 지학순은 친구인 김수환보다 훨씬 더 급진적인 가톨릭 운동을 펼쳤다. 1987년 군사정권을 무너뜨리는 데 결정적인 역할을 한 천주교정의구현사제단이 결성된 것도 지학순이 있던 강원도 원주에서였다. 원주를 근거지로 폭넓은 민주화운동을 모색한 지학순은 '한살림' 운동의 모태가 된 원주신용협동조합을 조직했는데 그 이사장이 장일순이었다. 지학순은 장일순의 됨됨이를 높이 사 그의 평신도 운동 지도자로 장일순을 내세우게 된다. 두 사람의 만남은 원주를 넘어 우리 민주화운동사에 주목할 만한 사건이었다.* 원주는 1980년대까지 민주주의의 성지로 굳건히 자리매김하게 된다.

1928년 원주에서 태어난 장일순은 서울대학교 미학과를 졸업하고 한국전쟁 뒤 대성학원을 세워 교육사업에 헌신했고, 국회의원에 출마했다가 낙선하기도 했다. 그의 중립화통일론이 북한의 통일론과 비슷하다는 이유로 3년간 옥고를 치르기도 했다. 고향으로 돌아온 그는 지학순 주교와 함께 협동조합운동을 펼쳤고, 민청학련 구속자들의 석방을 위해 국제 사회와 연대를 꾀하는 등 민주화운동에 앞장섰다. 20대 초반에는 원월드운동One-World Movement을 펼치며 아인슈타인과 편지를 주고받기도 했다. 장일순은 해월 최시형의 사상과 동서고금의 다양한 담론들을 녹이고 융합해 더 크고 넓은 생명사상을 전개하기에 이른다.

* 1970년대까지 박정희와 치열하게 대결하던 지학순 주교는 전두환 정권이 들어서자 신군부와 원만한 관계를 유지한다. 신군부와 타협한 그의 행보는 윤보선 전 대통령, 강원용 목사, 언론인 천관우가 걸어간 길과도 비슷했다. 이들을 일컫는 '윤천지강'이란 용어가 생길 정도였다.

20세기 대한민국은 '독립을 위한 민족주의, 산업화를 위한 발전국가, 민주화를 위한 민주주의'[**] 문제를 차례차례 풀어가며 성장해왔다. 그러나 산업화가 몰고 온 환경 파괴와, 민주화에서도 간과되었던 가부장적 불평등, 극단으로 치달은 공동체주의와 그 반대급부인 개인주의 등의 부작용을 낳았다. 이는 물론 세계적인 현상이기도 했다. 이에 맞서는 중 생태주의와 공동체주의를 추구한 선구적인 사상가가 장일순이었다는 데 많은 이들이 동의한다. 단 한 권의 저술도 남기지 않은 그가 어떻게 이런 일을 이뤄냈던가.

만물이 한울님을 모신 존재여서, "사람만이 아니라 곡식 한 알, 돌멩이 하나, 벌레 한 마리도 한울님인데 이런 한울님을 무시하고 멋대로 개발한다면" 인간도 건강하게 살 수 없다는 것이 최시형의 생각이자 장일순의 생각이었다.[***] 처음 노자 사상에서 빌린 '무위당无爲堂'이라는 당호를 쓰던 장일순은 '일속자一粟子', 즉 좁쌀 한 알이라는 의미의 호로 바꿔 쓰기 시작했다. '걸어다니는 노자', '걷는 동학'이란 별명을 얻었던 장일순은 서예가로도 이름을 알렸다. 그 어떤 서예가의 서법과도 같지 않은 질박한 글씨는 유명 갤러리가 아닌 원주의 식당이나 가게, 이웃집 벽을 장식했다. 이웃의 어려운 문제를 자신의 일처럼 고민해 해결한 일화들이 지금도 원주 사람들 사이에 널리 전해지고 있다.

[**]   김호기,《현대 한국 지성의 모험》(메디치, 2020), 451쪽.
[***] 한국철학사상연구회,《길 위의 우리 철학》(메멘토, 2018), 60쪽.

1991년 위암 선고를 받고, 1994년 5월 22일 그 병을 '모시고' 세상을 등지면서 그는 "자연도, 지구도 암을 앓고 있고, 자연 전체가 암을 앓고 있는데 사람도 자연의 하나인데 사람이라고 왜 암에 안 걸리겠어요?"*라고 말했다.

장일순의 묘는 원주시 소초면 수암리에 있다. 차를 타고 가다 그냥 지나칠 뻔했는데 "무위당 장일순 묘역 300m"라 적힌 이정표를 보고 간신히 멈춰 묘지를 찾아갈 수 있었다. 가던 길 중간에 한자로 "무위당선생묘소"라 적힌 커다란 바윗돌로부터 산 쪽으로 더 들어가야 조상들과 함께 묻힌 그의 묘지를 만날 수 있다. 눈에 띄지 않는 평범한 묘지다.

장일순의 큰 생각을 이어받아 생태사상과 공동체사상을 널리 전파한 사람은 1991년 창간된 잡지《녹색평론》의 발행인 김종철 교수였다. 법정스님이 '세상에서 제일 좋은 책'이라 극찬한 이 잡지는 1950-1960년대《사상계》, 1970-1980년대《창작과비평》의 뒤를 이어 1990년대 이후 생태, 탈핵, 탈원전, 기본소득, 대안적인 삶 등 가장 중요한 담론을 공급한 잡지였다. 장일순을 정신적 스승으로 삼아 동시대 가장 급진적인 생태사상을 폭넓게 접목시킨 김종철은 2020년 6월 25일, 73세 일기로 삶을 마감했다. 그와 함께 2021년 창간 30주년을 맞은《녹색평론》도 재정난으로 휴간에 들어간 상태다. 잡지가 사양하는 매체라지만《녹색평론》의 휴간

---

* 한국철학사상연구회, 위의 책, 59쪽.

은 여간 마음이 아픈 게 아니다. 조속한 복간을 바랄 뿐이다.

지난 늦여름 경북 안동으로 여행을 갔다가 관광지도 한편에 동화작가 권정생의 옛집이 표시된 것을 보았다. 권정생을 떠올리며 김종철과 장일순을, 또 법정이나 톨스토이를 떠올렸다. 그의 생가로 들어서던 마을 입구 골목에는 마치 동화 속으로 빠져들게라도 하듯 그의 대표작인 《몽실언니》, 《강아지 똥》, 《아기 소나무》 등 동화에 쓰인 삽화가 그려져 있었다.

《몽실언니》를 처음 읽었을 때 동화가 이렇게 어둡고 비참한 얘기여도 되나, 하는 생각을 했다. 그러나 금세 공감할 수 있었다. 왜 안 될까? 슬프고 비참한 역사와 현실을 솔직하게 드러내는 것도 좋은 방법일 수 있겠다고 생각했다. 그런 권정생이 '청빈'이란 표현마저 사치스러울 정도로 자발적인 가난 속에 살아간다는 얘기도 오래전부터 들었다. 《몽실언니》를 비롯한 동화책 인세가 해마다 엄청난 금액에 달했지만, 2007년 69세로 작고할 때까지 당신이 어린이들 덕분에 큰돈을 버셨다고 그 수입을 굶주린 북한 어린이와 세상의 어려운 어린이들을 돕는 데 썼다. 이웃 사람들은 그가 몹시 가난한 사람인 줄로만 알았다고 한다.

권정생의 생가에 와보니 단출한 흙집 오두막 한 채가 남아 있었다. 1937년 일본 도쿄의 빈민가에서 태어난 권정생은 1946년 귀국 후 초등학교를 겨우 졸업하고 고구마 장수, 임금노동자 등 닥치는 대로 궂은일을 해왔다. 1967년 안동시 일직면의 일직교회 종지기를 하게 된 그는 1969년 동화 《강아지 똥》으로 데뷔했고

가난하지만 누구보다 풍요롭게 산 권정생의 오두막 집에 가는 길은
마치 그의 동화 속 세상으로 가는 듯했다. 거기 가면 몽실 언니를 만날 수 있을까?

1981년《몽실언니》가 베스트셀러가 되면서 엄청난 인세를 받게 됐다. 그러나 그는 이 흙집에서 평생을 검소하게 살았다.

마침 오두막 옆을 지나가는 동네 어르신이 있어 여쭈니 생전에 잘 알고 지낸 이웃이라고 했다. 선생이 묻힌 자리에 대해 물으니, 당신에 대한 어떠한 흔적도 남기지 말라는 유언대로 화장한 뒤 집 뒤에 뿌려졌다고 한다. 가난하지만 풍요롭게 산 분이라는 생각이 들었다.

스콧 니어링Scott Nearing(1883-1983)과 헬린 니어링Helen Nearing (1904-1995)이 죽음을 향한 여정을 기록한 책《아름다운 삶, 사랑 그리고 마무리》에는 인류가 모범으로 삼아야 할 정신과 행동들의 목록이 나열돼 있다. 톨스토이의 자기 포기, 소크라테스와 이성의 법칙, 소로와 간소한 생활, 마르크스 엥겔스와 착취에 대한 저항, 간디와 비폭력, 부처의 무애, 예수와 사회봉사, 공자의 중도 등이다. 거기에 김수환의 용기와 법정의 무소유, 장일순의 좁쌀 한 알 사상과 김종철의 녹색사상, 그리고 권정생의 자발적 가난을 추가해도 좋을 것이다. 그것은 역설적으로 미래를 향한 사상들이다.

독립국가와 산업화, 민주화를 일궈온 우리 앞에 이제 새로운 과제들이 놓여 있다. 무지막지한 효율과 경쟁으로 피폐해져만 가는 자본주의는 자정 능력이나 치유력을 상실했으며, 지구와 인류의 삶은 벼랑 끝에 서게 됐다. 시간이 많지 않다.

5부

시인과 작가들의 내면 풍경 2

18

당신은 시를 어떻게 쓰는지 알지만
나는 왜 쓰는지 알아

신동엽, 김남주, 김수영

세상에 흔들림 없던 시인들

윤동주를 왜 좋아하는지, 백석을 왜 좋아하는지, 김수영과 기형도를 왜 좋아하는지 논리적이고도 구체적으로 술술 설명할 정도가 되면 왠지 그 시인들을 제대로 좋아하지 못한다는 생각이 들 것만 같다. 그 세계는 논리와 설명, 분석의 세계가 아니다. 느낌과 공감의 세계이자 사랑과 꿈의 세계, 삶과 죽음의 세계다. 그러나 나는, 내가 시인 김수영을, 또 백석이나 윤동주, 신동엽을 왜 좋아하는지 어쩐지 잘 알고 있는 것 같다. 다만 그걸 구체적으로 요모조모 분석하지 않고 어렴풋하거나 희부연 상태로 남겨 놓아두고 싶을 뿐이다.

여기, 막막했던 세상에 흔들림 없이 오롯했던 세 시인이 있다. 김수영과 신동엽, 김남주金南柱(1946-1994)다. 그들의 시는 종종 시이기에 앞서 가슴에 꽂히는 비수이자 매서운 회초리와 같다. 그들 모두 마흔, 쉰을 넘기지 못한 나이에 세상을 등졌지만 그들이 남긴 시편들은 흔들림 없는 분노와 웅숭깊은 사랑을 담고 오늘까지 빛이 바래지 않은 채 우리에게 다가온다. 이들이 공통으로 추구했던 이상은 무엇이었을까? '자유'라는 단어를 떠올리면 틀린 것일까? 자유가 없는 하늘에서는 단 하루도 살 수 없다고 외쳤던 시인이 그들이 아니었을까?

이들의 시는 보는 이에 따라선 거칠고 정제되지 않은 시어들이 난무하는 조잡한 시들로 보일 것이다. 생경한 분노나 이념적 선언이 드러난 시어들, 종종 시를 정치의 도구로 사용한 시인들이란 혐의를 받기에도 충분하다. 그러나 결국 이 시인들에게로 돌아간다. 이들에게서 시의 길을 구한다. 영화 〈토탈 이클립스〉에서 극 중 랭보가 했다는 대사가 떠오른다. "당신은 시를 어떻게 쓰는지 알지만 나는 시를 왜 쓰는지 안다."* 이 시인들도 그렇게 말했을 것 같다. 신동엽, 김남주, 김수영. 나는 이 시인들을 4월과 5월, 6월의 시인들로 기억한다.

4월의 신동엽 — 누가 하늘을 보았다 하는가

사람은 온갖 위험과 고통 속에서도 질기게 살아남지만, 한편으론 농담처럼 너무나도 어처구니없이 생을 마감하기도 한다. 한국전쟁 때 국민방위군에 징집되었다가 배가 고파 민물 게를 잘못 먹는 바람에 간디스토마에 걸린 시인 신동엽은 그 지병이 뒤늦게

---

* 승효상, 《건축, 사유의 기호》(돌베개, 2004), 13쪽.

간암으로 발전하면서 1969년 4월 7일 갑작스레 요절했다. 1930년 충청남도 부여의 동남마을 출신인 시인은 마흔의 나이도 채우지 못한 채 세상을 떠났다. 가난에 찌들어 살았던 그는 학비를 아끼기 위해 전주사범을 다니다가 이후 단국대학교 사학과에 입학했다. 동학농민혁명을 다룬 대하 서사시《금강》과 국립극장에 올린 시극 〈아사녀〉 등 그의 시 전편에 깊이 배어 있는 역사에 대한 천착은 그의 전공과도 무관하지 않을 터였다. 전쟁 통에 국민방위군 생활을 하며 학업을 마친 신동엽은 전쟁 뒤 서울 성북구 돈암동에서 친구의 도움으로 헌책방을 열었다가 평생의 동반자인 인병선 시인을 만나 1957년 결혼했다. 〈이야기하는 쟁기꾼의 대지〉라는 시로 신춘문예에 당선돼 데뷔한 그는 출판사에서 근무하다 서울 명성여고 교사로 옮겨 시 작업에 몰두했다. 이 무렵 터진 4·19 민주혁명은 (김수영과 마찬가지로) 신동엽에게 큰 의미를 지닌 사건이 되었다. 그는 4·19 민주혁명에 참가한 학생들의 시를 묶은《학생혁명시집》을 펴내기도 했다. 1960년대 후반, 시단 내 확고한 위치를 갖게 된 그가 요절하자 문단 안팎이 크게 애도했다. 이듬해 기일에 문단 선후배들이 추렴한 돈으로 백마강 나루터에 그의 시비가 세워질 정도였다.

장구한 역사 속 민중의 삶을 읊은 그의 시들은 때론 꽤 과격한 목소리를 담고 있어 생전은 물론 사후 유신체제 아래서 불온서적으로 낙인찍혀 독자를 만나지 못 하는 일도 빈번했다. 그의 시는 억압과 불의를 뚫고 자유를 외치는 목소리로 일관했다. "4월도 알맹이만 남고 껍데기는 가라"고 읊은 그 도저한 목소리 때문에 나는 그를 4월의 시인으로 기억한다.

신동엽은 부여다. 백제의 도읍이었던 부여에 가면 삼천 궁녀의 전설이 떠도는 낙화암 앞을 흐르는 백마강을 마주하게 된다. 낙화암과 고란사, 백마강 줄기를 따라 걷는 부소산성에서 패자의 역사를 생각했다. 역사가들은 대개 승자의 영광을 기록하겠지만, 시인과 작가들은 때때로 패자에게 더 깊은 애착과 연민을 보내기도 한다. 일렁이는 강물 앞에 서면 어쩔 수 없이 시인들은 유유히 흐르는 역사를 떠올린다. 신동엽은 백마강과 금강의 시인이었다.

부소산성으로부터 1킬로미터쯤 떨어진 거리에 그의 생가와 문학관이 있다. 건축가 승효상이 설계한 신동엽문학관에는 시인이 남긴 유품과 일생을 일목요연하게 보여주는 상설전시관이 있다. 전시물을 통해 알게 된 특별한 사실은 그가 도봉산과 북한산 등반을 즐긴 클라이머였다는 사실이다. 등반 사진과 그의 낡은 1960년대식 등산복이 이를 증언해준다. 암벽등반을 즐기는 시인이라니. 하늘과 구름, 진달래와 계절에 민감했던 그의 감수성과 잘 어울리는 취미라는 생각이 들었다. 이웃한 기획전시관에서는 마침 시인이 천착했던 동학 관련 전시가 진행되고 있었다.

문학관을 나와 그의 묘지가 있다는 능산리 백제 왕릉 앞산으로 향했다. 시인의 묘지는 사망 뒤 곧바로 경기도 파주의 월롱산 기슭에 마련됐는데 묘지 주위가 황폐해져 작고한 지 24년 만인 1993년 11월 고향 능산리로 돌아왔다. 그러나 인터넷의 정보만으로는 도저히 묘지를 찾을 수 없었다. 분명 주소지 근처인데, 한여름 울창한 숲은 시인의 무덤을 어딘가에 꼭꼭 감추고 있었다. 마을 사람 중엔 시인의 이름을 아는 이가 드물었다. 문학관에 전화해 묘지 위치를 물었다. 전화 건너편 목소리에 걱정이 묻어났다. 한여름이라 숲이 울창해 찾기 쉽지 않을뿐더러 사유지를 지나야 하는데 그것도 까다로운 일이라고 했다. 가을에 다시 오는 게 어떻겠냐고 순례자를 타일렀다. 발길을 돌리며 하늘을 보다가 그의 시 한 소절이 떠올랐다. "누가 하늘을 보았다 하는가, 네가 본 건 먹구름 / 그걸 하늘로 알고 / 일생을 살았구나"하던. 부여의 여름 하늘은 짙푸르게 창백했다.

5월의 김남주 — 나와 함께 모든 노래가 사라진다면

얼굴 없는 시인들이 있었다. 문학이라는 말만 들어도 신열이 나고 알 수 없는 열병에 걸릴 것 같던 문학청년 시절, 두 명의 얼굴 없는 시인이 궁금했다. 한 사람은 《노동의 새벽》이란 시집을 내놓은, 이름도 '노동해방'의 약자라는 박노해였고, 다른 한 사람은 남민전 사건으로 15년 형을 언도받고 10년 가까이 감옥에서 복역 중이라던 김남주 시인이었다. 두 시인의 시를 처음 접하고 받은 충격은 누구에게나 예외가 없는 것이었으리라. 시 앞부분에 천연덕스럽게 "올 어린이날만은 / 안사람과 아들놈 손목 잡고 /

어린이 대공원에라도 가야겠다며 / 은하수를 빨며 웃던 정형의 / 손목이 날아갔다"라며 도발하던 박노해의 시 〈손 무덤〉이나, "낫 놓고 ㄱ자도 모른다고 / 주인이 종을 깔보자 / 종이 주인의 모가 지를 베어버리더라 / 바로 그 낫으로"라고 적은 김남주의 〈종과 주인〉은 서로 다른 방식으로 매섭고 충격적이었다. 이 시들을 쓴 사람들이 어찌 궁금하지 않을 수 있을까. 박노해는 정체를 알 수 없는 얼굴 없는 시인이었고, 김남주는 언제 돌아올지 기약 없는 깊은 어둠에 감금된 장기 복역수였다. 폭력의 시절은 익명의 시 절이기도 했다.

시인 김남주가 그 얼굴을 처음 보인 것은 1988년 12월의 일이 다. 텔레비전과 신문에서, 석방된 시인의 얼굴을 처음 보았다. 시 시했다. 딱 예상했던 만큼 선이 굵고 단단해 보이는 투사형 얼굴 이었다. 몇 해 뒤 체포되었을 때 예상과 달리 어딘가 왜소하고 단 정한 느낌을 주던, 본명이 박기평이던 박노해 시인을 만났을 때 가 오히려 더 충격적이었다.

얼굴이 알려진 김남주 시인이 출소한 뒤 더러 시집과 책을 내 고 강연 활동을 한다는 소식이 들려왔다. 오랜만에 햇볕도 쬐고 새로운 삶을 누리며 이제 그의 시도 좀 부드러워지지 않을까 싶 었다. 그러나 시인이 우리 곁에 머문 시간은 길지 않았다. 출소한 지 만 5년을 꼭 채운 얼마 뒤 한겨울에 그의 부음이 전해졌다. 수 감 때부터 예후가 있던 병마가 악화되었다고 했다. 병마에 시달 리면서도 그는 시를 쓰고 글을 썼다. 1993년 12월 4일 일기에서 그는 "글 몇 자 쓰고 1만원도 받고 5만원도 받고 말 몇 마디 하고 3만원도 받"는 세상에 놀라며, 건강을 되찾으면 논과 밭에서 일해 남에게 베푸는 사람이 되겠다고 적었다.

시인은 그 꿈을 이루지 못했다. 위 일기를 남긴 두 달 뒤인 1994년 2월 13일 끝내 병상에서 일어나지 못했다. 48세 나이였다. 철의 사나이만 같던 시인의 죽음과 함께 그의 노래, 그의 시도 들을 수 없게 되었다. 한 사람이 멸한다는 것은 그가 부르는 노래가 사라진다는 것, 그의 별이 꺼진다는 것이라 말하던 그의 유고시집 제목 《나와 함께 모든 노래가 사라진다면》은 곱씹을수록 너무도 슬프고 아픈 의미를 담고 있다.

대학 시절, 흙먼지 피어오르던 팍팍한 4월을 지나면 비로소 초록과 분홍이 스미고 번지는 5월을 맞곤 했다. 5월이면 최루 가스는 더욱 독해져 무심코 건드린 꽃잎에도 독가스가 피어올랐다. 뵈는 것 모두 아름답던 5월이, 청년기 땐 슬프고 무겁고 아픈 계절이 되었다. 어느 해 5월 남도에서 자행됐다는 학살의 소문 때문이다. 어떻게 그런 학살이 이 땅에서 벌어질 수 있었을까. 김남주는 그 5월과 잘 어울리는 시인이었다. 전라남도 해남 출신에 전남대학교를 다닌 이력 때문에도 그럴 것이고, 그가 광주 망월동 묘역에 묻힌 때문에도 그럴 것이다.

광주에 갈 때마다 종종 찾는 망월동 묘지에 손때 묻은 김남주의 시집 《나의 칼, 나의 피》를 가져갔다. 아프게 찌르던 시들이 지금 보아도 그대로 뾰족하고 아팠다. 국립묘지로 승격된 광주

5·18 민주묘역과 그 너머 망월동 제3묘원에는 수많은 민주열사들이 잠들어 있다. 리영희, 박상원, 이한열, 김세진, 이철규, 이내창, 백민기 등 제 몸을 사르거나 고문과 폭력 속에 죽어간 사람들의 이름이 검은 비석마다 굵은 글씨로 새겨져 있다. 그 무덤들 틈에 시인의 누운 자리도 있었다. "찬 서리 / 나무 끝을 나는 까치를 위해 / 홍시 하나 남겨둘 줄 아는 / 조선의 마음이여" 같은 시나 "사랑만이 겨울을 이기고 봄을 기다릴 줄 안다" 같은 따뜻한 연가들을 남기기도 했던 시인 김남주. "함께 가자 우리 이 길을"이라 읊었던 시인은 우리와 오래 함께 가지 못한 채 망월동의 산비탈에 잠들어 있다.

6월의 김수영 — 시는 온몸으로 밀고나가는 것

여름의 들머리인 6월 16일이면 흥얼거리게 되는 시가 하나 있다. "6월 16일 그대 제일祭日에 / 나는 번번이 이유를 달고 가지 못했지 / 무덤이 있는 언덕으로 가던 / 좁은 잡초 길엔 풀꽃들이 그대로 지천으로 피어 있겠지"라고 시작하는 김영태 시인의 시 〈멀리 있는 무덤〉에 국악인 김영동이 곡을 붙인 노래 〈멀리 있는 빛〉이다. 구수한 토속어와 눈에 보일 듯한 풍경 묘사가 압권인 시이자 노래다. 작중 화자인 김영태 시인이 선배 시인 김수영을 그리워하여 그 기일에 무덤을 찾아가는 내용을 담고 있다.

온몸으로 시를 밀고 나가고, 온몸으로 자유를 외쳤던
시인의 묘비 앞에서 말 없는 대화를 나눈다.
나는 얼마나 조그마한 일에만 분개하며 큰 마음을 갖지 못했던가.
나는 얼마나 작은가. 그의 시에서 '나'를 읽는다.

1968년 6월 15일 밤 서울 모처에서 교통사고를 당한 김수영은 응급실로 실려 갔지만 다시 의식을 회복하지 못한 채 이튿날 세상을 등졌다. 향년 47세. 1960년, 똑같이 교통사고로 사망한 카뮈와 같은 나이였다. 시인과 작가에게 47세란 어떤 나이일까? 더이상 뾰족하게 날이 선 시를 보여줄 수 없는 나이일까, 아니면 더 깊고 원숙한 삶의 경지를 보여주게 될 나이일까? 그 노래 때문인지, 나는 김수영을 줄곧 6월의 시인으로 생각해왔다.

김수영이 작고한 계절인 6월의 어느 주말, 그의 시비가 있는 도봉산 계곡으로 향했다. 도봉산역 입구에 내려 어느 해 늦가을에도 한번 찾아간 적 있는 김수영의 시비까지 〈멀리 있는 빛〉의 가사를 지도 삼아 가는 길은 완만한 산길이다. 김영태 시의 "무덤이 있는 언덕으로 가던 좁은 잡초 길"이란 표현은 지금의 김수영 묘지를 묘사한 것은 아닐 터다. 1990년대 초 시인의 모친이 사망하자 가족들이 의논해 그때까지 가족묘에 안장되었던 시인의 유해를 화장한 뒤 묘지에 섰던 시비를 지금 자리인 도봉서원 쪽으로 옮겨 유골함을 거기 모셨다는 것이다. 그 자리가 새로운 무덤이 된 셈이다. 1969년 시인의 사망 1주기를 맞아 선후배 문인들이 뜻을 모아 건립한 제법 묵직한 화강암 시비에는 전면에 시인 김수영의 부조 초상과 함께 교과서에 실릴 만큼 대중적으로 사랑받은 그의 마지막 걸작 〈풀〉의 일부가 새겨져 있다.

많은 이들이 김수영을 좋아하고 그의 시를 좋아한다. 그 까닭은 무엇일까? 나로서는 그의 자유를 향한 집념과 열정, 성찰, 비타협의 태도를 들고 싶다. 그의 한 글자 한 글자 시어들은 자유를 향한 기호가 된다. 모든 행간과 자간이 자유! 자유! 를 외치고 있다. 4·19 민주혁명으로 독재자 이승만이 물러나자, "우선 그놈의 사진을 떼어서 밑씻개로 하자"라 외친 시인의 서릿발 같은 시어들은 지금 다시 읽어도 모골이 송연하다. 그 정도의 패기를 가진 시인으로는 신동엽과 김남주를 빼곤 떠오르지 않는다. 따지고 보면 자유야말로 남한 체제가 북한보다 우월하다는 것, 대한민국이 추구하는 자유민주주의의 핵심 이념이 아니던가.

시인을 회고하는 글들을 보면 그는 '눈이 크고 겁이 많은 사람'*, 소심한 사람이었다고 한다. 인민군에 강제 동원되었다가 거제도 포로수용소에 갇힌 바 있는 그에게 '반공 이데올로기'는 늘 두렵고도 위협적인 존재였다. 그러던 그가 어쩌다 이토록 확고한 자유주의자가 되었는가. 대체로 4·19 민주혁명이 그 원인이었다는 데에 이견이 없는 듯하다. "혁명은 안 되고 나는 방만 바꾸어 버렸다"(〈그 방을 생각하며〉)라고 읊은 시인의 넋두리는 뼈아픈 반성 위에 세워져 있다. "민주주의의 싸움이니까 싸우는 방법도 민주주의식으로 싸워야 한다 / 하늘에 그림자가 없듯이 민주주의 싸움에도 그림자가 없다 / 하…… 그림자가 없다"(〈하…… 그림자가 없다〉)는 탄식에는 자유에 대한 깊은 갈망과 고뇌가 느껴진다.

시인의 시비로부터 편안한 걸음으로 한두 시간이면 닿는 정

* 김건우,《대한민국의 설계자들─학병세대와 한국 우익의 기원》(느티나무책방, 2017), 253쪽.

의공주 묘 맞은편 주택가에 김수영문학관이 있다. 시비에서 문학관까지 이어지는 이 길을, 그런 이름이 있는지 알 수 없지만, 나 혼자 '김수영 길'이라 부르곤 했다. 2층으로 된 시인의 문학관에는 시인의 치열했던 삶이 정리돼 있고 그의 육필 원고와 관련 자료도 전시돼 있다. 눈길을 끈 것은 2층 끝에 재현된 시인의 집필 공간, 그중에서도 벽면에 걸린 액자의 글이다. 상주사심常住死心. "누구나 언젠가는 죽는다는 것을 기억하라"는 라틴어 "메멘토 모리Memento mori"와 통하는 말이다. 늘 죽음을 생각했던 시인에게 죽음은 너무도 느닷없이 찾아왔다.

2021년이 시인의 탄생 100주년이었다. 생존해 있는 시인의 부인 김현경 여사의 인터뷰 기사는 시인의 삶에 대해 그간 알려지지 않았던 이야기들을 들려준다. 그에 따르면 시인은 한국전쟁 중 죽을 고비를 두 번이나 겪었다고 한다. 한번은 국군이 시인을 다른 포로들과 함께 큰 웅덩이 앞에 세우고 사격을 했는데 옆 사람이 총에 맞아 쓰러지며 같이 쓰러진 덕에 구사일생으로 살아남았다.* 젊은 날 이미 죽음의 문턱까지 가본 삶이었다.

시뿐만 아니라 시인의 온기와 체취가 느껴지는 산문을 읽는 재미도 쏠쏠하다. "죽은 인환이가"로 시작하며 친구 박인환 시인이 열었던 책방 마리서사를 회상하는 이야기나, 박인환의 외모를 질투하는 글들, 1950-1960년대 문단의 치열하면서도 낭만적인

---

* 〈탄생 100돌 기려 연세대와 '김수영 문학관' 논의중입니다.〉 한겨레신문, 2021.4.11. 기사

풍경들이 그의 산문 속에 생생하게 그려진다. 뿐인가. "시여 침을 뱉어라" 하던 '반시론反詩論'이나 "시는 온몸으로 밀고나가는 것이다"라던 그의 시론은 얼마나 패기에 찬 선언인가.

스스로 비겁하고 한심하다 느낄 때마다 그의 시 중 가장 대중적이면서 큰 울림을 주는 〈어느 날 고궁을 나오면서〉의 일절을 떠올린다. "왜 나는 조그마한 일에만 분개하는가"라고 허두를 뗀 시는 "모래야 나는 얼마큼 적으냐 / 바람아 먼지야 풀아 나는 얼마큼 적으냐 / 정말 얼마큼 적으냐……"라고 끝을 맺는다. 오래오래 마음에 메아리치며 울리는 시 구절이다.

사진 속 시인의 형형한 눈빛이 늘 후대의 사람에게 묻는다. 왜 그렇게 당당하지 못하냐고. 왜 그렇게 비겁하게 움츠러들어 있냐고. 왜 그렇게밖에 못 사냐고. 김영태 시인의 시 구절처럼, "싹수가 노랗다고, 한마디만 해주면 어떠우" 하는 말이라도 듣고 싶다.

사마천의 천형을
짊어지고 살다

박경리, 이청준, 최인호, 박완서, 전혜린, 최인훈

고향, 소설가의 시작과 끝

긴 겨울이 물러가고 가쁜 걸음으로 봄이 온다 싶으면 행장을 꾸려 남쪽 바다 통영으로 달려가고 싶다. 욕지도, 연화도, 매물도 등 섬마다 대보름에 달집을 태워 액을 물리치는 잔치에 동참했다가 통영항 서호시장 골목에서 도다리쑥국으로 속을 채우면 한 해를 살아갈 기운을 다 얻고 올 것만 같다. 무더웠던 여름 지나 선선한 가을바람이 불기 시작하면 남도 끝 장흥에 가고 싶다. 읍내서 한참 더 들어가 선학동의 벼 베는 풍경을 보다가 천관산에 올라 바다를 배경으로 손을 흔드는 억새의 손짓을 감상하면 가을은 곧 더없이 깊어질 것이다.

그 여행들이 깊어지면 통영에선 소설가 박경리의 묘에 들르고, 장흥에선 회진면 끄트머리 이청준의 생가와 묘를 찾아도 좋을 것이다. 두 사람 모두 아름답게 바다가 조망되는 언덕 자리에 묘를 썼다. 생전에 강제 노역에 가까운 글쓰기를 감당했던 수고로운 육신이 이제 편안한 장소에 누울 곳을 마련한 것이다. 고향에 돌아와 묻혔으니 얼마나 은혜로운 일인가.

소설이란 결국 고향을 그리는 예술이 아닐까 싶다. 동서고금을 막론하고 작가들이 평생 천착하는 것도 유년과 고향, 그 거대한 성城에서의 기억과 상처가 아닐까 싶다. 어떤 작가들은 평생 작품 속에 고향을 그리다가 그렇게 진짜로 고향의 흙에 잠들기도 한다.

아아 편안하다, 늙어서 이리 편안한 것을
― 통영의 박경리

통영은 예향藝鄕이다. 유치환, 김춘수 같은 시인을 비롯해 화가 전학림, 작곡가 윤이상을 배출한 도시다. 시인 백석과 화가 이중섭, 영화감독 홍상수도 통영을 사랑해 이 도시를 예찬했다. 자그만 어항 같은 바다 강구안이 내려다보이는 자리에서 커피를 마시거나 어느 다찌집에서 밤새 술잔을 기울이면 옛 시인묵객들의 마음에 가닿을 수도 있을 것 같다.

그 가을 통영행에 들르고자 한 곳은 통영시 외곽 산양면 산골에 있는 박경리의 묘소였다. 서호시장 부근에서 버스를 타면 한 시간 반이 걸려 산양면의 박경리문학관 앞에 도착한다. 입구에서 이정표를 따라 20여 분쯤 완만한 길을 오르면 작가가 누운 평평한 묏자리에 닿는다. 선생에게 머리 숙여 인사드리고 뒤를 돌아다본다. 아, 꿈같은 풍경이 거기 펼쳐져 있다. 멀리 푸른 바다와

다도해 풍경이 훤히 내려다보이는 언덕에 묘택을 마련한 것이다. "아아 편안하다 늙어서 이리 편안한 것을"이라 읊었던 그의 〈옛날의 그 집〉이란 시가 떠오른다.

우리 땅의 여러 곳에서 박경리가 거쳐온 삶의 흔적과 맞닥뜨릴 수 있다. 묘지가 있는 여기 산양면 외에도, 소설 《토지》의 무대인 하동 악양면 평사리에 그 문학관이 있고, 그가 생의 후반을 보낸 원주 옛집에 세워진 토지문화관도 있다. 기념관마다 서 있는 등신대 크기의 박경리 청동상은 이제 막 젖은 손을 허리춤에 씻고, 찾아온 손을 반갑게 맞이해줄 것만 같다. 문학관 외 선생에 관한 이야기를 만날 수 있는 곳으로 뜻밖에도 인천의 헌책방 거리인 배다리가 있다. 1950년대 초 남편인 김행도가 서대문형무소에 수감돼 행방불명된 뒤, 생활고에 빠진 박경리가 가족을 위해 배다리(금곡동)에 헌책방을 열었다는 것이 확인된다. 그런가 하면 서울 정릉에 그가 1965년부터 살았던 옛집도 남아 있다.

원주 흥업면의 토지문화관은 그의 생전에 후배 작가들에게 작업 공간을 제공해주던 곳인데 후배들 열심히 글 쓰라고 밥도 짓고 아낌없이 뒷바라지도 해주었다고 한다. 2008년 그가 작고한 뒤 후배 문인들과 지자체가 문화관을 운영하며 이 일대를 박경리문화공원으로 조성했다. 박경리문학상을 제정해 운영하는가 하면, 문인들을 위한 다양한 사업을 지원하고 있다. 이스마엘 카다레, 아모스 오즈, 응구기 와 시옹오, 베른하르트 슐링크 같은, 노벨문학상 후보로도 자주 오르내리는 대작가들이 박경리의 이

늙어서 편안하다고 읊었던 작가는 저 너머의 세상에서도 편안하실까?
고인에게 머릴 숙여 인사드리고 문득 뒤를 돌아보니,
아, 꿈결 같은 풍경이 거기 펼쳐져 있었다.

름을 딴 문학상을 받았다. 전시관의 수상 작가들 사진을 보노라면 박경리라는 이름의 무게감이 온전히 전해진다.

토지문화관은 그 규모에 비해 전시실은 소박하다. 그가 쓰던 유품과 원고지, 그를 형상화한 조각품, 그림, 또 그의 생전 모습이 담긴 사진들이 전시물의 전부다. 문학관에서 인상 깊었던 것은 그가 써낸 《토지》의 엄청난 분량의 원고다. 4만 매라고 했던가. 상상을 넘어서는 숫자다.

토지문화관이 편안하게 느껴지는 것은 고인이 살던 집과 일구던 텃밭이 그 옆에 고스란히 보존돼 있어서다. 선생이 오이며 토마토며 텃밭을 일구다 잠시 호미를 내려놓고 외출한 것만 같다. 2008년 5월 8일, 고인의 장례식에서 장례위원장이던 박완서朴婉緖(1931-2011)는 조사를 읽어 내려가다 끝내 울음을 터뜨렸다. "왜 이렇게 선생님이 거두신 건 야금야금 그저 얻어먹고 싶은지, 그걸 못하게 된 게 왜 이렇게 서러운지 전 참 염치도 없지요."*

다시 통영의 박경리문학관. 묘소에서 내려와 들른 기념관에서 나는 원고지 4만여 장의 소설을 쓴 작가의 마음을 헤아려보았다. 그가 쓴 몇 편의 시들을 통해서였는데 그 시에 자주 등장하는 이름이 사마천司馬遷이었다. 황제에게 밉보여 궁형을 당한 사내. 그 치욕과 절망을 묵묵히 이겨내 방대한 역사서 《사기史記》를 써낸 사마천에게서 박경리는 자신의 운명을 보는 듯했다. "그대는

* 나무위키, '박경리' 항목에서.

360

사랑의 기억도 없을 것이다. / 긴 낮 긴 밤을 / 멀미같이 시간을 앓았을 것이다"(《사마천》)라 읊은 시에서 박경리는 자신이 짊어진 천형과 마주한다. 〈옛날의 그 집〉이란 시에도 사마천을 소환했던 박경리의 〈눈먼 말〉이란 시는 어떤가.

> 글기둥 하나 잡고 / 내 반평생 / 연자매 돌리는 눈먼 말이었네 //
> 아무도 무엇으로도 / 고삐를 풀어주지 않았고 / 풀 수도 없었네
> / 영광이라고도 하고 / 사명이라고도 했지만 / 진정 내겐 그런
> 것 없었고 // 스치고 부딪히고 / 아프기만 했지 / 그래, / 글기둥
> 하나 붙들고 / 여까지 왔네
>
> — 박경리, 〈눈먼 말〉 전문

박경리만큼이나 어마어마한 장편들을 써낸 조정래는 글쓰기를 "황홀한 글감옥"이라 명명한 바 있다. 소설가들은 바깥에 흐르는 시간으로부터 스스로를 격리한 사람들이다. 소설은 엉덩이로 쓴다고들 하거니와 소설 쓰기가 노동임을, 그것도 매우 힘겨운 노동임을 작가들은 자주 토로한다. 김연수나 김훈, 하루키도 소설 쓰기를, 사전辭典을 연장으로 하는 고통스러운 노동이라 일컬었다. 그들에게 그 노동과 옥살이는 불행한 것이기만 할까?

지금은 사라진 눈길을 찾아서 — 장흥의 이청준

전남 장흥의 바닷가에 누운 이청준과 통영 바닷가에 잠든 박경리는 여러모로 비교가 가능하다. 1926년생 박경리가 영면한 2008년 5월 5일로부터 석 달 뒤인 7월 31일, 1939년생 이청준이 폐암으로 유명을 달리했다. 사망 두 해 뒤인 2010년부터 간행된 이청준 전집이 모두 24권으로 완결됐다. 1965년《사상계》에 단편〈퇴원〉이 실리며 등단한 이래, 2008년까지 문단의 정상 자리를 지키며 쏟아낸 소설이 엄청난 양의 전집으로 묶였다. 박경리와는 좀 다른 방식으로 그 역시 사마천의 삶을 산 것이다. 문학평론가 김치수는 이 두 소설가를 집중적으로 비교 연구해《박경리와 이청준》이라는 제목의 평론집을 내기도 했다.

박경리의 통영이 예향이라면 이청준의 장흥은 문향文鄕이다. 이청준을 비롯해, 소설가 한강의 부친으로 남도 정서를 탁월하게 그려낸 한승원과,《암태도》,《녹두장군》등 남도의 역사적 사건을 장편에 담아낸 송기숙(2021년 12월 별세) 모두 장흥 출신이다. 이청준처럼 우리 소설에 드문 관념적 세계를 펼친 소설가 이승우도 장흥 사람. 이런 까닭에 장흥은 2008년 문체부로부터 국내 최초로 '문학관광기행특구'로 지정받았다. 어떻게 남도의 외딴 고을에 이토록 굵직한 소설가들이 한꺼번에 '출몰'한 것일까?

선학동과 작가의 고향 마을인 회진면 진목리眞木里, 일명 참나무골을 찾았다. 진목마을은 작가의 대표작〈눈길〉을 비롯해, 그의

소년기에 고향을 떠나 광주로, 서울로, 더 넓은 세상으로 떠다녔지만,
이청준의 소설은 언제나 고향의 들판과 앞바다를 사무치게 그려왔다.
이제 고단했던 육신이 돌아와 꿈에 그리던 고향의 바닷가 앞에 누운 것이다.
탁 트인 가을 들판과 먼 바다가 아름다웠다.

유소년 시절 이야기를 엮은 소설집 《키 작은 자유인》의 배경이 된 곳이다. 앞서 만난 선학동은 국내 첫 100만 관객을 불러 모은 영화 〈서편제〉의 원작 소설과, 영화 〈천우학〉의 원작 소설《선학동 나그네》의 배경 마을이다. '문학지리학'이니 '심상지리'니 하는 말을 들이댈 필요도 없이, 위대한 작가들의 내면을 키워온 고향의 풍광과 정서는 신비롭고 값지다.

진목마을 안쪽 이정표를 따라 단편소설 〈눈길〉의 화자와 그 노모가 새벽 눈길을 밟아 관산읍 차부까지 향하던 산길을 넘을 생각이었는데, 동리 느티나무 아래 있던 노인들이 말린다. 예전엔 길이 있었지만 이제 잡초가 무성해 앞으로 나가지 못할 거라고. 신문에서 '이청준 문학답사길'이 좋다며 호들갑을 떤 기사를 보고 온 것인데 오래전 기사들이었던 모양이다. 답사는 포기하고, 대신 어르신들께 말을 붙여보았다. 알고 보니 모두 작가의 어린 시절 친구나 선후배들이었다. 어르신들에게 듣는 작가의 유소년 시절 이야기가 놀랍고도 생생했다. 대부분 작가보다 한두 살 많은데도 모두 이청준을 깍듯이 '선생'이라 불렀다. 영특했던 옛 친구에 대한 존경심이 절로 묻어났다. 이 마을은 또한 회진면 출신 소설가 한승원의 처가가 있는 마을이라고도 했다. 생전에 한승원과 이청준은 사이가 꽤 두터웠다고 한다.

작가가 어린 시절 즐겨 올라가 독서했다는 팽나무와 길이 제법 닮인 '눈길' 초입까지 조금 올라보았다. 〈눈길〉은 이청준이 1977년 발표한 자전적 소설로 고등학교 1학년이던 1957년 겨울

날의 기억을 모티브로 하고 있다. 아들을 차부에서 떠나보내고 홀로 눈 내린 산길을 되짚어 올라와 마을을 내려다보던 노모는 격정을 참지 못해 마음으로 통곡한다.

> 눈발이 그친 그 신작로 눈 위에 저하고 나하고 둘이 걸어온 발자국만 나란히 이어져 있구나. (중략) 내 자석아, 내 자석아, 너하고 둘이 온 길을 이제는 이 몹쓸 늙은 것 혼자서 너를 보내고 돌아가고 있구나! 울기만 했겠냐. (중략) 내 자석아, 내 자석아, 부디 몸이나 성히 지내거라.
>
> ─ 이청준, 〈눈길〉에서

이청준의 묘를 쓴 곳은 마을로부터도 도보로 20-30분 거리에 있는 들판이다. 바다와 너른 농경지가 만나 곧 야트막한 산비탈로 이어지는 탁 트인 곳에 그의 묘지가 있다. 묘지 뒤 산비탈과 축사를 빼고 시야를 막는 것이 없다. 선생과 부인 남경자 여사의 합장묘가 있고, 묘지 앞에는 그를 존경한 많은 후배 문인들이 십시일반 돈을 모아 세운 문학비가 서 있다. 데뷔한 1965년부터 작고할 때까지 그토록 많은 독자와 이토록 많은 후배들에게 사랑과 존경을 받았으니, 24권의 막노동을 마치고 누운 유택에 편안하게 다리를 뻗고 잠드셨을 것 같다.

"하늘과 땅이 아득하여 앞이 보이지 않을 때 제일 먼저 보고 싶은 것의 하나가 이청준 씨 소설이오." 이청준 생가 마당에 붙은 안내판에서, 걸출한 평론가였던 김윤식, 그러니까 이광수의《무정》부터 21세기 신예 작가들의 작품까지 두루 섭렵했던 노련한 평론가가 남긴 이 한마디는 이청준에 대한 더할 나위 없는 찬사가 아닐까 싶다.

서울 근교에 묻힌 소설가들
— 최인호, 박완서, 전혜린, 최인훈

소설가나 시인이라면 그의 작품을 사랑한 독자들이 오래 쉬어가라고, 산 좋고 물 좋은 곳에 묘를 쓰면 좋을 것 같다. 그러나 작가라고 그런 특권을 누릴 세상인가. 삶이 서울과 수도권에 매인 나라에서 작가라고 예외일 수는 없을 터다. 그러니 고향의 볕 좋은 곳에 잠든 박경리, 이청준은 얼마나 복 받은 사람들인가.

용인 법화산 자락에 있는 천주교 용인공원묘원은 국내에서 규모가 가장 큰 천주교 묘지다. 그 묘지에 잠든 이들의 면면이 늘 한번쯤 그곳을 찾을 것을 권해왔다. 김수환 추기경을 비롯해 소설가 박완서와 최인호, 가수 유재하, 국악인 황병기, 오래전 이곳에 묻힌 최남선과 시인 김영랑, 독문학자인 전혜린田惠麟(1934-1965) 같은 이들이다.

어느 가을엔가 준비 없이 왔다가 아무도 못 찾고, 묘지 중앙 성직자묘역의 김수환 추기경 묘만 들르고 갔다. 이번엔 도착하자

마자 관리사무소부터 찾아갔다. 당직을 서던 분에게 찾는 고인들 존함을 말하니 한 분 한 분을 물어보는 사람은 봤어도 한꺼번에 묻는 사람은 처음 본다고 한다. 그러곤 덧붙인다. "혼자선 도저히 못 찾아가요!"

곧 전화를 받고 온 직원이 자신의 트럭을 따라오라고 일렀다. 예전에 와서 헤맨 탓인지 길은 낯이 익었다. 묘지가 잘 보이는 한두 군데 언덕에 멈춰 서서 저기가 어떤 분, 저 부근이 어떤 분 묘지하고 알려주더니 바쁜 걸음으로 산을 내려갔다.

소설가 최인호의 묘지는 가수 유재하의 묘지 위쪽 50여 미터 지점에 조성돼 있었다. '영원한 청춘'일 것만 같던 그도 돌아올 수 없는 길을 떠난 지 8년이 다 돼간다. 최인호는 우리 문학에서 본격적인 '도시문학'을 시작한 작가로 평가받는다. 그보다 앞서 박태원, 김승옥, 최인훈 같은 작가도 도시를 배경으로 소설을 썼지만 이촌향도의 산업화된 메트로폴리스가 본격적인 소설 무대가 된 것은 모르긴 몰라도 최인호부터일 것이다.

직원이 알려준 대로라면, 최인호의 묘지 반대편 언덕에 박완서 작가가 잠들어 있을 터다. 직선거리로 200-300미터쯤 될까? 그러나 그 사이 골짜기에 수많은 묘지와 덤불이 있어 쉽게 질러갈 수가 없었다. 산길을 에돌아 묘지 번호를 더듬으며 찾다가 양지바른 곳에 박완서의 이름을 발견했다. 1988년 앞서 사망한 부군과 나란히 놓인 묘지는 고요해 보였다.

경사진 산비탈 공원묘지를 헤매자니 작가의 자전 소설《엄마의 말뚝》의 이미지들이 떠올랐다. 북한 땅 개성 출신으로, 어릴 적 부친이 급사하자 그 어머니가 어린 남매를 데리고 서울 현저 동에 정착해 자식들을 서울 사람으로 키우는 이야기(《엄마의 말뚝》1), 한국전쟁 때 결국 오빠를 잃은 얘기(《엄마의 말뚝》2), 그런 노모가 사망하자 고향 땅이 보이는 강화도 바닷가에 뿌려지길 바랐던 노모의 바람과는 달리 조카의 고집대로 서울 근교 공동묘지에 모시는 얘기(《엄마의 말뚝》3)가 담담히 이어졌다. 특히 3편의 묘사가 이 묘지에서 자꾸 떠올랐다. 노모의 영구차가 묘지의 가파른 눈길에서 스르르 미끄러지는 잠깐의 아찔한 순간, 화자는 생전의 소원을 지켜드리지 못한 노모에게 마음으로 속삭인다.

> 엄마 이제 그만 한 풀어. 그까짓 육신 아무데 묻히면 어때. 난 어떡하든지 엄마 소원 풀어주고 싶었지만 쟤들이 싫다는 걸 어떡해? 쟤들한테 져야지 우리가 무슨 수로 쟤들을 이기겠어. 실상 쟤들이 옳을지도 모르잖아. 나는 엄마 치마꼬리에 매달리는 계집애처럼 어린 마음으로 울먹이며 빌었다.
>
> ― 박완서,《엄마의 말뚝》에서

생전에 작가를 따르는 선후배들이 많았다고 하지만, 맞은편 골짜기에 잠든 최인호와 특별히 가까웠다고 한다. 이승에서도 서로에게 안부를 묻는 편안한 거리에 그들이 잠들어 있었다.

박완서와 최인호의 묘 사이에, 뜨거운 젊음을 불사르다 31세

나이로 생을 마친 작가 전혜린의 묘가 있다. 1965년 수면제 과용으로 사망한 독일 유학파 법철학자이자 독문학자 전혜린. 헤르만 헤세, 하인리히 뵐, 프랑수아즈 사강 등을 번역하고 김승옥, 이호철 등 문인과도 교류했던 전혜린은 필자에겐 루이제 린저의 소설 《생의 한가운데》의 번역자로 선명하다. 중학교 졸업식 때 좋아했던 담임선생님이 선물로 주신 책이 전혜린 번역의 《생의 한가운데》였다. 그 책은 필자가 처음 접한 세계문학 류의 소설이었다. 책을 선물해준 선생님도 대학 무렵, 지병으로 일찍 돌아가셨단 얘길 한참 뒤 듣게 되었다. 루이제 린저와 소설 주인공 니나 부슈만, 책을 선물해주신 선생님까지. 전혜린의 묘 앞에서 강인했던 그 여성들이 생각났다.

용인공원묘원에 있는 묘지는 아니지만, 서울 근교에 묻혀 찾아간 소설가로 전후 최고의 문제작 《광장》을 쓴 최인훈이 있다. 최인훈은 일산의 사설 묘원에 잠들어 있는데 산비탈을 묘지로 조성한 어마어마한 규모의 묘지라 관리사무실의 안내가 없었다면 찾지 못했을 것이다. 한국전쟁을 전후해 남한에도, 북한에도 적응하지 못하고 중립국 행을 택한 《광장》의 주인공 이명준은 인도양 어디쯤을 지나던 뱃전에서 홀연히 사라졌다. 이제는 그 이명준을 탄생시킨 최인훈도, 또 그 많던 작가들도 세상에 없다. 이제 소설이 문학과 예술의 독보적인 권좌를 누리던 시절도 끝이 난 것 같다. 영화와 드라마, 게임이 서사의 권좌를 차지하고 있다. "문학, 목 매달아도 좋을 나무"라던 옛 작가들의 결기가 비웃음을 당하는 시대다. 사마천의 후예들의 묘지에서 소설의 죽음, 문학의 죽음을 보았다면 너무 지나친 감상일까.

20

가서 아름다웠더라고
말하리라

⌒

기형도, 박영근, 천상병, 박정만

같은 듯 다른 두 시인

코로나-19까지 겹쳐 겨우내 어디를 다니지 못하다가 봄이 지 핀 들판으로 나가보자고 했다. 그간 꼭 한번 만나고 싶었던 두 묘 지를 찾아나섰다. 경기도 안성 모처에 잠들어 있다는 두 망자는 공통점이 많았다. 둘 다 시인이고 꽤 유명한 시들을 남겼으며, 연 배도 비슷하고 이른 나이에 요절했다는 점에서도 같다. 다만 두 시인의 시 세계는 판이하게 다른데, 서로 다른 방식으로 훌륭한 시 세계를 구축했고 서로 다른 방식으로 시대를 그려냈다.

사랑을 잃고 나는 쓰네, 라고 읊은 시인 기형도

"휴일의 대부분은 죽은 자들에 대한 추억에 바쳐진다"(〈흔해 빠진 독서〉)고 읊은 기형도 시인의 묘지를 휴일에 찾아갔다. 특별 히 그전 주에 시인의 기일이 있었다. 1989년 3월 7일 새벽. 시집 《입 속의 검은 잎》을 낸 일간지 기자였던 20대 후반의 시인은 그 시집이 널리 애독되는 걸 보지도 못한 채 종로의 한 극장에서 싸늘한 시신으로 발견됐다. 소설가 김훈이 "비인간화된 캄캄한 도시 공간"이라 이름 붙인 심야극장에서 영화를 보다가 뇌졸중으로 사망한 시인은 이튿날 청소부 아주머니에게 발견되었다. '진눈깨비'와 '안개'의 이미지로 자욱했던 시집처럼, 탁하고 희부연 3월에 유명을 달리한 것이다.

안성의 시골길을 지나 시인이 잠들어 있다는 천주교 안성추모공원에 도착했다. 박완서, 최인호가 잠든 천주교 용인공원묘원보다는 규모가 작아 보였으나 역시 큰 공원묘지였다. 막막한 마음에 먼저 관리사무소에 들러 물었더니 직원이 묘지 번호를 아예 외고 있었다. 직원이 준 지도를 들고 올라가 시인의 묘를 어렵지 않게 찾았다. 주변이 모두 '기'씨 성을 새긴 묘지인 것으로 봐서 가족 묘역인 듯싶었다. '기형도 그레고리오.' 그 묘지 앞에 서서 함께 온 아내와 모자를 벗고 인사를 드렸다. 찾아오던 길과 묘지 주변에 편의점 같은 게 없어 술은 미처 준비하지 못했다.

기형도는 1960년 서해의 외딴 섬 연평도에서 태어났다. 가족이 경기도 광명으로 이주해 어린 시절을 그곳에서 보냈고, 연세대 정치외교학과에 들어가 문학 동아리에서 활동했다. 시인의 전집에서 개인적으로 인상 깊었던 사진이 한 장이 있다. 고등학교 때 학교 중창단 활동을 했던 사진이다. 입시에 묶여 있던 학창시절에 중창단 활동을 할 만큼 낭만적인 사람이었으리라.

기형도 시인은 어쩔 수 없이 그의 때 이른 죽음, '요절'을 떠올리게 한다. 훌륭한 시인, 눈이 맑은 시인들은 요절하는 것인가? 우리가 기억하고 사랑하는 시인 중 젊은 모습만을 남긴 채 떠나간 시인들이 많다. 소월부터 육사, 동주, 백석, 신동엽, 기형도까지. 젊을 적에 한 분야에서 일가를 이룬 사람들 중에 나이 들어 그 명성과 업적을 무참하게 허물어버린 이들은 얼마나 많은가. 글을 쓰는 모든 직업이 그러하겠지만, 시인이란 자신이 구축한 언어의 세계에 평생 갇혀 사는 존재일지도 모른다. 시(글쓰기)는 그러므로 가장 자유로운 행위이면서 또한 스스로 지은 감옥 안에 스스로를 가두는 일인지도 모른다.

젊어 죽은 사람이 누리는 이점은 그가 젊은 모습인 채로 사람들 기억에 남게 된다는 말은 옳다. 죽음이 누구에게나 공평한 일이고, 최후에 이르러 삶의 길고 짧음이 덧없이 느껴진다고도 하니, 젊은 날의 요절도 누군가에겐 축복이라 할 수 있지 않을까? 죽을 때까지 자신이 지은 언어(시)의 감옥에 갇혀 살아야 할 늙은 시인들에겐 그 시어들이 평생의 올무나 족쇄일 수 있지 않을까? 탁월했던 문학평론가, 역시 이 글을 남긴 지 얼마 안 돼 유명을 달리한 김현은 기형도의 시집 발문에 이런 글을 남겼다.

> 죽음은 그가 앗아간 사람의 육체에 대한 기억을 간직하고 있는 사람들의 눈에서 그의 육체를 제거하여, 그것을 다시는 못 보게 하는 행위이다. (중략) 그러나 그의 육체를 기억하는 사람들이 다 사라져 없어져버릴 때, 죽은 사람은 다시 죽는다. 그의 사진

을 보거나, 그의 초상을 보고서도, 그가 누구인지를 기억해내는 사람이 하나도 없게 될 때, 무서워라, 그때에 그는 정말 없음의 세계로 들어간다.

— 김현, 기형도 시집 《입 속의 검은 잎》 해설에서

한 주 전에 32주기 추모제가 있었을 테고 그래서 시든 꽃이라도 놓여 있을 줄 알았는데, 추모제의 흔적은 남아 있지 않았다. 누가 일부러 찾아오지 않는다면 시인은 또 한 해를 쓸쓸히 보내야 할 것이다. 시인에게 외롭지 마시라고, 또 함께 간 아내를 위해서 묘지 앞 잔디에 앉아 그의 시 중 압권이라 생각하는 〈조치원〉을 나직이 낭독했다.

솔아 푸르른 솔아, 샛바람에 떨지 마라, 라고 읊은 시인 박영근

내비게이션을 검색하니 다음 찾아갈 묘지가 기형도의 묘에서 불과 4-5킬로미터밖에 떨어지지 않았다. 박영근 시인의 묘지는 천주교 안성추모공원에서 고갯길 하나를 넘어 골짜기 깊숙이 들어간 교회 공동묘지에 있었다. 생전에 몇 번 만난 시인을 찾아가는 길에 아련한 설렘이 앞섰다.

기형도가 1960년생, 박영근은 1958년생. 기형도 시인이 연세대학교를 졸업해 국내 유력 일간지 기자로 입사한 나름 엘리트였던 반면, 전북 부안이 고향인 박영근 시인은 고등학교도 다 마치지 못한 채 노동판을 전전하며 시를 쓴 노동시인이다. 1984년 첫 시집《취업 공고판 앞에서》를 발표하며 박노해, 백무산과 함께 1980년대 3대 노동시인으로 불렸지만 생전의 유명세는 그들에 미치지 못했다. 그는 그냥 이름 없는 시인에 가까웠을까?

그렇지 않다. 일찌감치 신동엽창작기금이나 백석문학상을 수상할 만큼 뛰어난 시적 성취를 인정받았으며 유고 시집을 비롯해 여섯 권의 시집을 출간한 중견 시인이기도 했다. 그의 시에는 고향 마을 부안의 아스라한 기억들과 함께, 이력서, 철거민, 미싱틀, 작업복, 취업 공고판, 폐업 같은 단어들로 표상되는 황폐한 산업화의 이미지가 길항하고 있다.

그러나 이런 사실만으로 시인 박영근을 말하기엔 부족하다. 우리는 그의 시로 가사를 만든 노래 하나를 참으로 오랫동안 애창해왔다. 백기완이 가사를 붙인〈임을 위한 행진곡〉만큼이나 많이도 부른〈솔아, 푸르른 솔아〉의 원작자가 박영근이다. 시 중에서 아무래도 으뜸인 시들은 노래로 불리는 시가 아닐까 싶다. 노래가 된 시들은 눈과 머리로만 기억되지 않고 귀와 가슴에도 사무친다. 하물며 이렇게 오랫동안 불린 노래의 시에게랴. 시인을 만나러 가는 헐벗은 초봄 산길에 "솔아 푸르른 솔아"를 가슴으로 불렀다.

박영근 시인은 생전에 몇 번 만난 적이 있다. 고향 인천의 문화인 모임에 참석했을 때 술자리서 만났고, 지인들이 시인을 잘 알아서 그에 대한 얘기도 많이 들었다. 필자의 형과도 친분이 있어 필자의 부친 장례식에도 그가 문상을 온 기억이 있다. 조문을 왔는데 술에 인사불성이 돼왔던 기억이 있다. 지나치게 술에 절어 사는 시인을 걱정스럽게 바라봤다. '한수산 필화사건'에 연루돼 고문 후유증으로 고생한 끝에 거의 죽기 살기로 술을 마시다가 1988년 서울올림픽이 끝난 날 사망한 박정만 시인이 있다. "나는 사라진다, 저 광활한 우주 속으로"라는 절명시를 남긴 박정만처럼, 시인 박영근도 몸을 돌보지 않고 술을 마셨다. 가슴에 맺힌 무언가를 풀 길이 그들에겐 시와 술밖에 없었던 것일까.

　내가 들은 박영근 시인은 잘 우는 사람이었다. 생전 일화에서 시인이 무엇무엇 때문에 펑펑 울더라는 증언을 많이 들었다. 훗날 지인으로부터 전해들은 이야기 하나가 시인을 너무도 그립게 했다. 함께 술 마시던 자리에서 우연히 조동진의 노래 〈행복한 사람〉이 흘러나왔는데, 노래를 찬찬히 듣던 시인이 갑자기 눈물을 쏟더란 것이다. "나는 죽어도 저런 시(가사)를 못 쓸 것 같아" 하면서. 그 마음을 어쩐지 알 것 같았다. 노동과 술로 다져진 시인의 외모는 액션 영화에 등장하는 악인처럼 거칠고 투박했지만, 마음만큼은 연약하고 예민한 사람이었다. 잘 우는 사람 중에 나쁜 사람 없다고, 더 많이 울고 감정을 표현하는 삶이 좋은 삶인 것 같다. 감동할 줄 아는 것도 능력이 돼버린 사회가 아니던가.

　몇 해 전 출간된 이인휘의 소설집 《폐허를 보다》에 실린 〈시인 강이산〉이 박영근 시인을 모티브로 한 소설이라고 해서 읽은 적이 있다. 소설 속 노동운동가인 강이산의 삶은 너무나 가난하고 비참했고, 한편으론 너무나 '영웅적'으로 읽혔다. 박영근 시인을 잘 아는 분에게 소설 내용을 얘기하니 많이 과장된 것 같다는 얘길 들었다. 이인휘 작가도 한 인터뷰에서 박영근 시인을 모티브로 한 것은 맞지만 많은 부분이 허구라고 밝히기도 했다. 노동의 가치와 노동자의 존재를 그리면서, 그것을 삶의 핍진한 언어로 그리는 일은 늘 어려워 보인다.

계급의식을 강조한 루카치 죄르지_{Lukács György} 같은 마르크스주의 평론가는 카프카의 소설을 '검은 소설'로 평가 절하했고, 니체도 '검은 철학자'로 불렀다. 루카치의 눈으로 본다면 기형도의 시 역시 '검은 시'일 것이다. 그러나 기형도의 시에도 도시의 삶에서 밀려난 주변인, 프롤레타리아트 군상들을 읽을 수 있다. 평론가 김현은 기형도의 시 세계를 '그로테스크 리얼리즘'이라고 명명하기도 했다. 함께 찾은 두 시인이 그런 생각으로 연결됐다. 박정만의 시는 또 어떤가. 암울한 시대에 요절할 수밖에 없었던, 여린 시인들의 마음이 순례자에게 그대로 전해졌다.

박영근 시인이 잠든 교회 묘지는 깊은 계곡의 그늘을 이고 있었다. 묘지를 관리하는 친절한 내외가 "솔아 푸른 솔아, 박영진(이름은 잘못 외고 계셨다) 시인님이요?" 하며 이정표도 없는 시인의 묘지를 땅에 나뭇가지로 그려가며 알려주었다. 교회에서 키우는 커다란 백구 한 마리가 갈 곳을 잘 안다는 듯 이따금 뒤를 돌아다보며 앞장을 섰다.

묘지는 초라했다. 이정표나 시비 같은 게 있을 리 없었다. 시인의 시비가 2012년 그가 살던 인천 부평의 신트리공원에 세워졌고 최근엔 그를 기리는 문학상도 제정되었다. 그러나 묘지는 메마른 계절에 찾아와 그런지 더없이 쓸쓸하고 초라해 보였다. 묘비 비음에 〈솔아, 푸르른 솔아〉의 한 구절이 새겨져 있었다. '저 기억하시나요? 뵙고 싶었습니다' 하며 인사를 드렸다. 시인에겐 그 좋아하던 술을 따라드리는 게 옳았는데, 군색한 핑계만 댔다. 들판과 산천에 연두와 초록이 지필 때, 큰 병으로 준비해 찾아와야겠다고 마음먹었다.

가서 좋았더라고 말하리라, 라고 읊은 시인 천상병

한여름 파주 어간을 지나다가 양주라는 지명을 가리키는 이정표를 보자 그 도시의 한 공설묘지에 잠들어 있다는 천상병 시인이 떠올랐다. 마침 시간도 넉넉해 차를 돌려 양주로 향했다.

천상병 시인 역시 술로 둘째가라면 서러워할 사람이었다. 평생을 일정한 직장이나 돈벌이를 하지 않은 시인은 친구들에게 돈을 뜯어내거나 술을 얻어먹기 일쑤였고, 그러면서 염치도 없이 술자리서 주인 행세를 했다고 한다. 지금은 사라진 인사동 초입 피맛골 골목의 막걸리 집은 천상병 시인이 애용하던 술집이었다.

중광 스님, 이외수 작가와 곧잘 어울린다고 하더니 언젠가 《도적놈 셋이서》라는 시화집을 내기도 했다. 시인 조병화의 말마따나 "우리 시대의 벌거숭이"로 살았던 세 사람은 그렇게 작당을 하면서 기인, 괴짜의 이미지를 굳혀왔다. 박노해와 김남주가 얼굴 없는 시인들로 시를 발표하던 무렵, 기형도와 박정만이 외딴 공간에서 쓸쓸히 죽어간 그 무렵에, 문단 한편에선 이런 기인들의 작당도 벌어지고 있었다.

사진 속 천상병의 모습은 괴짜 그 자체다. 순진무구한 어린아이 같은 표정은 그의 시에 그대로 베어난다. 그러나 그가 처음부터 기인, 괴짜는 아니었다고 한다. 서울대학교 상과대를 나온 총명했던 젊은 시인 천상병은 운명을 바꿔놓을 만큼 무시무시한 국가 폭력의 희생자가 되었다. 박정희 정권이 선거를 앞두고 만든 희대의 조작극인 1967년 동백림사건에 그가 연루된 것이다. 윤이상, 이응로, 천병희 등이 잡혀 들어가 고초를 겪은 이 사건에, 외국 땅을 밟아보지도 못한 천상병도 걸려들었다. 천상병의 대학 동기가 베를린 유학을 다녀와 강의를 하던 것이 화근이 되었다. 이 사건은 결국 법원에서 무죄가 선고되었고 2000년대 과거사진실위원회를 통해 조작된 사건임이 드러났지만, 당시 체포돼 고문을 받은 사람들에겐 씻을 수 없는 고통과 트라우마를 남겼다. 가장 큰 희생자가 천상병이었다. 술값으로 친구들에게 몇백, 몇천 원 받은 돈이 공작금으로 둔갑했다고 한다. 중앙정보부와 교도소에서 반년을 보내고 선고 유예로 나온 그는 고문과 정신적 충격

인생은 아름답게 추억할 것들을 한아름 갖고 돌아가는 소풍인가.
모진 시련과 풍상을 겪은 삶이었을 터인데, 천상병 시인의 묘비에 적힌
〈귀천〉의 구절은 낙천적이고 늠름하기만 했다.

으로 몸이 극도로 쇠약해져 시름시름 앓다가 얼마 뒤 자취를 감추었다. 객사한 것으로 판단해 가족과 친구들이 유고 시집까지 냈다. 1년여 뒤 행려병자로 발견돼 정신병원에 수용된 그는 손놀림이나 걸음도 불편해졌고, 귀가 먹고 말도 어눌해져 있었다. 한 명민했던 시인이자 평론가를 국가 폭력이 이토록 철저하게 파괴한 것이다.

언젠가 헌책방에서 1970년에 간행된 가와바타 야스나리川端康成의 소설집《설국雪国》을 발견한 적이 있는데, 누렇게 변색된 세로쓰기 책의 작품 해설에서 천상병이라는 이름을 발견했다. 소설집에 수록된 단편 하나가 그의 번역이었다. 매우 예리하고도 깊은 시선으로 일본 작가의 작품 세계를 분석하고 해설한 글에서 전혀 다른 천상병이 읽혔다.

한여름 잡초가 무성하게 자란 숲속 묘지를 찾는 것은 권할 만한 일이 아니다. 주변에 작은 공장들이 있고 스산한 풍경이 감도는 '의정부시 공설묘지'는 찾는 사람이 많지 않은 듯, 묘지마다 풀이 무성하게 자라 있었다. 이장하거나 묘를 없앤 빈 묘지도 보였다. 이정표 하나 없는 공동묘지에서 누군가 먼저 답사한 인터넷의 사진에 의지해 시인의 묘지를 찾았다. 큰 공동묘지는 아니어서 다행히 어렵지 않게 찾을 수 있었다. 1930년생 천상병은 1993년 4월 28일 별세했다. 시인을 존경하고 따르다 1972년 결혼한 친구의 여동생 목옥순도 함께 잠들어 있다. 생전의 시인은 뵌 적이 없지만 목옥순 여사는 1990년대 초 인사동의 찻집 '귀천'에서 뵌 적이 있다. 시인의 가난한 맘을 잘 보여주는 시를 인용해본다.

> 아버지 어머니는 / 고향 산소에 있고 // 외톨배기 나는 / 서울에
> 있고 // 형과 누이들은 / 부산에 있는데 // 여비가 없으니 / 가지
> 못한다 // 저승 가는 데도 / 여비가 든다면 // 나는 영영 / 가지도
> 못하나? // 생각느니, 아, / 인생은 얼마나 깊은 것인가
>
> ― 천상병, 〈소릉조〉 전문

기형도가 '문학과지성사'를 대표하는 시인이라면 박영근은 '창작과비평'이나 '실천문학사'의 적자였고, 천상병은 '민음사'를 비롯한 다양한 출판사에서 시집을 냈다. 이들이 활동하고 유명을 달리한 시기를 전후해 우리 사회가 본격적으로 다양성의 시대로 접어들었고 시에서도 다양한 움직임이 일지 않았나 싶다. 로봇과 우주여행의 시대가 와도 시는 사라지지 않을 것이다. 끊임없이 실험하고 파격하며, 끊임없이 고향의 언어로 되돌아오면서 시는 인간이 인간임을 증언하는 존재의 증명으로 남을 것이다.

21

정다웠던 그 눈길, 목소리
어딜 갔나

유재하, 김현식, 이영훈, 최헌

김광석도, 김현식도, 유재하도 없구나

텔레비전 음악 프로그램에서 생전의 김광석이 기타를 치고 하모니카를 불며 노래 부르는 오래된 영상이 흘러나왔다. 그때 문득 든 생각이 있다. 김광석 노래는 김광석이 가장 못 부르는 것 같다는 생각. 유튜브를 검색해 생전 유재하가 노래 부르는 영상을 찾아보았다. 역시. 유재하의 노래도 어쩐지 유재하가 제일 못 부르는 것 같다. 이 느낌을 뭐라 말해야 할까.

가창력을 뽐내는 오디션 프로그램이나 예능 프로그램에서 배출되는 아마추어, 프로 가수들의 기량에 깜짝깜짝 놀라곤 한다. 세상에 노래 잘 부르는 사람이 참 많다는 생각이 든다. 이상한 것은, 그렇게 훌륭한 가창력의 소유자들 중에 오래도록 사랑받는 뮤지션으로 성장하는 사람이 드물다는 것이다. 노벨문학상까지 받으며 60년 가까이 정상의 뮤지션으로 살아온 밥 딜런에 대해선 가창력이 뛰어나다는 평가를 들어본 적이 없다. 노래를 잘 부른다는 것은 무엇일까? 어떤 가수, 어떤 노래들이 오래 살아남아 우리를 어루만져주고 우리 마음에 울림을 주며 우리의 눈물을 닦

아주는가. 거기엔 가창력만 있는 것 같지는 않다.

왕과 귀족들의 전유물이 아닌, 대중 누구나 동등하게 즐길 수 있는 대중문화는 20세기 이래 예술과 문화의 한 특징이 되었다. 대중은 이제 수동적인 관객, 청중, 독자의 역할을 넘어 스스로 공연자, 전시자, 작가가 되었다. 아울러 20세기 초반부터 인류는 거대한 대중문화 산업의 공동체가 되었다. 제2차 세계대전에서 독일군들의 향수를 자극한 노래 〈릴리 마를렌〉은 연합군에게도 그대로 전염되어 전장에 울려 퍼졌다. 한 세기 전 동방의 고요한 나라라 일컬었던 이 나라의 노래와 드라마가 이제는 세계인의 마음을 움직이는 것도 눈부신 문화산업의 발전 덕분이다.

그래서일까. 유명 정치인이나 고급 예술의 작가들보다 대중 예술인들, 가수와 배우들의 죽음이 사람들에게 더 큰 슬픔과 충격으로 다가가는 것 같다. 1980년 광팬의 총탄에 쓰러진 존 레넌이나 에이즈로 사망한 퀸의 리드보컬 프레디 머큐리, 멋쟁이 크리에이터였던 데이비드 보위는 시간이 흘러도 그립다. 김광석과 유재하, 김현식, 신해철, 조동진은 어떠한가. 유행가 가사는 그 노래와 함께했던 과거의 한 시절로 우리를 데리고 간다. 대중가요는 힘이 세다.

어제는 떠나간 그대를, 잊지 못하는 내가 미웠죠

천주교 용인공원묘원에 잠든 소설가 최인호의 묘지를 찾았는데 그 아래 50여 미터도 안 되는 곳에 1987년 사망한 가수 유재하의 묘지가 있다고 했다. 반가운(?) 마음에 급한 경사의 흙길과 돌계단을 내려와 유재하의 묘지 앞에 섰다. 십자가를 상단에 새긴 대리석에 "성도 풍산유공 미카엘 재하지묘"라는 글자가 두드러지고 그 아래 "1962. 6. 6. – 1987. 11. 1."이라는 숫자가 새겨져 있었다.

유재하는 1962년 안동 풍천면 하회마을 인근에서 태어났고 1987년 사망했다. 스물다섯 해를 살았고 단 한 장 앨범에 딱 여덟 곡만 남긴 가수다. 모두 27세에 요절했다는 짐 모리슨, 지미 핸드릭스, 재니스 조플린보다도 오래 살지 못했고 생전에 유명세도 얻지 못한 삶이었다.

길을 안내해준 묘지 관리원이 예전엔 그 묘지를 찾는 사람이 좀 있더니 요즘은 발길이 뜸하다는 말을 덧붙였다. 35년 전에 만들어진 묘지여선가, 요즘 묘지들처럼 찍어낸 듯한 느낌은 덜했다. 봉분 뒤쪽에 노래하는 천사상이 서 있었다. 봉분을 두른 네모난 석재에 그의 노래 〈그대 내 품에〉의 가사도 적혀 있다. 엄숙하고 무거운 묘지들이 압도하는 공동묘지에서 낭만적인 묘지가 아닐 수 없었다. 노래하는 묘지, 음악이 울려퍼지는 묘지였다.

유재하가 텔레비전에 나와 〈내 마음에 비친 내 모습〉을 직접 부른 영상은 그가 생전에 남긴 유일한 영상이라 한다. 무대 왼편 계단에 앉아 노래를 시작한 유재하가 노래 중간쯤엔 무대 앞으로 나와 어색한 자세로 노래를 이어가다 노래가 끝날 즈음엔 무대 오른편 계단에 앉아 노래를 마치는 동선이 전부다. 무대 공포증 같은 거라도 있는 것일까? 무대 위에 가까스로, 억지로 서 있는 듯 참 숫기 없는 사람으로 보였다.

한양대학교 작곡과를 나온 무명의 유재하가 처음 대중 앞에 나타난 건, 1980년대 최고의 스타 조용필을 통해서였다. 조용필은 그가 이끄는 밴드 '위대한 탄생'의 키보디스트였던 유재하가 작곡해준 〈사랑하기 때문에〉를 먼저 불렀다. 곧 유재하는 김현식의 이름이 붙었던 그룹 '봄여름가을겨울'의 객원 멤버를 거치는가 하면, 자신의 음반을 취입하는 데 몰두했다. 클래식을 전공한 유재하의 음반에 대한 당시 평단의 반응은 좀 '이상하다'였다. 음정이 불안한 곡들로 채워진 이상한 음반으로 여겨졌다는 것이다. 소심한 작곡가는 자신의 노래에 확신을 갖지 못하여 부끄러워했다고 한다. 그러던 그가 1987년 11월 1일 새벽 강변북로에서 교통사고를 당해 돌아올 수 없는 곳으로 떠났다. 첫 앨범이자 불후의 명반이 된 〈사랑하기 때문에〉가 나온 지 석 달이 안 되어서다.

필자가 대학에 입학한 봄, 한 여학생이 술자리에서 부른 노래가 아직도 또렷이 들려온다. 조곤조곤 속삭이는 목소리로 "그대여, 힘이 돼주오, 나에게 주어진 길 찾을 수 있도록. 그대여 길을 터주오, 가리워진 나의 길이여"하고 불렀을 때, 그런 순간은 인생의 잊을 수 없는 스냅숏이 된다. 가수가 사망한 지 반년쯤 된 때였고 아직 유재하를 많이들 모를 때였다. 그의 노래가 사람들의 메마른 가슴에 서서히, 또 은근하게 번져가던 무렵이었다.

스물다섯. 죽음이라는 생의 가장 큰 일을 감당하기에 얼마나 어처구니없는 나이인가. 유재하와 '봄여름가을겨울'을 함께했던 김현식이 그 3년 뒤 세상을 떠났고, 함께했던 전태관도 2018년 여전히 이른 나이에 유명을 달리했다. 한 시절이 그렇게 저물었다. 모두 전설이 되거나 망각의 존재가 되었다.

안개 짙은 새벽, 나는 떠나간다, 이별의 종착역

천주교 용인공원묘원에서 멀지 않은 곳에 분당 메모리얼파크가 있다. 과거 남서울묘지로 불리던 이 공원묘지는 봉분들이 무질서하게 흩어져 있는 재래식 공동묘지가 아니라 화장한 유골을 유골함에 모시고 단정한 대리석 아래 묻어 배치한 납골묘 위주의 공동묘지다. 박완서 소설에 나오던 "묘지 중에 압구정동"이란 표현이나, "천당 아래 분당"이라는 말이 떠오르기도 했다.

이 묘지에는 특별히 우리 대중음악과 관련된 사람들, 우리와 동시대를 살았던 대중 예술가들이 여럿 잠들어 있다. 유재하를 몹시 아꼈던 가객 김현식이 있고, 가수 이문세의 대부분 노래를 작곡한 작곡가 이영훈이 또 여기 잠들어 있으며, 인기그룹 듀스의 멤버 김성재, 비교적 최근에 활동했던 울랄라세션의 임윤택, 탤런트 박용하도 여기 잠들어 있다. 1970-1980년대 인기를 누렸던 가수 최헌의 묘지도 이곳에서 우연히 발견했다.

관리사무실에 들러 많은 묘지를 묻지 않았다. 김현식, 이영훈의 묘지만 물었을 뿐이다. 직원분이 사무실 밖으로 나와 손으로 가리켰다. "저기 언덕에 검은 차 보이죠? 그 바로 옆에 이영훈 씨가 있고, 거기서 좌측 끝까지 가서 아랠 내려다보면 피아노 모양을 한 김현식 씨 묘지가 보일 거예요." 중간중간 다른 유명인 묘지도 만날 거라던 직원은 급히 사무실로 되돌아갔다.

김현식의 묘부터 찾았다. 대리석 석축을 층층 쌓은 납골묘 단지의 바깥, 봉분들이 있는 곳에 그의 묘가 있었다. 피아노를 본뜬 화강암 조형물과 그 아래 2000년 11월 1일, 고인의 10주기를 추모하는 동료, 후배 가수들 이름이 새겨진 대리석이 있었다. 한영애, 김종서, 강인원, 권인하, 이승환, 이은미, 신승훈, 임재범, 윤종신, 조성모, 유희열, 장필순 등의 이름이 보였다.

1986년 '김현식과 봄여름가을겨울'에 가입한 네 살 아래 유재하는 김현식의 가장 가까운 술친구였다. 둘 다 대단한 애주가여서 다른 멤버들이 다 나가떨어진 뒤에도 두 사람은 끝까지 남아 술을 마셨다고 한다. 김현식은 유재하를 몹시 아껴 유재하가 사망했을 때 대성통곡을 하며 슬퍼했고, 그 슬픔을 어쩌지 못해 또 엄청난 술을 마셨다고 했다.

김현식도 그 술 때문에 세상을 떠났다. 말년의 그의 노래에선

술 냄새가 많이 났다. "새끼손가락 걸며 영원하자던, 그대는 지금 어디에"하며 조곤조곤 읊던 그가 "그대 떠나는 뒷모습에 내 모습 감추어두리" 하고 절규할 때 그는 곧 터져버려 산산 조각날 것만 같았다. 자멸을 꿈꾸는 시한폭탄 같던 목소리. 인기 절정의 그가 술로 스스로를 파괴하고 있다는 뉴스가 무시로 전해졌다. 술을 안 마시면 소리가 안 나 노랠 못 하겠다던 그는 술과 뒹굴며 조금씩 꺼져갔다.

1990년 11월 1일 그가 고단한 생을 마쳤다. 맞다. 바로 세 해 전 아끼던 후배 유재하가 불귀의 객이 된 바로 그날이다. 25세에 사망한 유재하보다 오래 살았다곤 하지만 김현식의 나이도 겨우 32세였다. 화장을 마친 그의 유해는 남서울공원묘지, 지금의 분당 메모리얼파크에 안장되었다. 유작이 된 6집 앨범은 그가 죽은 이듬해 100만 장이 넘게 팔렸다.

〈봄여름가을겨울〉, 〈주저하지 말아요〉, 〈사랑했어요〉, 〈비처럼 음악처럼〉, 〈언제나 그대 내 곁에〉, 〈추억 만들기〉, 〈내 사랑 내 곁에〉. 김현식이 불렀던 노래들이다. 2019년에는 이런 노래들로 구성된 〈사랑했어요〉라는 뮤지컬도 만들어졌다. 그의 노래 가사들을 곰곰 살펴보니 노래들이 모두 죽음이나 이별을 암시하고 준비한 느낌이 든다. 떠나가 버렸네, 그대 떠나는 뒷모습에 내 모습 감추어두리, 힘겨운 날에 너마저 떠나면 비틀거릴 내가 안길 곳은 어디에, 안개 짙은 새벽 나는 떠나간다, 이별의 종착역. 습관처럼 그는 자신이 작곡한 노래나 빌려온 곡에 '떠난다'는 표현을 남발하고 있었다.

파리의 페르라셰즈 묘지에서 이방인인 짐 모리슨이 누렸던 압도적인 인기를 묘사한 글을 읽은 적이 있다. 모리슨의 묘지는 파리에서는 젊은이들의 성지와 같은 곳이 되었다. "십대들은 그 공원묘지에서, 아니 파리 전역에서 그곳(짐 모리슨의 묘지) 말고 달리 볼만한 가치가 있는 곳은 없다고 생각하는 것 같습니다."* 우리 가수들, 예술인들의 무덤은 어떠한가?

이렇게도 아름다운 세상, 잊지 않으리, 내가 사랑한 얘기

서울 정동길에 있는 이영훈 노래비에는 "이제! 우리 인생의 한 부분으로 자리 잡은 영훈씨의 음악들"이라는 표현이 있다. 이 구절만큼 대중음악의 힘, 이영훈 표 음악이 지닌 힘을 압축한 말이 달리 없을 것 같다. 우리 대중음악사에 가수가 아닌 작곡가에게 이런 큰 팬클럽이 만들어지고 오랫동안 유지되는 경우도 드물지 않나 싶다. 유명 영화감독들에게 자신의 페르소나라고 할 만한 배우가 있듯이, 작곡가 이영훈의 페르소나는 가수 이문세였다. 훌륭한 영화가 감독의 존재를 느끼게 하듯 훌륭한 노래는 그

---

* 월리스 파울리,《반역의 시인―랭보와 짐 모리슨》(민미디어, 2001), 208쪽.

작곡가가 보이기 마련이다.

1959년생 이문세와 1960년생 이영훈 콤비는 단순히 많이 팔린 대중음악의 명반 몇 장을 만든 업적으로 설명되지 않는다. 그들이 함께 일군 신화의 핵심은 우리 대중음악에 대한 패배감, 열등감을 말끔히 없애준 데 있다. 1980년대가 팝과 록의 시대였다면, 1990년대는 가요의 시대가 됐다. 물론 그런 변화는 유재하나 김현식, 또 그 이전에 다양한 실험과 창의성을 발휘한 많은 뮤지션에 의해 서서히 축적되고 진행돼온 것이다. 그럼에도 음악 평론가 임진모는 확신에 찬 목소리로 이영훈(과 이문세)이 이룬 성취를 다음과 같이 설명한다.

> 이영훈의 진정한 업적은 멸시의 늪에 허덕이던 가요가 팝을 넘어 유행 음악의 주체로 거듭나는 기초를 마련한 데 있다. (중략) K팝이라는 이름으로 글로벌 성공을 쾌척해낸 우리 대중가요가 서구의 종속에서 벗어나 독립과 자유를 획득한 서막을 이영훈이 열었다고 해도 과언은 아니다.
>
> ─ 나무위키 '이영훈' 항목에서

음악사의 명반이 된 이문세 앨범의 많은 곡을 작곡한 이영훈의 묘는 메모리얼파크에서도 찾기 어렵지 않다. 대리석 석축의 묘역 중 네 번째 층 맨 오른쪽 길가 면한 곳에 눈에 띄는 조형물들을 만나게 되면 이영훈의 묘지일 가능성이 높다. 완만한 비탈길을 천천히 오르다 보면 왼편에 "광화문연가"라 적힌 검정 대리석이 발길을 붙잡는다. 그 대리석과 쌍을 이루는 비석에 "1960.3.6.-2008.2.14."라는 숫자와 "작곡가 이영훈의 삶"이 일곱 줄로 요약돼 적혀 있다.

음악 소리가 들리는 걸 상상도 할 수 없었던 엄격한 집안에서 음악의 꿈을 홀로 키워온 소년 이영훈. 유일한 후원자였던 어머니가 사주신 피아노로 이미 중학교 때 훗날의 히트곡이 된 〈소녀〉, 〈사랑이 지나가면〉을 작곡했다고 한다. 정규 음악 수업을 받지 않고 독학으로 자신의 음악 세계를 구축한 셈이다. 그런 그였지만, 한참 이문세와 함께 신화를 만들어갈 때 자신의 모든 것을 소진해가며 작업을 했다. 한 곡의 노래를 작곡하기 위해 종일 피아노 앞에 앉아 커피 40잔과 담배 네 갑을 피워댔다는 사람. 그 예민함이 그를 때 이른 죽음으로 인도한 것이다. 2008년 1월 18일, 죽음을 한 달여 앞두고 병실을 찾아온 이문세에게 그가 했다는 말이 오래 메아리로 남아 전해진다. "문세 씨, 우리가 만든 발라드가 후세에 남을 수 있게 해줘요. 우리가 젊었을 때 몸 바쳐서 만든 거잖아."

묘지를 나서며 차의 오디오에 CD로 들은 이영훈 작사, 작곡의 〈시를 위한 시〉의 가사를 음미해보았다. "바람이 불어 꽃이 떨어져도 그대 날 위해 울지 말아요 / 내가 눈감고 강물이 되면 그대의 꽃잎도 띄울게 / 나의 별들도 가을로 사라져 그대 날 위해 울지 말아요." 이런 노래는 어쩐지 작가의 유언처럼 귀에 들려온다.

정다웠던 그 눈길, 목소리 어딜 갔나

김현식의 묘지에서 이영훈 묘지로 향하던 중간에 우연히, 1980년대 활동했던 가수 최헌의 묘지를 발견했다. 메모리얼파크를 소개한 인터넷의 어느 글에서도 최헌의 이름을 본 적이 없었다. 부근에 영면한 박용하나 김성재의 묘지를 찾다가 발견한 최헌의 묘지는 주변 묘지들과 다르지 않은 평범한 대리석 한 기의 묘지였다. 최헌을 기억하는 사람이 이제 얼마나 될까? "정다웠던 그 눈길, 목소리 어딜 갔나" 하던 그의 노래 가사를 기억하는 사람이 이제 얼마나 될까? 하얀 대리석 위에 최헌의 캐리커처와 함께 그의 대표곡 〈가을비 우산 속〉의 가사가 적혀 있었다.

〈사의 찬미〉를 부른 윤심덕이 1926년, 사랑했던 극작가 김우진과 함께 부관연락선에서 몸을 던져 29세에 사망한 이래, 수많은 대중 가수와 연예인이 요절의 형식으로 우리 곁을 떠났다. 오빠부대의 원조라는 1960년대 가수 차중락(27세)과 배호(29세)가 이른 나이에 요절했다. 〈이름 모를 소녀〉, 〈하얀 나비〉를 부른 김정호(33세)나, 현이와덕이의 장현, 장덕 남매, 1990년대 이후 김성재(23세), 임윤택(33세)까지도 안타까운 나이에 요절했다. 2014년 마왕 신해철*(46세)이, 또 한 명의 음유시인이던 조동진이 최근 우리 곁을 떠났다. 이 원고를 쓰는 중에도 뮤지션들의 부고가

---

* 신해철의 납골묘지는 경기도 안성 소재, 유토피아 추모관에 마련돼 있다.

전해졌다. 정호승 시에 곡을 붙인 〈이별노래〉와 정지용 시에 곡을 붙인 〈향수〉를 작곡해 부른 이동원, 1970년대 한대수, 김민기와 더불어 3대 저항가수로 불린 (내 생각에 밥 딜런보다 밥 딜런 노래를 더 잘 부른) 양병집도 지난 연말 쓸쓸히 우리 곁을 떠났다.

1990년대 들어 대중음악은 청각보다는 시각의 감각에 더 의존해온 듯싶다. 화려한 춤과 무대, 잘생긴 외모의 아이돌 가수가 대중음악의 중심이 되었다. 국내를 넘어 세계인이 사랑하는 K팝의 신화는 갑자기, 느닷없이 탄생한 게 아닐 것이다. 한류와 K팝이라는 위대한 성취에도 불구하고, 강헌 같은 음악평론가들은 살인적인 생존경쟁에 휘말린 한국의 대학, 그리고 스타 시스템이 지배하는 메이저 기획사 중심의 대중음악 시장에 대해 다소 어두운 진단을 내리기도 한다.[*] 대중음악, 대중문화는 어디를 향해 가고 있는 것일까?

---

[*] 강헌,《전복과 반전의 순간 1》(돌베개, 2015), 173쪽.

그곳에서 울지 마오,
나 그곳에 잠든 게 아니라오

노회찬, 신영복, 노무현

> 그곳에서 울지 마오, 나 거기 없소 / 나 그곳에 잠들지 않았다오
> / 그곳에서 슬퍼 마오, 나 거기 없소 / 그 자리에 잠든 게 아니라
> 오 / 나는 천의 바람이 되어 / 찬란히 빛나는 눈빛 되어 / 곡식 영
> 그는 햇빛 되어 / 하늘한 가을비 되어
>
> — 아메리칸 인디언의 시, 김효근 옮김

　아메리칸 인디언들의 전승 시라 했다. 당신이 지금 마주하고
있는 무덤 안에 당신이 만나러 온 망자는 누워 있지 않다고. 그
는 어느새 바람이 되고 햇살이 되고 가을비가 되어 이 세상을 순
환하고 자유롭게 떠돌며 우리 곁에 함께 있다고. 그러니 슬퍼 말
라고. 죽은 자가 산 자를 위로해준다니, 어떻게 그런 일이 가능할
까? 그런데, 그런 망자들이 정말 있을 것 같다.

여기 근래 우리 곁을 떠난, 핍박받는 이들을 위한 삶을 살았던 사람들의 묘지가 있다. 이들이 떠나는 길에 가만히 있을 수 없어 찾아가 헌화하고 향을 사르고 왔다. 우리 곁에 바람이나 햇살, 가을비로 남아 함께할 것만 같은 망인들. 노회찬과 신영복, 노무현이다.

언어학자 김성우는 노회찬의 죽음으로 우리 사회가 '문해력literacy'의 중요한 자산을 잃었다고 말했다.* 노회찬의 부재라는 믿을 수 없는 현상을 색다른 시각으로 언급한 빼어난 통찰로 기억한다. 정치 언어의 본질을 '뻔뻔함'이라고들 말한다. 자신이 했던 말을 무시로 번복하고 변명하며, 자극적이고 도발적인 말로 상대를 비방하고 성토할수록 지지자들은 환호하고 열광하기 마련이다. 정치에 대한 혐오를 부추기는 이런 뻔뻔한 언어에 맞서 노회찬은 쉽고도 정곡을 찌르는 민중의 언어를 구사했다. 비유가 아니면 말하지 아니하였다던 예수 그리스도의 민중적 언어관을 노회찬의 언어에서도 마주할 수 있었다.

올해(2022년) 초, 노회찬에 관한 다큐멘터리 영화 〈노회찬 6411〉을 보았다. 관객이 두 명뿐이던 오후의 극장에서 고인에 관한 영화를 보며 많은 생각을 했다. 노회찬 의원과는 개인적인 추억도 있었다. 2005년, 우연히 어떤 큰 연극 공연에 배우로 참가할

---

* 　김성우, 엄기호, 《유튜브는 책을 집어삼킬 것인가》(따비, 2020), 67쪽.

기회가 있었는데 그 공연에 당시 셀럽(유명인) 몇 분이 카메오로 출연하게 됐다. 노회찬 의원도 그중 한 사람이었다. 노회찬 의원에게는 한 문장인가 대사가 주어졌다. 연극을 준비하며 그와 대화를 나눌 기회가 있었다. 한참 아랫사람인 내게 연기 방법을 묻고 어색하게 따라 하며 함박웃음을 짓던 모습이 지금도 눈에 선하다. 일말의 권위나 무례함이 느껴지지 않았다. 그런 분이 텔레비전 토론만 나가면 거침없는 논리와 언변으로 내로라하는 상대 패널들을 주눅 들게 했다. 그게 신기했다.

영화의 압권은 마지막 장면. 손석희 앵커가 JTBC 뉴스의 앵커브리핑에서 했던 그 유명한 멘트 장면이다. 노회찬 장례 기간에 몇 번의 브리핑을 통해 고인을 추모해왔던 손석희 앵커가 마지막으로 한 번 더 노회찬을 소환한다. 당시 한 유력 보수 정치인이 "돈 받고 스스로 목숨을 끊은 분의 정신을 이어받아서야" 되겠느냐 했던 발언에 자극을 받았던 것으로 보인다. 그 말에 대해 노회찬이 그런 사람이 아님을 옹호하던 손석희가 마지막 멘트에서 말을 잇지 못하고 두 번이나 멈추었다. 20초쯤? 방송 사고라 해도 좋을 장면이었다. 간신히 말을 마친 노회찬의 동갑내기 손석희. 뉴스 필름을 그대로 가져온 장면이 영화의 대미를 장식했다.

노회찬은 내게 어떤 사람인가? 노회찬과 그 다큐멘터리 영화가 내게 말해준 것은 결국 '어떻게 살 것인가?'의 문제였다. 훌륭한 논객이자 정치인으로서의 삶이야 이미 잘 아는 바였지만, 그가 내 삶을 한번 돌아보게 한 것이다. 지금 우리 세상을 지배하는 단 하나의 관심사와 질문은 '뭐가 돈이 되냐?'뿐이다. '어떻게 살 것인가?'를 묻는 사람은 인간문화재처럼 드물기만 하다. 그런데 영화 속 노회찬 의원이 내게 그 질문을 던지는 것이 아닌가. 서거 소식을 듣고도 여행 중이라 찾지 못한 고인의 영정 앞에서도, 그 한 해 뒤 아내와 함께 간 마석 모란공원의 묘지 앞에서도 그가 내게 물었던 질문이었다.

노회찬이 생전에 가장 존경하는 사람이라고 했던 신영복 (1941-2016)은 당신 고향인 경남 밀양의 영취산 자락 깊은 산중에 잠들어 있다. 그 산길을 찾아가고 싶었지만 너무 먼 거리라 가지 못했다. 그러다가 우연히 그가 후학들을 가르쳤던 서울 성공회대 학교 뒷산에 밀양의 묘지를 본뜬 '신영복추모공원'과 '신영복 길' 이 만들어진 것을 알게 되었다. 사진을 보니 밀양의 묘지와 비슷 한 가묘에 그의 글과 서화 작품들이 전시돼 있었다.

성공회대학교는 집에서 멀지 않은 곳에 있다. 2016년 1월 그 가 세상을 떠났을 때 도무지 집에 있을 수가 없어 버스를 타고 성 공회대학교에 마련된 빈소를 찾았다. 빈소에 헌화한 뒤 장례식장 에서 고인에게 저녁까지 얻어먹고 왔다. 엽서에 적힌 가득한 추 모의 마음들을 보았고 그가 생전에 남긴 서화 작품들도 감상했 다. 20여 년 감옥 생활을 훌륭한 사유와 예술로 승화시킨 그의 영 정 사진 속 얼굴은 해맑고 환했다. 조문객들이 깨알같이 적은, 그에게 보내는 엽서들에도 하나같이 시대의 어른을 잃은 슬픔과 안타까움이 느껴졌다. "우리 아빠 가르쳐 주셔서 감사합니다"라던 아이의 엽서와, 그의 오랜 친구가 쓴 "영복아! 잘 가라. 많은 사람들이 애도하는 것을 보니 인생을 참 잘 살았다. 친구야" 하는 엽서가 눈에 들어왔다.

그렇듯 많은 사람이 그의 삶과 글에 공명하여 그를 추모하고 기리건만, 독재정권이 젊은 날 뒤집어씌운 간첩의 굴레를 들이대며 케케묵은 색깔론으로 그를 폄훼하는 사람들은 여전히 많다. 신영복이 통혁당 사건으로 무기징역을 선고받은 무렵은, 알다시피 김형욱과 이후락의 중앙정보부에 의한 간첩 조작과 공안사건 조작이 횡행하던 시절이었다. 동백림사건이나 인혁당사건도 그 시절에 있었다. 반헌법적 유신헌법을 통과시켜 종신 독재로 가는 탄탄대로를 만들고, 체육관 선거의 만장일치로 독재자의 재선을 추인했으며, 긴급조치의 공포정치로 독재를 공고히 해왔던 이들이 조작한 사건 중 하나가 신영복이 연루된 통혁당사건인 셈이다. 북한이라는 존재는 남한의 독재 정권에겐 적이기에 앞서 서로의 정권 연장을 위한 더없이 좋은 도구이자 파트너였고, 이는 북한 정권의 입장에서도 마찬가지였을 것이다. 조지 부시와 오사마 빈 라덴이 그랬듯이, 박정희와 김일성도 오랫동안 '적대적 공범' 관계에 있었다는 것이다.*

---

* 임지현, 《적대적 공범자들》(소나무, 2005).

신영복은 통혁당에 가입한 적도 없고 그 핵심 인물을 만난 적도 없다고 밝혔다. 서울대학교 재학 시절 사회변혁을 꿈꾸며 금지된 (지금은 누구나 읽을 수 있는) 책들을 번역해 돌려 읽은 것이 간첩단을 엮으려 혈안이 된 공안 당국에 걸려든 것이다.* 1970년 5월 5일 어린이날에 수감돼 1988년 만기 출소한 신영복의 이후 삶은 우리가 아는 바와 같다. 그의 삶과 저술 어디에 폭력혁명을 부추기고 북한의 지령을 받은 흔적이 있단 말인가. 여전히 그렇게 말하는 사람들은 신영복의 책을 한 줄이나 읽어보았단 말인가! 빈소의 엽서에 누군가 적었던 "아픔과 분노를 화해와 사랑으로 승화시킨 시대의 어른"이라는 표현이야말로 신영복을 가장 잘 표현한 말이라고 생각한다.

2009년 5월, 어느 화창했던 토요일 아침. 텔레비전에서 이른 아침의 평온함을 깨는 믿기지 않는 방송이 흘러나왔다. 노무현의 죽음은 담담한 어조의 아나운서 멘트를 타고 이른 아침의 평화를 깨며 전해졌다. 그 이틀 뒤. 회사에 휴가를 내고 버스로 남도 땅 김해로 향했다. 진영읍에서 봉하마을로 가는 길은 차가 들어갈 수 없을 정도로 길이 꽉 막혀 있었다. 사람들이 차에서 내려 차들이 늘어선 옆의 시골길을 걷기 시작했다. 나도 대열에 합류했다. 덕분에 봉하의 평화로운 자연 풍광과 펄럭이던 만장들의

---

* 한홍구, 〈신영복의 60년을 사색한다〉, 《한겨레 21》(609호, 2006.05.11.).

장엄함, 대통령이 퇴임한 뒤 오리농법으로 일궈가던 5월 논두렁의 푸름을 마주할 수 있었다. 빈소에 도착해 헌화를 했다. 대성통곡하는 사람, 묵묵히 울음을 참는 사람들이 보였다. 먼 길 마다하지 않고 찾아온 그 많은 하객에게 역시 고인이 한 끼 식사를 대접해주었다. 세상을 떠돌며 얻어먹은 밥은 많았지만 떡 몇 쪽과 생수 한 병, 잊지 못할 육개장 한 그릇에 목이 메긴 처음이었다.

2017년 다시 찾은 봉하마을엔 8년 전 없던 묘지와 추모공간이 조성돼 있어 그 앞으로 다가가 고개를 숙일 수 있었다. 8년 전엔 올라가볼 생각을 못했던 부엉이바위를 찾아 천천히 올라갔다. 텔레비전에서 볼 땐 높지 않은 봉우리였는데 바위 위에 오르니 아찔하게 높은 느낌이 들었다. 멀리 낙동강 하구까지 이어지는 전망이 시원스레 펼쳐져 있었다. 2009년 5월 23일 오전 6시 40분경, 그 자리에 섰던 고인의 마음을 감히 헤아려보며, "너무 많은 사람들에게 신세를 졌다"로 시작하는 그의 유서를 스마트폰에서 찾아 읽어보았다.

말이 말로 통하지 않아 벼랑 끝에 선 사람에게 유언장을 쓰는 시간은 어떤 것일까. 증오와 분노를 극한으로 끌어올리는 시간일까, 아니면 모든 걸 용서하고 지나온 삶과 화해하는 시간일까. 한글자 한 글자 돌에 새기듯 글을 써내려 갔을 고인의 마음이 유서의 행간마다 뭉클하게 읽혔다.

내가 들은 '정치'에 관한 정의 중 가장 공감이 갔던 것은 '욕망을 조절하는 기술'이란 정의다. 사회 각층, 각 세대, 각 이익집

그 앞에서 울지 않았다. 천 줄기의 바람이 되고 찬란한 눈빛과 곡식을
영글게 하는 햇빛, 하늘한 가을비가 되어 망자가 우리와 함께 있을 거라고
생각해보았다. 어떻게 살 것인가를 물으러 묘지에 갔다.

단의 욕망들을 협상과 논쟁, 타협, 표결 등으로 조절하고 조화하는 게 정치라는 것이다. 우리 정치는 어떠한가. 자신이 대변하는 집단의 욕망을 위해 수단과 방법을 가리지 않고 권력과 언론, 사법제도를 동원하는 게 정치다. 경찰 제도가 확립되기 이전 해방 정국엔 암살과 테러가 묵인되기도 했다. 정적에게 누명과 모멸감을 주며 벼랑 끝으로 내모는 새로운 방법들이 동원되기도 한다. 거기에 어떤 조절과 조화가 있을 수 있을까?

노무현의 장례에는 전국에서 500만 명가량의 추모객이 분향소를 찾은 것으로 알려졌다. 국민 여덟 명 중 한 명은 그의 죽음을 애도하며 분향을 했다는 것이다. 5월 29일 광화문 앞에서 열린 노제에도 추모 인파가 가득 했다. 그 뒤에도 사람들은 봉하마을을 찾아와 서럽게 울다 간다고 했다. 마음이 헛헛한 사람도, 삶의 방향을 잃은 사람도 이 묘지를 찾는다고 했다. 정작 묘지에 묻힌 망인은 그렇게 말할 것 같다. 그곳에서 울지 마오. 나는 거기 없소. 나는 바람이 되고 햇살이 되고 가을비가 되어 당신들과 이미 함께하고 있소. 라고.

세 사람의 공통점이 있다. 모두 대중의 언어를 구사했다는 것이다. 그들은 어려운 법률, 경제 용어나 고상한 현학과 권위의 언어로 대중들의 접근을 차단하는 언어가 아니라, 문턱을 낮추어 대중과 함께 웃고 우는 민중적 언어를 구사한 사람들이었다. 노회찬과 노무현은 그걸 친근하고 격의 없는 말로 해냈고, 신영복은 그걸 울림 있는 글씨로 표현해냈다. 대통령 임기를 마치고 봉하마을로 귀향한 노무현이 환영 잔치에서 했던 말, "야아- 기분 좋다!"는 그래서 압권이다. 현학과 권위의 말이 사람 마음을 움직이는 일은 드물다. 진심, 진정성은 말로는 꾸밀 수가 없다.

디지털 매체로 특징지어지는 우리 시대를 일컬어 '깊이 없음'의 시대로 해석하는 사람들이 있다. 이런 현상은 우리 시대에 '위인'이라 부를 인물들의 부재를 의미하기도 한다. 한국뿐만 아니라 세계적으로도 그렇다. 간디나 피카소, 아인슈타인 이후, 어린이들의 위인전 목록에 새로 추가할 수 있는 근래 사람이 누가 있을까. 온전한 역사적인 평가를 받기에 동시대인들이 아직 이르단 측면도 있겠지만 앞서 말한 '깊이 없음'이 작용하는 바도 적지 않을 것이다. 이제는 특출난 몇몇 영웅들의 시대가 아니라 한 사람 한 사람이 모두 저마다 위대하고 존엄한 '위대한 보통 사람'의 시대가 된 것이다.

그러나 이런 깊이 없음의 시대에도 우리 마음에 깊은 자국을 남기며 삶을 돌아보게 하는 인물들은 늘 곁에 있었다. 그들은 생전의 업적이나 작품 때문에 위대한 것만은 아니다. 그들은 그들이 잠든 자리에서마저 우리에게 끊임없이 "어떻게 살 것인가?"를 물어오기 때문이다.

나가는 말

　책과 기행을 마무리하던 후텁지근한 어느 여름날, 마지막으로 찾아간 색다른 무덤이 있다. 경상북도 예천군 지보면 대죽리에 있다는 '말무덤[言塚]'이 그것이다. 달리는 말[馬]이 아닌, 입으로 내뱉어져 되돌릴 수 없는 말[言]의 무덤.

　옛날부터 여러 성씨들이 모여 살던 이 마을에 말로 인한 문중 간 싸움이 그칠 날이 없었는데, 지나가던 나그네가 일러준 대로 말무덤을 만든 후 마을이 평온해져 현재에 이르고 있다는 것이 무덤의 유래다. 말무덤이 전하고자 하는 의미가 잔잔한 울림을 주어 책의 마지막 기행을 그 무덤을 찾는 것으로 하고 싶었다. 시골버스에서 내린 뒤 무덤으로 향하던 오솔길에는 말에 대한 여러 교훈을 적은 바위들이 늘어서 있는데, 한 구절 한 구절이 모두 순례자의 마음을 아프게 찔렀다. 책을 쓰기 위해 머리와 마음, 그리고 원고에 적어 내려간 말들이 모두 말빚[口業]을 짓는 것은 아니었던가 생각하며 말 무덤 앞에 섰다. 책을 쓰고 엮는 일은 이제 철없는 기쁨보다 무거운 책임과 성찰의 감정을 갖게 한다. 더구나 너무도 무거운, 죽음과 묘지에 관한 책이 아닌가.

책을 쓰는 동안, 가까운 가족의 죽음도 겪었다. 죽음은 너무도 구체적인 사건이며 그로 인한 상실과 슬픔, 아픔 역시 매우 구체적인 것이었다. 그 일들을 겪으며 죽음과 묘지에 관한 책을 쓰는 일의 무거움과 가벼움을 동시에 느꼈다. 내가 죽음에 대해 말할 수 있는 것은 무엇인가? 내가 한 번도 본 적 없는 망자들에 대해 말할 수 있는 것은 무엇인가?

말 무덤을 만든 사람들은 말들을 땅속에 묻음으로써 마땅히 되새기고 던져야 했을 기억과 의미조차 묻어버렸지만, 또 다른 말의 무덤이기도 한 책을 씀으로써 필자는 기억하고 되새겨야 할 가치들의 묘비명을 세우고자 했다. 던져져 허공에 떠다니는 공허한 입말이 아니라 우리가 되돌아보고 의심하고 바로잡아야 할 것들을 알알이 새긴 글말로써 여기 한 권의 무덤을 세운다. 이 땅에서 만난 무덤 한 기 한 기가 모두 한 권의 책이었듯이, 이 책은 기억하고 새겨야 할 시간의 무덤, 말들의 묘비명으로 서고 싶다.

같은 시간대, 비슷한 공간에서 이 지구별을 함께 여행하고 있는 독자들에게 행운을 빈다. 죽음을 읽고 배워서 남은 삶이 더 풍요롭고 행복해지길 바란다.

세상은 묘지 위에 세워져 있다
국내편

초판 1쇄 발행   2022년 12월 9일

지은이   이희인
책임편집   정일웅 박소현
표지 디자인   주수현
본문 디자인   studio forb

펴낸곳   (주)바다출판사
주소   서울시 종로구 자하문로 287
전화   322-3675(편집), 322-3575(마케팅)
팩스   322-3858
e-mail   badabooks@daum.net
홈페이지   www.badabooks.co.kr

ISBN   979-11-6689-130-4 03910